高等院校
创新创业教育丛书

本书系西北民族大学承担的“科技厅甘肃省大众创业万众创新示范基地项目”“科技厅甘肃省西北民族大学多民族大学生众创空间项目”“中央高校基本科研业务费资金资助项目”阶段性成果

财务基础与创业项目财务评价

主编　李秀芬　张平
主审　陈永奎

Financial Foundation and Financial Evaluation of Venture Project

经济管理出版社
ECONOMY & MANAGEMENT PUBLISHING HOUSE

图书在版编目（CIP）数据

财务基础与创业项目财务评价 / 李秀芬，张平主编 . —北京： 经济管理出版社，2016.10
ISBN 978-7-5096-4683-0

Ⅰ . ①财… Ⅱ . ①李…②张… Ⅲ . ①财务管理—高等学校—教材 Ⅳ . ① F275

中国版本图书馆 CIP 数据核字 (2016) 第 262170 号

组稿编辑：王光艳
责任编辑：许　兵　吴蓓如
责任印制：黄章平
责任校对：王淑卿

出版发行：经济管理出版社
（北京市海淀区北蜂窝 8 号中雅大厦 A 座 11 层　100038）
网址：www. E-mp. com. cn
电话：（010）51915602
印刷：玉田县昊达印刷有限公司
经销：新华书店
开本：720mm × 1000mm/16
印张：17.75
字数：308 千字
版次：2017 年 4 月第 1 版　　2017 年 4 月第 1 次印刷
书号：ISBN 978-7-5096-4683-0
定价：58.00 元

前　言

作为一名非财经专业的创业者，你一定希望了解一些财务方面的知识。那么你读过财经知识方面的入门书吗？走进书店，诸如《易懂会计学》《会计学入门》《会计很简单》之类的图书充斥着眼球，其销量还不错，且每年都有类似书籍大量问世，但是很少听到有谁说“会计很简单”！

原因何在？

关键在于——作者虽然有把书写得简单明了的美好愿望，可读者往往跟不上作者的思路。会计就是这样一门学问，它超越了时空的差异，把所有公司的财务状况都用同一标准数字化了。这涉及复杂的技能，其专业术语就有一千多个。

对于非财经专业的创业者，既需要了解会计学常识，又不被各种术语吓倒，究竟如何才能两全其美？经过反复思考，笔者最终得出了结论：要想成为真正的“会计入门”书，如何“使读者先对会计本身产生兴趣，能够大体把握会计的精髓，遇到专业术语时不产生抵触情绪”才是关键所在。

在写本书之际，笔者下定决心：“为非财经专业的创业者写一本真正的会计入门书，尽可能摆脱‘会计学常识’的束缚！”为此，特制定了如下原则：

- 以常发生在身边的事例引出话题。
- 不按经典会计学教材的顺序讲解会计知识。
- 关注生活中的会计学知识。

本书旨在为非财经专业的创业者讲解财务常识，让读者：

- 学习会计的思维方式。
- 大体上把握会计的精髓。
- 能够对三大报表及其应用（评估）方法有所认识。

歌德先生曾说过这样的话：“教科书也需要有魅力。”而笔者也坚信“兴趣是最好的老师”。找到知识与学问最容易让人明白、接受的切入点，是通往魅力的唯一途径。就经验而言，财务知识还是很难的，门槛也很高，而一旦掌握，它将变得异常简单，但掌握之前，也着实需要下一番苦功。不过会计就是为使人们的生活更加方便才产生的，是服务于生活的，所以其精髓与我们的生活密切相关。我们面对的很多事情，如现金的收入与支出，核算收益与损失，计划未来的生活……都很自然地蕴藏着财务知识的原理。

需要说明的是，在本书中，笔者虽援引了“会计学”这个词汇，但是它在很多章节中含义并不等同于学校里教的会计学，尤其在本书的前半部分。由于本书定位面向的是非财经专业的创业者，所以是从生活中的财务知识说起的，以增加读者阅读本书的兴趣。而对于不可避免需要涉及的三大报表，也尽可能地对其中的项目进行精减，这样做可能被财经专业人员所“诟病”，不过在取舍之间，还是做了这样的选择。

为了使读者有兴趣读下去，本书尽可能利用随笔式的写法，加入了许多财务知识之外的“废话”。如果读者觉得某些部分“都是专业的会计知识，好难懂”，就请直接跳过去。也就是说，只以“废话”为主线读下来也行。总之，开卷有益，大家不要对财务知识充满厌恶情绪、形成心理障碍就好。

读过本书后，希望能引起读者学习专业财务知识的兴趣，即使不想把会计当作专业来研究，也将掌握新的思维方式，获得看问题的新视角，培养起数字感觉来。这对于有志于创业的人来讲，一定会有一些新的发现和启示……

作者

于兰州过云斋

目　录

第一章

创业需要财务知识

“现在哪些行业和企业赚钱？”“为什么赚钱？”

以上问题是打算创业的学生屡次向笔者提出的问题。如果是你，会怎样回答呢？你对现今赚钱的行业及企业架构了解到什么程度？这是商业基础。如果不了解兴旺的企业及其架构，就不能开展商业活动，因为兴旺的企业才存在需求，且这种需求随着时代的变迁而不断变化。如果不知道哪里有需求，就不能开展高利润的贸易活动。基于此，笔者总是利用各种机会向相关人士探询对于这个时代企业发展的认识。

但是令人惊讶的是，只有少数商务人士能对这个问题做出令人满意的回答。就连上市公司董事级别的人物也是在回答一声“这个……”之后就无话可说了，最多再吞吞吐吐地列举出若干个公司名称，之后就陷入了沉默，这种状况经常发生。笔者没有预料到他们仅仅看到了自己所在的行业，而没有去注意行业外广阔的世界。

改革开放以来，中国所谓的“最赚钱的企业”产生了急剧的变化。改革开放之初，最赚钱的企业是重工业企业，其在很长一段时期为国内经济建设做出了重大贡献。而从20世纪末国企改革之后，轻重工业企业却一直鲜有作为。银行业在某段时间也曾是中国最赚钱行业，之后房地产企业和电商企业一跃而出，引领了持续到今天的财富时代。

如果观察利润动向的话，则可以充分理解由于时代不同而导致的行业变迁。财务数据可以直接告诉人们利润是多少。财务的作用之一就是“计算利润”。简单地说，就是“收入－成本＝利润”，财务报表中的“利润表”显示了利润情况。以此为基础，每一年都会公布企业的利润排行。观察这一排行，就可以看出哪一种行业的哪一个部分有着较大的需求。如果对此进行深度挖掘的话，则可以感受到时代的暗流。例如，上一年还是非常赚钱的企业，下一年其利润就大幅度下滑，从中可以发现市场的变化。但很多创业者并不是出于这样的目的去利用财务报表的，且在笔者每年都要参加很多次的创业项目讨论会，发现不能把握时代趋势的创业者，不在少数。

第一节 财务素养是创业者不可或缺的能力

对于“赚钱的行业和企业在哪里？”这个问题，人们常常会列举出当时得到大众媒体关注的企业名称。比如，万达、阿里巴巴等几个令人震撼的财富得到迅速积累的企业。在当今社会，哪一个企业赚钱，哪一个企业不赚钱，通过查看其财务报表就能明白。也就是说，针对最新的商务脉络，可以通过财务信息来掌控大局。虽然身边就有这些有用的信息，但是有些创业者并没有进行充分利用，原因何在？如果由没有大局观的人占据着领导者的位置，那么这样的组织会不会有问题呢？

一、不同类型的领导者

这是一个需要领导者的时代。“大众创业、万众创新”期待着有能力整顿这种局面、可以凿开新地平线的领导者的出现。领导者可以分为两种类型，即“有上司的领导者”与“没有上司的领导者”。所谓“有上司的领导者”，指的是部门的领导，但是上头还有总经理之类的其他领导，创业者是没有上司的，可以说创业者是“没有上司的领导者”。这两类领导者有着很大的区别，其中之一就是视线的高度不同，对环境认知的水平也不同。其差异在于是否持有大局观。

还有一种区别就是“孤独地决策”。没有上司的领导在最终决策之际，没有可以依靠的人。但是有上司的领导，可以依靠上司做出判断。虽然难以从外表上看出，但在实际上是否有能力承受“孤独地决策”所造成的心理重压，其有着本质的区别（如图 1-1 所示）。

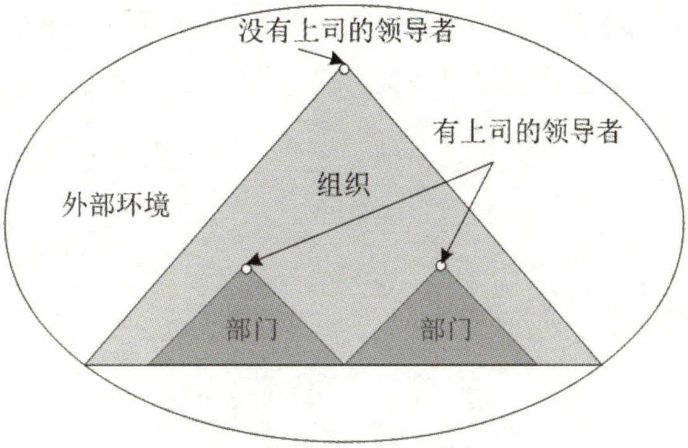

图 1－1　不同类型的领导者

没有上司的领导者经常置身于外部环境中，如果环境产生了变化，他就可以敏锐地感知到。由于视线的位置高，所以视野辽阔。当然肯定也会偶尔产生虽然某人是总经理，但是其能力和地位不相匹配的情况。如果领导者反应迟钝，则会导致公司倒闭。没有上司的领导者，需要提升高度，打开视野，这才是身为领导者应当具有的姿态。

与此相比，有上司的领导者处于“公司内部”这样一种环境中。所以其对于外部环境的变化，灵敏度不高。如果仅仅注意公司内部环境，则会有变成“比目鱼”的倾向。如果公司经营顺利，则“80％的重心放在公司内部运营上”也没有问题。公司业绩一旦呈下滑趋势，执着于内部运营的领导者就会容易产生急躁不安的情绪，不能指引出新的方向，因而使下属和公司陷入“不幸”。

二、“X 计划型”的领导者

有上司的领导者当中也会有例外，这就是被称为“X 计划型”的领导者。

所谓“X 计划型”领导者，指的是在遭遇总经理不理解或是上司强烈反对的情况下，成功地完成“隐蔽计划”的领导者。这些人的生存方式脱离了公司框架，并且任职于可以拯救公司的某一部门。这些领导者看到了技术与时代的前进方向，确信未来有某种可能性，不时地找个理由来获取开发费用或是研发物资，在周围的冷眼中获得部下的拥护，最终完成了计划。

“X 计划型”领导者，是在不能指示新方向的上司（形式上的领导）领导下，敢于逆水前行，用自己的信念来寻找合适的环境、开山辟路的人们，如图 1－2 所示。

可以说这些领导者是超越了上司庇护下的公司内部框架，在外部环境中突出的人。当今时代所需要的，正是这种“X计划型”领导者。

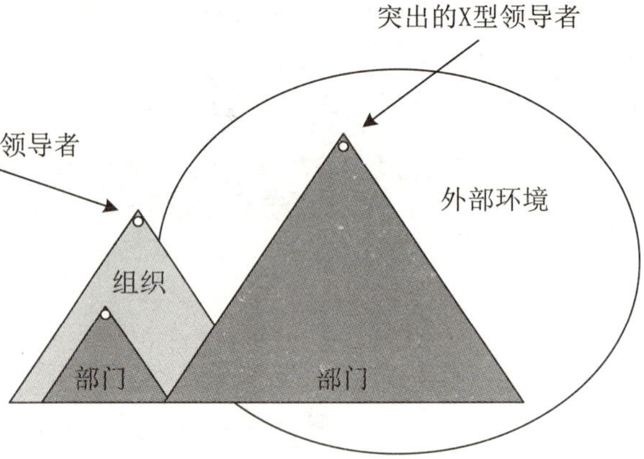

图1－2　两种领导者的关系

船只被狂风劲浪抛起，船长必须爬上桅杆，观察波涛之势或是潮水流向做出指示：“朝着那边前进！我们有救了！”优秀的创业者所需的，就是探知时代状况、自主地决定大局形势的能力。支持创业者大局观的重要信息源，就是财务信息。

在此，可以断言财务素养是现今创业者不可或缺的能力，如果创业者不具备财务素养，就不能成功经营企业。

第二节　财务是掌控大局的工具

财务是掌控大局的工具，但是很多创业者认为财务和技术、经营是分开的。在市场或是研发部门工作的人，会把自己的工作与财务视为不同的内容，将其区分开来。人事或是信息系统部门的员工也会认为财务与自己的工作没有什么特殊关系。然而，财务的本质并非如此。

一、财务信息的价值

如果需要开拓市场，财务就是市场的基础，财务信息就是可以告诉市场人员

“哪里存在产品需求”的重要工具，也是告诉市场人员立项的市场计划是否合适的工具。财务对从事研究开发的人而言，能够提供可行程度高的研究开发课题的线索；对于从事人事的人，则是使之明确“人才的价值”或是“人才市场的未来动向”的指示标。财务是一种与众人的工作息息相关的重要工具。

要使创业者意识到财务与每个人的生活和工作存在关联性，需要破坏头脑中固有的“财务是和其他业务分离”的这种先入为主的观念。在我们身边不停流动的信息，全部都和财务有关。如果创业者可以看到这种关联性，财务就会成为我们手边的一种工具，可以灵活地加以运用。例如，笔者经常对学生说：“我希望你们可以接触社会的方方面面。比如说，你和朋友一起去备受欢迎的餐馆吃饭，可不能吃完就算了。你们必须不时考虑：为什么这个餐馆受欢迎？这种商业模式有前途吗？”

二、具备财务思维

不具备财务思维的人，即使看到了时尚店铺，也只是惊叹一声而已。但是，如果具备财务知识的话，仅仅去一次现场，头脑中就可以描绘出整幅业务图像。例如，打开餐馆的菜单，可以明白单个客人的价值所在（餐馆针对每位顾客的销售金额），比如“这个餐馆可以从每位客人身上获取 50 元的销售额”等。更可以根据座位数量、开店时间或是客人逗留时间，来判断每一天的营业额。可以这样心算：一天的客流量是多少，用 50 元乘以总客流量则可以得到日营业额，一个月的销售额就可以估算出；再进一步，可以通过餐馆装修，估计大概的设施投资额：“这类空间的装修应该需要 60 万元吧”；然后还可以推测大堂服务员或是厨师的人工费、食材成本或是其他成本。总之，跨入时尚餐馆，就可以大体推测出其整体业务的真实情况，可以估算其投资或是利润。实际上，这就是在头脑中编制了财务报表的整体图像，可以明白“如果采用这样或是那样的方法，则可以得到这么多利润”。

如果在餐馆里经常这样打着小算盘的话，可能会招致朋友或是家人的反感。但如果无论身在何处，都可以经常这样思考的话，你一定可以成为商务专家，仅仅有一点点财务头脑，就可以培养这种技能。

有资本经营的地方，就有财务。与英语或是网络那仅有一成的普及率相比，财务几乎在世界各国普及，实际上已经成为一种“语言”。以国家为单位引进有关财务语言体系的制度，其内容的细节由于国家不同而有所不同，因此，在财务中理应存在很多“方言”，但是在世界各国普及的却是几乎具有相同结构的财务语言体系。你不觉得这很了不起吗！

第三节 财务语言

什么是财务语言呢？财务语言是“突出地显示整体经营状况的唯一工具”。

一、描述公司经营状况

大家可以对“经营”产生一种印象，在头脑中描述自己公司的经营状况。假如被问到“请描述一下自己的公司”时，将会做什么样的说明呢？

每家公司应该都有各种各样的经营侧面，生产（或供给）许多种类的产品（或服务），在不同的地点设有工厂或办公区域，拥有各种各样的技术或专利知识，拥有特殊的历史或企业文化，也应该有一定的品牌形象，所有这些都是对公司进行介绍所必需的要素。这样的说明要素简直不胜枚举，很难用几句话说清楚。甚至公司中有很多员工在工作，他们在办公时间的活动也是经营的一个侧面。但是所有这些都不能清晰描述公司的经营状况，只有财务是可以汇总性地、统一地掌控经营状况的工具。就掌握整体的意义而言，财务信息具有这种特性的唯一性。难道你认为除了财务之外，还存在其他可以汇总性地掌握经营状况的方式吗？

二、阅读财务报表

如何才能掌握财务语言呢？

如图 1－3 所示，财务首先接触到经营活动中的“光”。这个“光”就是货币价值之光。如果迎着光的话，位于相对一侧的平面中的形象就会被影射出来。这就是财务报表。可以说，除了使用这种工具掌握这样的整体状况之外，没有其他更好的工具，这是一种充满智慧的行为。反过来说，为了掌握整个经营状况，不得不利用财务报表。创业者只需积累很少的经验，就可以通过观察这种平面图，在头脑中建立起立体的经营活动。如果习惯使用这种方法，一看财务报表就可以生成立体形象，这种行为就是“阅读财务报表”。通过阅读财务报表，可以掌握企业的整体状况。

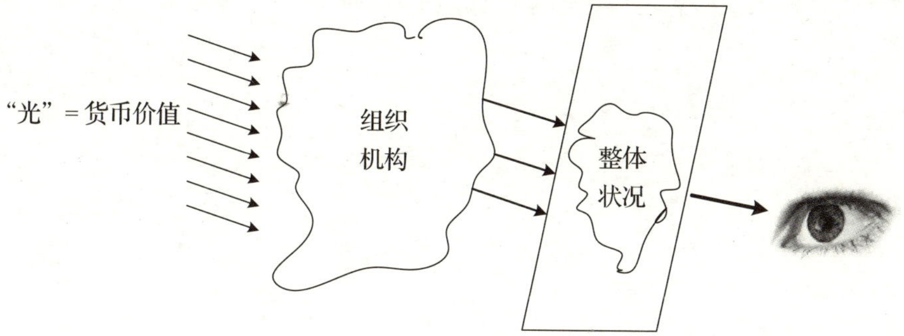

图 1－3　财务信息 = 企业经营的整体状况

三、登山地图

“财务报表之于经营者”经常被比喻为“地图之于登山家”。

所谓登山地图，就是在有山的地方，用等高线切取山的地表面，在平面上投影而得的。地图中遗漏了很多信息。比如，地图没有告诉我们，山在不同的季节是什么颜色，有什么样的树木或是石头等细节。但是地图是掌握山的整体状况的唯一工具。如果没有地图，登山家就无法掌握山的全貌。如果不能掌握山的全貌，登山家就连一个登山计划也做不出来。正如不存在不会阅读地图的登山家一样，本应该也不存在不会阅读财务报表的创业者。不能掌握企业全貌的领导者，会把企业和员工的命运置于危险当中。要制订一个登山计划，登山家必须以地图为依据仔细推敲出周详的计划，决定登山的路线。

财务也可以起到同样的作用。我们可以利用财务以反映企业经营有关信息的这种特性，描绘出经营的整体构想。让我们在头脑中描绘自己公司的未来吧。各位描绘了一幅什么样的未来图景呢？

有人会说：“我希望这样的产品诞生于世。”有人会说：“我的目标是创建本行业的著名企业。”如果你是经营者，大概会希望“创建一个卓越人才辈出的企业”。各位对于“产品”“事业”或“人才辈出”的构想，能否在合理的、取得平衡的前提下实现呢？应该如何确认其是否实现了呢？这时候就显现了财务的力量。让各位的构想迎着货币价值之光，摄取影像，检查这种被投影的形象是否取得了平衡、是否恰当。这就是经营计划的过程。经营计划是使用财务功能编制的，财务报表是过去的经营活动的形象，财务通过经营计划（包括预算）这种手段，可以把未来构想转换为形象（如图1－4所示）。

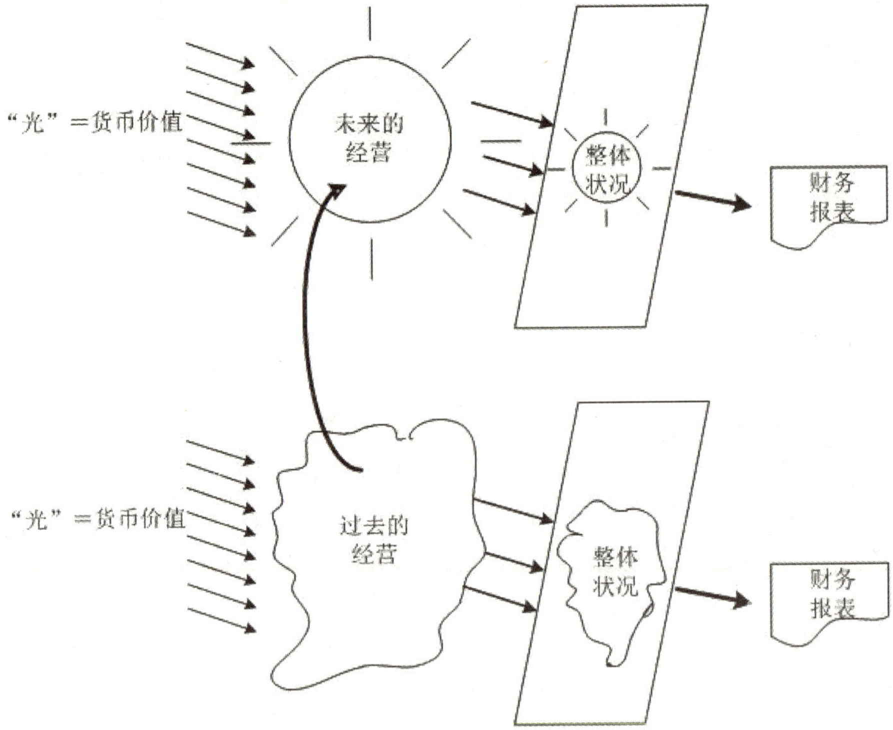

图1－4　财务＝整体构想的"形象"

四、学习财务的方法

创业者问得最多的一个问题就是："我从来没有学习过财务，应该怎样学习并掌握它呢？"

对于这样的问题，笔者经常回答说："语言的学习方法都是相同的，具体的学习方法要看学习者的目的。如果你想成为财务人员，那么我劝你至少在专业财务学校待上一年半载，好好地学习一下复式记账法和财务学。但是，如果你想成为在工作中能够运用财务知识的经营管理者的话，那我劝你学学财务报表。"

举一个生活中的例子。有一位李先生，是一家中小企业的总经理，虽然他并没有真正地学习过复式记账法，但可以自如运用财务知识。我们可以称他为是掌握“完备笼统账”的聪明人。李先生的公司不断在各地展开业务，流动资金经常不足。他经常拿着编制好的财务报表，频繁地跑银行进行说明。他把财务报表放在面前，说明方式简单扼要并且重点突出。他具有善于抓住要点的能力，通过经验可以判断银行人员对财务报表的哪一块有兴趣，应该如何说明才能得到对方的认可。例如，银行人员对无效的投资或是费用支出比较敏感，李先生就会指着汇额较大的投资或是费用，用若无其事的口吻说明，这些支出都是可随时回收的，完全可以从销售额中返利。这样对方当然会感到满意。

李先生并不是财务专家，只是通过筹钱的辛苦实践体会到了阅读及使用财务报表的方法。另外，不仅是财务报表，对营业部门呈送的业绩报告，他也有能力一眼看穿其实际状况。比如，他看到费用花销在哪里，就好像可以看出支出这笔钱的部门主管在想些什么似的。希望这个例子可以告诉没有学过财务的创业者们：只有实践才是掌握知识的捷径。

再比如说，自从有了计算机，如果没有电脑笔者就不能工作。但是笔者仍旧不太明白计算机屏幕上方“工具栏”中的很多内容应该如何使用。但即便如此，现在笔者也可以有效地使用电脑，并且对工作毫无影响。很多讲义也全部使用“Power Point”编写。笔者没有参加过电脑学习班，现在的电脑水平完全来自于这些年来和电脑之间的“格斗”。但是，如果想要更进一步应用自如的话，则需要去学校学习如何编程了。

财务也是一样，如果需要完美自如地运用财务知识，就应该去财务学校学习。但是，对于众多创业者而言，这种方法性价比并不高。笔者认为，学习财务知识也应该从与实际的财务报表进行“格斗”开始。

例如，在阅读当今业务发展迅猛、兴隆昌盛的企业的财务报表时，最好简单地思考一下“为什么这个公司会这么赚钱呢”？阅读有名的破产公司的财务报表，也是件很有意思的事情。

创业者都应该知道自己公司的事情，如果想要详细了解公司的整体状况，阅读财务报表就可以一目了然。如果多少知道一些竞争对手的实际情况，就可以好好地考虑“我们和对手相比哪里有差异”？

上例的李先生正是这样，即使不会簿记的细分，也不懂财务学，同样可以通过实践使自己具备财务素养。实际上，这正是最好的快速学习的方式，也是笔者从经营实践与教育实践得出来的结论。

五、财务素养

所谓财务素养，就是在看到财务报表时，能够对其背后的经营活动有所了解的能力。

例如，在财务报表中发现“业务费大幅度增加”。从这一信息中，能够想到什么呢？或者认为，这个行业的本质就是需要费力取悦客户否则就得不到订单，判断“这样的公司是不能长期存在的”；或是可以想象出“这家公司稍稍赚了些钱，总经理就在KTV了”。再如从“固定资产（设备等）大幅度增加”这样的信息当中，或许可以想象出这么一个奋勇好战的总经理在工厂进行了大量投资，一赌胜负；或是可以想象出一个盖起了公司大楼，沉浸在自我满足中的总经理。

这种想象力的不断发展是很重要的。有能力的领导者看到财务报表时，会对实际情况一目了然，可以明白“了不起！手法这么巧妙啊”，或是“是不是有点奇怪呢”，或是“这个营业部经理果然在偷懒啊”，等等。在投影的背后，可以立体地看到实际形象。经验丰富的登山家看到了地图，就会在头脑中反映出山的立体形象。看到列车时刻表，鲜活的列车形象就会在脑海中来来往往。

创业者不用过于担心自己没有系统学习过财务知识；相反，在技术上通晓财务知识，但不懂经营的人反而会遇到问题，财经类专业毕业的大学生就是典型的例子。他们懂财务知识，但是没有实际的经营经验，所以不知如何运用财务工具。财务人员在很多情况下也是一样的。他们可以编制财务报表，需要分析时，也可以马上计算出流动比率或是资本比率。但是很遗憾，大多数时候到这里就结束了，他们会编制报表、财务算数字，但不会灵活地运用。计算比率的工作其实计算机就可以帮我们完成，所谓的分析是从这里才开始的。让人感到意外的是，被称为财务专家的人当中，很多人不具备经营相关的财务素养。

创业者们多少都懂一些商务知识，但是在头脑中的信息是零散的。如果可以把头脑里的零散知识和财务报表结合在一起，就可以整理散乱的信息，把每一个信息定位在恰当的位置上，就可以组成整体形象。

本章小结

◆ 财务素养是创业者不可或缺的能力
 ○ 不同类型的领导者

——这是一个需要领导者的时代。

——领导者分为两种类型，即“有上司的领导者”与“没有上司的领导者”。

——创业者是“没有上司的领导者”。

○ “X 计划型”的领导者

——指的是在遭遇总经理不理解或是上司强烈反对的情况下，成功完成“隐蔽 计划”的领导者。

◆ 财务是掌控大局的工具

○ 财务信息的价值

——财务是一种与众人的工作息息相关的重要工具。

——需要破坏头脑中固有的“财务是和其他业务分离”的这种先入为主的观念。

○ 具备财务思维

——如果具备财务感觉的话，仅仅去一次现场，头脑中就可以描绘出整幅业务图像。

——财务几乎在世界各国普及，实际上成了一种财务语言。

◆ 财务语言

○ 描述公司经营状况

——财务是可以汇总性地、统一地掌控经营状况的工具。

○ 阅读财务报表

——财务首先接触到经营活动中的“光”。

——通过阅读财务报表，可以掌握企业的整体状况。

○ 登山地图

——“财务报表之于经营者”经常被比喻为“地图之于登山家”。

——经营计划是使用财务功能编制的，财务报表是过去的经营活动的形象，财 务通过经营计划（包括预算）这种手段，可以把未来构想转换为形象。

○ 学习财务的方法

——学习财务知识也应该从与实际的财务报表进行“格斗”开始。

○ 财务素养

——就是在看到财务报表时，能够对其背后的经营活动有所了解的能力。

——创业者不用过于担心自己没有系统学习过财务知识；相反，在技术上通晓财务知识，但不懂经营的人反而会遇到问题。

——如果把每一个信息定位在恰当的位置上，就可以组成整体形象。

第二章 生活中的财务意识

财务是伴随着人类商业活动的发展而成长起来的。“想要把交易记录下来”“想把经营情况弄清楚”等的迫切需求是财务形成的最初动因。

说得专业一些，原本是用日记的形式把每天的交易情况简单地记录下来，后来发展成了复式计账方式，这是一步飞跃性的进化，也就是今天的现代财务。

有了财务，我们就可以轻松地认识经营活动的内在问题：

所谓 经营活动的内在问题指的是利润（收入 – 成本）、资本（资产 – 负债）等通过差额来具体表现的概念。通过导入利润、资本等概念，就可以通过看得见的数字，了解、判断经营情况，还能大大增强信息处理能力，不但可以一眼就看清公司的经营状况，还可以把自己的公司和其他公司用同一标准来进行比较。

但是，在做到这一点之前，“怎样才能把所有的交易都记录下来？”“怎么做才能保证把公司的状况一处不漏地表示出来？”针对这些问题，前人可谓煞费苦心，进行了反复摸索。

现在的财务不但能用来判断公司的经营现状，还被用来预测未来（例如，长期经营计划等）。更进一步，财务还被用来解决“怎样将无法用金钱衡量的价值用数字表示出来”“怎样才能更准确地使用预测未来的数字”等问题。因此，财务也是一门与时俱进的学问。

第一节 利润是如何产生的

“磨剪子嘞，戗菜刀！”多么熟悉的声音！

不知从哪个方向传来，也不知往哪个方向飘去，唯有“磨剪子嘞，戗菜刀”这句话似乎是戗菜刀的小贩永恒的“主题曲”。

前不久，再次看到久违的戗菜刀小贩的身影，笔者不禁思索：从小到大，从来都没在他们那里磨过剪子、戗过菜刀，也很少看到有人磨过。这样一想，脑子里立刻充满了疑问：戗菜刀真的能赚钱吗？这样的买卖能维持下去吗？这个行业还行吗？

本章将探究这个具有都市传奇色彩的买卖的真相，解开谜团，同时考虑一下财务最根本的思维方法——“怎样才能创造利润”。

说做就做，笔者向身边的人逐一打听其有没有从流动的戗菜刀小贩那里磨过菜刀。结果不出所料，同是流动叫卖，烤红薯、豆腐、蔬菜，倒是经常有人买，可是轮到磨刀，居然没有几个人磨过。

当然了，红薯、豆腐、蔬菜都是吃的，与菜刀不同。像烤红薯这样的东西，多是偶然碰到，觉得“啊，真有点儿饿了”“嗯，这个当饭后甜点不错”，于是就带着些许冲动买了。有谁会看了菜刀，觉得“啊，好想磨它一下”而产生购买冲动呢？

首先让人感到疑惑的是“为什么非得戗菜刀呢？”按理说不磨菜刀也行啊！本来像菜刀这样的东西，一般情况下从买来后一直能用好多年，其也很锋利，根本没有必要经常磨。如果它是一年一次，或者像奥运会那样四年一次不磨不行的话，倒也能理解。问题是买一次一般都能用个十多年呢！我们不妨想一想，自己这一辈子能磨几回菜刀呢？由此得出结论，磨菜刀作为商品，其需求量是非常低的。戗菜刀同卖豆腐、蔬菜等一般的家庭生活必需品有着本质的区别。

再者说，即使家中的菜刀断了或是上满水锈不能用了，必须赶紧换掉，又有谁能一直耐心地等到戗菜刀的小贩来家附近叫卖时再磨呢？戗菜刀的小贩不可能在需要的时候就正好出现，说不定等他出现得等上一年半载呢。就算他真的适时出现了，也不一定能把他及时喊住吧。因此，对一般人来说，以前是选择去附近的杂货店购买，现在是驾车去大型超市或家居中心购买。

既然这样，戗菜刀的小贩为什么还大白天特意到住宅区流动叫卖呢？

难道特意等上几年也要让小贩磨菜刀，这有什么特殊的优点吗？好像没有，至多能省去自己磨菜刀的工夫。

在此，先把目前的思路整理如下：

第一，人们对作为商品的菜刀基本上没有多少需求。

第二，特意从戗菜刀的小贩那里磨菜刀也没有什么特殊的优点。

从常识上来考虑的话，既无需求又无优点的买卖是做不下去的。世上的买卖有很多种，但不管哪种，都是因为有需求和优点才能最终创造利润，从而继续做下去的。

那么，戗菜刀的小贩非但没有销声匿迹，反倒在当今这个年代也能精神十足地到处吆喝，这其中的奥秘到底在哪里呢？

对财务监察来说，鉴定一个公司是否存在破产的可能也是一项重要内容。因此，我对戗菜刀的小贩为什么没有破产也抱有浓厚的兴趣，自然很想看看戗菜刀的小贩的“财务报表”。

一、企业生存的大前提——持续经营

其实，不只是戗菜刀的小贩，包括企业在内，其生存的大前提都是能继续做下去，用财务术语来说叫作“持续经营”。若要持续经营，首先要确保的是利润。无论如何，没有利润是无法持续经营的。

要问到企业为什么要以持续经营为大前提，用财务学解释不容易理解，但不妨这么想：企业也叫法人，法人也是“人”。人是在生存的前提下才能拼命赚钱攒钱的。所以企业也一样，即使遇到变故或领导人去世等不幸，也要确保能够持续经营。在这个大前提下，企业的使命就是创造利润。

个人要生存下去不能不提到钱（现金），与之相对应，企业要持续经营下去，离不开的不是现金，而是利润，这可能很多人不太理解，其实这样说并不意味着企业不需要现金。对于企业来说，利润作为一个衡量标准至关重要，这是因为有时企业在没有现金的情况下也能持续生存。例如，企业可以不用现金，而是用“赊购”的方式来经营。利润则是在综合考虑现金流动、账款、票据、工厂设备的基础上计算出来的盈利指标，其在衡量一个企业的经营状况时受到格外重视。

那么言归正传，戗菜刀的小贩到底能不能赚钱呢？

从通常的角度考虑，根本没多少需求的商品很难卖得出去。也就是说，戗菜刀的营业额基本为零。非但如此，走街串巷的动力和人工开销都是不可避免的。

如果换成是卖烤红薯的，不难想象，因为有需求，所以可以预期有一定的营业额。其通过大量进货来降低采购费用，再通过薄利多销，虽然发不了大财，赚到足以维持生计的利润还是不成问题的。

可是，戗菜刀的小贩靠什么策略赚到利润呢？真是百思不得其解。可是不管怎么样，人家多少年来一直都卖着，并且是全国哪儿都有。

单从其遍布全国来说，也可见戗菜刀不是“大款”没事找乐的业余活动，而是隐藏着赚钱的秘诀的。正因为如此，那么多戗菜刀的小贩在用同一种方法生存。这还真是个“谜”啊。

二、利润 = 收入 – 成本

如果只揪住这个“谜”不放的话，永远无法发现事物的真相。于是，笔者想从现实出发，探讨两点假设。

到目前为止，本书已经用到了“收入”“成本”和“利润”这三个财务术语。在此先整理一下，如下两点显而易见：

- 利润 = 收入 – 成本。
- 利润对企业持续经营来说不可或缺。

因此，所有买卖如果要想支撑下去的话，就必须增加利润。也就是说，要么增加收入，要么降低成本，除此之外别无选择。

由此可以得到如下两点假设：

假设 1：实际上，戗菜刀的小贩收入很高。

假设 2：实际上，戗菜刀的小贩成本很低。

首先是对假设 1 进行验证。笔者曾做过实地的跟踪调查，由此发现了戗菜刀小贩的一种销售策略。以下是一位陈老太太谈到的实际经历：

陈老太太家里的菜刀已经钝得实在不成样子了，琢磨着再买把新的。恰在这个时候，戗菜刀的小贩从家门前经过。

陈老太太叫住戗菜刀的小贩，要让小贩磨一下菜刀。

当陈老太太拿出了 10 元支付了磨刀费后，戗菜刀的小贩又对陈老太太说道：他可能要过很久才能来一次，家里如果还有旧剪刀、旧菜刀的，都可以拿来磨一下。如果再磨的话，可以给您打个折，9 元一件啦！ 陈老太太听了觉得也是，一下子就又磨了两样多年不用的老物件。心想虽然一下子花了 28 元，可是这下又能用好多年了。

到这儿话还没完呢。那个戗菜刀的小贩接着又说：“我这里有一种自动磨刀器，如果平时刀不利了可以自己磨一下，20 元一个，使用非常方便。”随后又演示了一番。结果陈老太太又买了两个磨刀器（自己家一个，给儿子家一个），结果共花了 40 元。可想而知，陈老太太事后难逃儿子的一顿埋怨。

从这个故事中我们知道了那个戗菜刀的小贩的赚钱策略：从一把刀的生意当中，引申出来了好几笔生意，相当于提高一笔交易的单价。也就是说，即使商品的需求很少，但只要能想办法提高单价，就能获得高营业额，于是就能获得高利润。这种提高单价的做法从财务学角度来考虑的话，确实是行之有效的。

当然了，并非所有戗菜刀的小贩都是靠这种“损”招来经营的。这不过是其中非常少的一部分人的做法。

没有提高单价而能持续经营的戗菜刀的小贩也很多，并且是戗菜刀的小贩的主流，希望大家不要误解。

接下来我们来对假设 2 进行验证。关于这一点笔者也收集到了资料。

笔者曾经直接问一个戗菜刀的小贩：“你平时都做什么啊？”那个戗菜刀的小贩回答说：“我在家里有地种，只有农闲的时候出来走街串巷。”

原来专门戗菜刀的小贩本来并不存在！戗菜刀只是他农闲时的一个副业。这样的话，他相当于是在利用主营业务的空当来戗菜刀，因此不会产生多少劳务费。骑自行车也使交通成本几乎为零。反正戗菜刀是副业而不是主业，因此即使一笔生意没有也没关系，可一旦有生意，那就赚了。因为不是主业，所以可以有一搭没一搭，随心所欲，只赚不赔。

戗菜刀的小贩的这种生意的本质，用另一种说法来表达就是——不需要先期投入的副业。如果流动叫卖时有人买的话，立刻就能赚钱。

前面已经说过，创造利润只有两条路可走，一个是增加营业额，另一个是降低成本。

从这个意义上来说，戗菜刀的小贩的营业额可能无法有太大的增加，但他的成本几乎为零，真是个只赚不赔的好买卖。

三、经营的本质

在本节的前面，以戗菜刀的小贩盈利之谜为切入点，探讨了怎样才能创造利润。理解这一点很重要，它是进一步掌握财务学思维方法的基础。

现在市面上有各种各样的讲述生财之道的书，其实将这些书中的方法分类的话，无外乎以上两种。例如，畅销书中有一本《富爸爸，穷爸爸》，其代表观点是通过股票与不动产不断增加收益，这实际上是增加收入的思维方法；另一本《拾得致富的黄金羽毛》则强调消除无谓的花费，通过省税、节约等方法减少支出，这实际上是降低成本的思维方法。介绍生财之道的书很多，杂志上也经常登载专刊介绍如何成为大款。实际上非常简单，只要把着眼点放在这两点上就行了。

戗菜刀的小贩是否意识到了这两点另当别论，但他确实是基于商业最基本的道理来经营自己的买卖的。正因为如此，这种经营形态才能经久不衰，即做到持续经营。

四、搞财务的人都是"小气鬼"

单从个人而不是从企业的角度来考虑，如果想让手头的钱多起来（增加利润）的话，是增加收入（增加营业额）容易，还是减少开销（降低成本）容易呢?

若想增加收入，作为个人来讲，就要为能够涨工资而加倍努力，争取出人头地，或者利用周六周日打工赚钱。但这样一来，要么需要很长时间，要么则非常辛苦。

虽然市面上充斥着诸如"大妈也能炒股月赚 10 万元""加盟 ×× 产品，睡觉时也能大笔赚钱"这样的信息，但实际操作并最终获得成功需要相当的努力和运气。天上掉馅饼的事毕竟不多。

因此想迅速"扩大利润"的话，最明智的选择是"降低成本"。

吃得节俭些，少出去玩，喝便宜的酒，不买汽车，买低价的房子……时刻意识到要减少开支并付诸行动，人们把这样做的人称为"小气鬼"。"小气鬼"在大多数情况为贬义词，但是从"创造利润"这一财务目的来看，"小气鬼"的做法是最合理的。

五、用绝对值来判断是否节约

什么叫通过绝对值来考虑节约呢？我们举例来说明。

例 1：花 500 元买到 1000 元的东西。

例 2：花 100 万元买到 101 万元的东西。

在这两个例子中，哪一个得到了更多的实惠呢？

花 500 元买到 1000 元的东西，感觉是得到了两倍的实惠。不是吗，打了五折呢！相比之下，花 100 万元买到 101 万元的东西，从打折的角度看只不过便宜了近似于 1%，感觉 100 万元和 101 万元在数额上没多大区别。但是，如果你冷静地想一想便会发现，你省下了 1 万元！与它相比，500 元就显得微不足道了。因此，笔者对买 100 元以下的东西能省多少钱都是睁一只眼闭一只眼，只有买大件商品时才插嘴过问。这就是笔者所说的削减费用不该考虑百分比，而应考虑绝对值。

六、积土未必成山

对于花钱没有绝对值概念的人来说，买很贵的东西时，总容易这样想：反正 101 万元和 100 万元没多大区别，就照店员的推荐买吧。买房子和结婚办喜事时经常会出现不断超支的现象，恐怕这就是其中一个重要原因。导购一说“买房子是一生一次的大事”“结婚一辈子就那么一次”，人们就觉得有道理，于是“贵点也没关系”。但恰恰是这样的人，常常在超市买东西时对 10 元也会仔细算计，这真是个有趣的现象。

这么说可能会有人反驳：“每天节省 10 元也非常重要！常言道‘积土成山’嘛。”可是，一天省下 10 元，一年才省下 3650 元。如果那样的话，还不如一次就省下 1 万元有效呢。

还有人有这种想法：平时精打细算很有必要，但偶尔也要大方一把。有这种想法的人非常危险。

举个例子来说，每天省下 100 元，一年偶尔大方那么一次花掉了 5 万元，结果如下：

100（元）×365（天）－50000（元）＝－13500（元）

很遗憾，结果是赤字。这一类人很容易创造赤字，因此不适合做创业者。原因就在于他们只有节省的理念，但却没有领会财务的实质。费用和效果的假象。

对于笔者主张的“节约要看绝对值”，有人会反对说：“经常衡量花费与效果不就行了吗？”这里所说的花费与效果指的是买的东西应具有人们所期待的与其价格相匹配的功用，即物有所值。

不可否认，这种观点是正确的。但是，必须补充说明一点，只有效果能得到确认时这种观点才是正确的。

如果是日常使用的超市中销售的商品，能判断出“因为比平时便宜，买了很值”。

但是，如果是平时不怎么买的家电制品或珠宝首饰，价格该怎么判断呢？是否会被售货员误导呢？

例如，店门口张贴着对洗碗机的宣传：“一年可节约水费300元！”售货员也不断向你推荐其节约效果。被这么一忽悠，可能谁都会觉得“如果一年能节约300元的话，那我现在花300元买下，一年后这笔钱就收回来了”。这么判断确实没错。可是，谁都没有考虑到洗碗机与电饭锅、微波炉一样，都是耗电的家用电器。售货员是为数不多的清楚这一点的人，可是他自己是不会说的。大量用电自然会带来电费的猛涨。电费的猛涨会让节约下来的水费变得毫无意义。

因此，当信息不对称时，我们无法弄清真实的花费与效果的关系。

七、不被财务数字“蒙骗”的办法

财务可以成为说服人的工具，也可以成为骗人的手段。的确，像“利润××”这样的数字常被用于创业计划书的财务分析中。这样做虽然有让人信服的力量，但也存在着欺骗人的可能。这也是创业者需要好好和财务打交道的理由所在。

在生活中，像考虑买洗碗机这种自己不太熟悉的东西时，只衡量“节省时间”与“占厨房空间”的利弊就行了。也就是说，干脆抛开数字，这一点也很重要。

最后，再告诉大家一个不被财务数字“蒙骗”的办法，那就是在一定程度上对自己家务情况有所了解。这是最好的防线。

例如，笔者家里的碗是手洗的，一个月的水费大约是30元，一年大约是360元。

像这种情况，买洗碗机也能一年省下300元的水费吗？答案当然是否定的。一年的水费才60元多一点是不可能的。

关键在于，如果知道自家的水费的话，就不会单纯地相信“啊，能省下300元哪！”

第二节 收益从哪里来

三年前，笔者家附近开了一家琴行，它的地理位置有点特殊，那一带既不是闹市区，也不是商业街，而是再普通不过的居民住宅区。住在这里的主要是工薪家庭。可就是这样的地方，很扎眼地开了一家琴行，给人留下不协调的印象。

不过，这可是一家正宗的琴行，据说还是由笔者所在学校音乐学院的一位毕业生开的。它坐落在一般商住楼的一层，店面很小只有20平方米，外观装潢极为简单，乍一看弄不清是什么店。走近一看，入口附近一套架子鼓，墙上挂着一些其他乐器，这才明白："啊，原来是家琴行啊。"

说到琴行，因为孩子学长笛的关系也光顾过一些。但是我们光顾的那些琴行最小的也得有百十平方米，钢琴也要摆放好几排。对于这家琴行，要问生意是否兴隆，看起来好像并不热闹。由于离家很近，笔者时常从店门前经过，从来没见过客人进进出出的繁忙景象。"这样能撑得下去吗？会不会很快就关门大吉了？"笔者忍不住替它担心起来。可是它一点儿也没有要倒闭的迹象。岂止如此，至今已经三年了，那家琴行还开着。它又不是戗菜刀的小贩，为什么也不会倒，它是靠什么支撑下去的？笔者百思不得其解。

开场白似乎说得长了点，还是言归正传吧。这一节，笔者想在探究"低档琴行生存之谜"的同时，思索一下"连带经营"的结构。你或许会想："这两者怎么会扯到一起？"这正是随后有意思的地方，让我们马上来揭开谜底吧！

一、多重谜面

我们先整理一下谜面：

首先是琴行选址之谜——为什么这样的住宅区会有琴行？如果是在像万达广场那样的高级住宅区，那自然另当别论。可笔者住的这一带是普通得不能再普通的住宅区，离商业街比较远。这么一家专业琴行，就这么孤零零地坐落在民宅之中。

而且，这家店面也太小了。大家都知道，专业乐器的价格是很高的，高档次的要数万元至数十万元，低档次的也要在数百元至数千元。所以大家一般买专业乐器都要去有品牌的、装潢豪华的琴行。

不过，地理环境再差，面积再小，如果有特色，也有可能会吸引大批顾客。现如今，即便是一家牛肉拉面馆，只要能做出名堂，有特色，能得到交口称好，即使地处离市区数小时车程的偏僻之处，也照样会有人排队来吃，这也是一种时尚。只是，这家琴行又没有那样的口碑，当然也不曾在电视和杂志上露过面。这么看来，这家店似乎毫无可取之处。

总而言之，这里既不便利，店面又小，也没有良好的口碑。那么它是如何生存下来的？

二、买卖的原则：等价交换

做生意是有原则的，那就是“等价交换”。

例如，在10元店里买的东西，没买多久就坏了，你会特地跑去抱怨吗？是不是念叨一句“10元的东西，坏就坏了吧”就算了？但如果那不是10元，而是价值数千元的东西，你会怎么办？一定会想：“几千元买的呢，真是岂有此理！”立刻去找商家理论吧。

买卖的原则其实就在这“10元的东西，坏就坏了吧”与“几千元买的呢，真是岂有此理”的区别中若隐若现。也就是说，我们确认了商品和价格相符，才会掏钱购买。所以，同样是刚买没多久就坏掉的东西，反应却截然不同。

如果忽视“交换具有相同价值的东西（现金、商品或服务）”这一理所当然的原则，买卖便无法顺利成交。话说回来，低档琴行的顾客也一定会先判断东西是否物有所值，对于高价商品的要求自然更加严格。因此，具备“品牌”“漂亮的店面”“良好的服务”等口碑的琴行才能吸引大批顾客。而这样的琴行常常位于市中心。人们也觉得，特意到市中心购买的行为本身，就具有特别的价值。

因此，在住宅区开琴行，简直就像是在自由市场开“百盛”店，做的是无视买卖原则的生意。而这样的琴行居然可以撑好几年，实在是有违常理。

一天，笔者终于下定决心，要到这家充满谜团的低档琴行里一探究竟。走进店里一看，一个客人也没有。有一搭没一搭的与店主人搭讪期间，进来了两名孩子家长模样的人。她们与店主的谈话引起了笔者的注意，瞬间解开了“谜团”，有了答案!

谜底全部揭晓。开设培训班!

由于店主是一名刚从学校毕业的学生，创业之初没有充裕的资金，所以只有在较偏僻的居民区开一家店面很小的琴行。店主与周边几所小学有良好的合作关系，负责为社区少年宫开设音乐课程。学生在学校集体上课之外，可以参加由该琴行组织的多名老师的各种声乐、器乐培训课。通常情况下，每节课80 ~ 150元的学费不等。开课时间可以在工作日的晚上、周末、寒暑假。

简单地计算一下：

在每月的22个工作日中，每天店主自己负责教授2人，在每月的8天周末，店主自己负责教授8人，每小时100元。

2（人）×22（天）×100（元）+8（人）×8（天）×100（元）=10800（元）

有了这些收入，就足以维持日常的经营了！如果再考虑为其他老师介绍学生的提成、寒暑假的培训班、考级的集训班，收入还会多很多。同时，开培训班也会招来忠诚的顾客，学员和他们的亲朋好友也会通过该琴行代购各种书籍和乐器。还会带来一笔可观的收入。

由于学员基本以附近的居民为主，可以不用考虑交通是否便利，所以，琴行即使远离商业街，也完全没有关系。换句话说，这家琴行的经营策略和市中心那些有名的琴行完全不同。

三、连带思维

主业是琴行，副业却是培训班。虽然主业和副业是完全不同的经营形态，然而稍动脑筋将这两者结合起来经营，却成了这家琴行支撑下来（持续经营）的秘密所在。换言之，不一定非要靠主业赚钱，只要副业或其他方面能带来利润，经营就能持续。

但是，如果因为副业好赚，而索性收起本业，专搞副业，那就本末倒置了。倘若这家琴行只靠音乐教学盈利的话，恐怕早就关门大吉了。因为是琴行的店面给学员们一种依赖感，其才放心花钱来学。

由此可得出的结论是，主业和副业不可分割开来，应当设法让彼此互相结合。因为有主业所以副业才能存在，反过来，因为有副业主业也才能长久。唯有将它们有机地结合起来，才会产生共同促进的效果。

至于这种将主业和副业结合起来经营的理念，在财务上被称为“连带经营”。

例如，铁路公司很早以前便在车站构建起购物中心，借此增加收入。日本的乐天、活力门两家网络公司都在致力于收购证券公司，究其原因不单是因为股票在线交易的盛行令其有利可图，另外，他们还寄期望于网络投资家能利用它们的主业——网络服务，最终达到网络公司和证券公司“双赢”的效果。SONY 进军音乐和电影业，也有促进其 CD 音响、电视的销售。万达集团同时进军娱乐、院线，也有助于其地产开发。

综上不难看出企业要经常思考的一个问题：“有没有对公司具有高度促进作用的副业？能不能利用公司现有的技术开辟新的事业？”这种想法与琴行以培训班为副业的构思，并没有什么不同。

再举一个身边的例子：学校等公共设施里通常都会摆设自动售货机。通过这一举措，不光可以为有需要的人提供服务，也可以为学校带来一笔可观的收入，对学校来说是很好的副业。

四、“周末创业”也属于连带经营

“周末创业”是日本学者藤井孝一在《周末创业》一书中所推广的概念，就是建议无须辞去工作而利用周末时间创业，这基本上也属于连带经营的思维方式。具体来说就是发挥与自己的专业知识或爱好相关的长处，从事诸如直销等副业。顺利的话，钱越赚越多，也越开心。而且副业在某种程度上也是主业的延伸和爱好，因此可以一直持续下去。

如果换成是利用星期六、日或晚上从事和主业、爱好完全无关的副业的话，既没有什么乐趣，还会增加许多紧张和压力，是无法持续下去的。

许多人都想成为小说家，如果有非写不可的题材那另当别论。许多人抱着写什么都无所谓，只要能写点东西出来这种想法，于是就随便地写，想到什么写什么，结果当然不会有出版社看中，即便能出版也根本不会有多少人买。但是，假如一个在量贩式家电商场工作的人，写一些商场的内幕，或者关于顾客的故事，或者关于家电知识的话，会给人带来独有的真实感，从理论上讲就能成为原汁原味的作品。或许有朝一日就是当红的网文作家了。

在你的周围很可能也存在着副业的种子。当你发现它的时候，记得想到连带经营啊！

对那些觉得自己没有做微商或写小说天赋的人来说，也有他们可以轻易操作的副业，那就是投资股票。有人觉得炒股就是单纯的赌博，与自己的知识和兴趣无关。但是在自己所处的行业中，哪家公司有发展潜力，哪家公司要不行了，凭感觉就能知道吧！相关的信息平时不是很多吗？没错，就是活用自己的工作经验投资股票（但如果是投资自己公司股票的话，不要搞内线交易哦）。不一定非得是自己所在的行业，自己感兴趣的行业也可以。喜欢电影的人应该对影片发行公司感兴趣吧？喜欢飞机的人研究研究航空公司的信息不也挺有意思吗？

如果是学生的话，可以利用找工作时收集到的公司信息投资股票。笔者在毕业找工作时，也曾对自己最想投身的行业做过很彻底的研究，所以自认为对于哪家公司能行哪家不行了如指掌（虽然现在离开了当初最看好的公司）。

五、如何实现“低风险，高回报”

在开始副业和股票投资之前有一点要提醒大家注意，那就是“低风险带来低回报，高风险带来高回报”这种想法。不错，在金融界这通常是正确的。

但是，现实社会并非总是如此。“低风险带来高回报”“高风险带来低回报”的情况也是存在的。并且，好的企业所追求的一定是“低风险，高回报”。

如何解释这个现象呢？比如一家公司打算开拓自己擅长或者相近的领域，这样自然是瞄准了高回报，但为了同时实现低风险，它还会为预算设定一个上限，在这个基础上投入资金。这样即使意外失败也可以将损失降到最低（在预算范围内）。

设定预算这种思维方法值得个人效仿。投资自己的副业时，也要事先好好做个预算，在预算范围内投资。大多数个人投资者之所以感到苦恼，都是因为其投入的资金远远超出了当初的预算。如果是企业的话，超出预算时，管理部门和其他部门的人会加以干预，不会造成想投多少就投多少的局面。但是对个人而言，完全没有了约束，因此风险很高。对于那些爱冒险的人来说这也许没什么，可是一旦破产也会给别人带来麻烦，所以还是节制一些为妙。

归根结底，“低风险，高回报”指的是在自己擅长的领域进行预算之内的投资。联结经营也是同样如此，重要的还是主业，没有必要为副业冒很高的风险。

第三节　数字感觉

日本全日空航空公司2002年推出了一款名为“轻松乘坐，返还现金”活动，这个活动的策划者着实具备相当敏锐的数字感觉（如图2-1所示）。

> 50人中就有1人免费！
> 购物返现大酬宾
> 进行中
>
> 现在购买××
> 每50人中就有一人可以享受全额返还！
> 机不可失，走过，路过，不要错过！！

图2-1　日本全日空航空公司策划的活动海报

在机场的自动售票机上，每天都有几百人会“中奖”（假如一架飞机可乘坐200人，一天有100次航班，那么就有200÷50×100=400人“中奖”），很多乘客都亲眼目睹了“中奖”的过程，宣传的冲击力就更强了。很多打算乘坐其他公司航班的乘客都临时改乘了全日空的航班。

对财务抱有畏惧心理的人经常会列出这样的理由：“我的数字能力本来就很差……”的确，离开了数字，财务就无从谈起。利润、周转率、现金流动以及财务报表……到处都是数字。对于讨厌数字的人来说，再也没有比这更痛苦的事了。但是有一点希望大家不要误解：想要学习财务，不一定非要有很强的数字能力。其实相比于数字能力，更重要的是“数字感觉”。只要能培养起数字感觉，就不会再对财务的数字感到害怕了，因为那不过是具体意义不明确的一堆数字的罗列。

在本节中，将具体阐述什么是数字感觉，同时想证明数字能力差也能用好财务知识。希望讨厌数字的人在读过这一节后，也能跨越数字的障碍。

一、何为数字感觉

看了上面的活动宣传，你会产生什么印象呢？

“啊，可以免费得到商品，太棒了！”

“50个人中就有一个，我被抽中的可能性还是蛮大的。”

感觉因人而异。但是，有数字感觉的人是绝对不会产生类似的念头的。遇到这样的情形，没有数字感觉的人难免会被“免费”这个词套住而不能自拔，只会想着“自己能不能成为那个免费的幸运者”。当然，有人会认为“广告宣传的重点就是免费，被免费这个词套住也是没办法的事情”。话虽这么说，可是在这种场合，做广告的商家根本就没把心思放在“免费”上。也许有人会问：“商家都‘狠心’提供‘免费’这样的服务了，怎么还会不把‘免费’放在心上呢？”其实，问题的关键就在做广告的商家身上。估计直觉敏锐的人已经明白怎么回事了吧。如果站在商家的立场上考虑一下的话，“免费”这一行为根本没有多大的实际意义。接下来，我们来看看真正的答案吧。

“50人中就有1人免费”=“100人中有两个人免费”。换算成百分比的话，就是2%的顾客是免费的。这从商家的角度来看，就是打了2%的折扣。也就是说，“50人中就有1人免费”和“打了2%的折扣”基本没多大区别。和如今到处可见的“返还消费税”“七至九折”相比，“打2%的折扣”根本就没有什么吸引力，消费者也不会对这么点折扣“感冒”。而当把“打2%的折扣”换成“50人中就有1人免费”这种说法后，宣传效果立即增效百倍。这恐怕要归功于“免费”这个词的巨大魔力吧。因为在我们头脑中，始终存在着“免费—划算”的思维模式。但是，冷静下来算一下就会明白，那不过是给根本谈不上划算的事情换了个包装而已。据说这一宣传给全日空航空公司带来了几十亿日元的收益。毫无疑问，相比于每张机票都便宜2%来说，这样的宣传效果真是强上百倍。

能否马上察觉到这种语言包装，是有没有数字感觉的判断标志。也就是说，能否在看到广告时，马上想到：“50人中1人免费，那么100人中两人免费，不过是相当于打了2%的折扣。能得到免费待遇的只有不超过2%的人。”能马上意识到这一点的人，就算得上是有数字感觉的人了。不被“免费”这个词的冲击力所迷惑，能够很好地用数字来衡量事物，这就是数字感觉。有这样的数字感觉。就会想“那样的话，不如选择实实在在能打5%折扣的商品，那才是真正的划算”，凡事都能够经过理性思考再作出选择。

除了数字感觉，我们还经常会听到“数字能力强”“数字能力差”这样的话。可能因为笔者的职业是财务师吧，经常有人对笔者说：“你的数字能力好强啊，我的数字能力差得不行……”这里所说的数字能力“强”与“差”到底指的是什么呢？估计大多数人所想象的“数字能力强的人”，就是能够麻利地解出方程式，AA制聚会时能心算出每个人应该交多少钱的人，也就是数学很厉害的人吧。反过来，“数字能力差的人”就是指除了加减法之外什么计算都算不好，见了数字就产生畏惧心理或者抵触情绪的人吧。

当然了，财务这一职业是要经常和数字打交道的。无论是看财务报表，还是写财务报告，都离不开数字。但是，财务师绝不会把数字套入复杂的方程式里，也不会用心算来计算结果。要说财务做什么，不瞒大家说，99%的工作都是加减乘除运算。并且都是用计算器和计算机来算的（以前的财务计算使用算盘）。

例如，做财务分析时，最重要的就是有个计算器可以做加法和除法。为什么这么说呢？因为判断公司的状况时，最需要关注的是“与去年的比较”，关键是要从“营业额比去年增加了多少”“利润比去年增加或减少了百分之几”等角度去分析。这里面必要的计算就是加法和减法，再有就是少量的乘法和除法。而这就是日常的财务监察中所用到的。因此，可以肯定地告诉大家，对财务来说，必要的数学技能就是加减乘除。所以，即便是数字能力差的人也完全可以做好财务。反过来数字能力强（数学专业）的人也不一定能成为优秀的财务工作者。本来嘛，大多数人在日常生活中也不会去做加减乘除之外的运算的。所以数学学得不好也没关系，谁都不会因此而影响了正常生活。

因此可以说，对于不是专门搞数学的普通人而言，“数字能力差不要紧，只要有数字感觉就行”。无须数字能力有多强，只要能培养起数字感觉来，就可以不被生活中各种各样的事物所迷惑。例如，不会被“免费”这个词所迷惑而错过真正的打折。搞这种宣传的策划者通常都有着超出常人的敏锐的数字感觉，并且数字能力也非常强。说得难听点，这些人脑子里整天想的就是，怎样让那些数字能力差又没有数字感觉的老百姓上当、中计。

二、培养数字感觉

既然只要培养数字感觉就行，那么在实际生活中又该怎样培养呢，这想必是很多人关心的问题吧。前面说过，能否很好地用数字来衡量事物是判断有没有数字感觉的一个分界线，但这样说，恐怕大家还不能马上理解。

下面笔者结合自己在大学中的一些故事，具体地解释一下数字感觉的培养。

笔者与数字感觉结缘，要追溯到开始学财务之前的大学时代。当时，笔者经常利用课余时间出去做“家教”勤工俭学。一次遇到了一个当地补习班的经营者。笔者问他：“成功经营补习班最重要的因素是什么？”他的回答既不是学生人数，也不是补习费高低或老师的资质，而是“学生的安全最重要！”最重要的是人的生命——万万没想到这会是从补习班的经营者口中听到的。

当时笔者在那家补习班打工，称那位经营者为校长。从他那里笔者还有幸听到了很多有益的东西。有一次，校长给笔者看了一张宣传单，问笔者说：“这是我们的竞争对手的宣传单，你觉得怎么样？”上面醒目地写着：“120 人考入一本大学！市内 6 处补习点！”我看了后一本正经地回答道：“合格人数达到三位数，很有冲击力啊。补习点多也给家长以‘规模大，让人放心’的感觉。他们可够厉害的。”

结果校长听了之后连连摇头。“你说错了，120 人确实很多，但是平均到每个补习点的话，才 20 个人而已。我们虽然只有一个补习点，可是我们的合格人数是 40 人，所以说我们远远强于他们。”

“……就是说规模大也没什么了不起的，对吧。”

“还有，他们去年是 5 处补习点，今年多了一个变成 6 个，可是合格人数还是基本没有增加，这就证明他们的实力在下降……”

这就是笔者第一次和数字感觉结缘吧。笔者第一次明白了，“原来分析是这样做出来的啊！”也就是说，先通过除法算出“平均一个单位有多少”，然后再和去年比较，看看实力的走向。这也正和财务报表的分析相同，是“分析的基本模型”。

三、注意关键数字

当然，不是说把所有的数字都除一下来比较就行了，要点在于只注意那些关键数字。拿补习班这一行来说，关键数字就是合格人数和补习点的数量。因为合格人数与学生数成比例，关系着营业额的预算。而补习点的多少则与场地租赁费和人事费挂钩，关系着经费总额的预算。补习班的校长倒不是很擅长财务，他只是通过多年的经验知道了这一点。

大多数优秀的经营者不一定擅长财务。但是他们很好地把握住了应该把握的数字。这些数字有哪些呢？分析自己公司时，这些数字就是决定产品成本的某一零部件的进货价、重要商品的库存量等。分析其他公司时，这些数字就是竞争对手的商品种类、停车场的停车数量、小时工的工资等。例如，地产商在关注竞争对手的广告时，不只关心广告品的价格，还会同样关注发售期，通过观察自发售期起多久才登出广告，就可以大致判断对手在销售上要费多大力气。也就是说，分析的要领在于“对某一特定数字进行定期把握”。能不能做到这一点取决于是否具备数字感觉。

看财务报表时，数字感觉也是必不可少的。和去年的数字以及同行业其他公司的数字进行比较自不用说，对某一特定数字进行定期把握也必不可少。这里所说的某一特定数字，这个问题不可一概而论。要结合经济景气情况、公司规模大小以及观察者是公司内部还是外面的人等来考量，所应关注的数字也因此有所差异。例如，同样是利润，想知道本行业状况的公司职员应该关心营业利润；想要了解自己的经验才能的总经理应该关心平均利润；而在意分红的投资者应该关心当季净利润。

同样是处理数字的学问，数学可能基本上只有一个正确答案，而财务与数学不同，可能存在着几个正确答案。因此，面对财务报表时不要被数字的障碍吓倒，只要仔细想一想“现在对自己最重要的数字是什么”“应该把握哪些数字”就可以了。如果想把所有数字都不分重点地看一遍。就会陷入困惑之中。那样什么人都无法找到正确答案。

四、把握特定数字的感觉

给大家讲一则故事。有一家年营业额为60万元的公司，这家公司只有3名正式员工。一个客户问他们的总经理：“贵公司有多少员工啊？”总经理心想：不能让人家觉得公司太小而受轻视，把打工的人数也算进去吧。于是回答道：“10个人。”结果客户一想：“平均一个人还赚不来66000元呢，这个总经理的经营能力值得怀疑。”于是修改了和这家公司的交易合同。我说这件事当然不是想证明说谎就会受到惩罚，而是想让大家明白没有数字感觉就会吃亏这样一个事实。

大家可以注意在日常生活中培养这种数字感觉。例如，当一个人考虑换工作时，即便年收入再高，如果工作时间特别长的话，计算一下平均每小时得到的报酬，就会发现很不划算。另外，当你有很多应该回的邮件时，你首先会对邮件数之多感到一筹莫展吧。但是，假如你攒了20封要回，“平均回一封用10分钟”，将目标细分一下，就会很麻利地做完。实际上，20封也就是3小时左右就可以搞定了。能做出这样的计划也是数字感觉的体现。

聪明的家庭主妇常常会自然地让她们的数字感觉派上用处。每天去超市买东西的时候，先好好研究宣传单再购买就是其中的一例。每天研究宣传单就能自然得出“和昨天的比较”“和其他超市的比较”。这证明她们很好地掌握了“对某一特定数字进行定期把握”这一分析的要领。如果能把这一要领运用到家电和高档服装的购买上，一定会节省很多的钱。

如果想培养自己的数字感觉，就要像这样，先从日常生活中“不起眼的数字”抓起。留意这些数字是培养数字感觉的第一步。数字不单单是记号。所有的数字背后都相应存在着某种意义。如果能读出隐藏在数字后面的意义，自然就会变得有数字感觉了。

所以，根本不必对财务报表等财务上的数字感到恐惧。仔细想想，“这个数字有什么意义？”“对现在的自己来说哪个数字有意义？”只要养成这样的思考习惯就好了，这样一来，“我讨厌充满数字的财务”这种排斥心理也会变淡。正是到这时候，你已成功地跨越了数字的障碍。

本章小结

◆ 利润是如何产生的

○ **企业生存的前提是持续经营**

——利润是持续经营的关键。

○ **企业重视的是利润**

——企业有时不用现金也能经营下去。

——利润是除现金流动以外，还综合赊账、票据、工厂设备状况……

○ **考查获利的财务指标**

——利润＝收入－成本。

○ **增加利润只有两种途径**

——增加营业额。

——降低成本。

——与“增加营业额”相比，“降低成本”的做法更加明智。

○ **创造利润的节约之道**

——从创造利润的财务角度看，小气的人是行为最合理的创业者。

◆ 收益从哪里来

○ **交易原则：等值交换**

——等值交换＝拥有基本相同的价值的东西（现金，商品或服务）之间的交换。

○ **经营需要连带思维（连带经营）**

——不一定非要靠主业赚钱，只要副业或其他方面能带来利润，经营就能持续。

——主业和副业不可分割开来，互相联结是一条定律。

——联结经营＝经营和主业密切相关的副业。

——企业常常在摸索“与主业高度相互促进的副业”或“能活用自己的技术的新领域”。

——“周末创业”属于连带经营，一个人的副业也应遵循联结思维这一定律。

○ **投资之道**

——投资股票要用上连带思维。

——充分结合自己的工作、兴趣搞投资。

——好的企业所追求的一定是“低风险，高回报”。

——“低风险，高回报”指的是在自己擅长的领域进行预算之内的投资。

——个人搞投资也要先认真做个预算。

◆ 数字感觉

○ 何谓数字感觉

——数字感觉＝能否很好地利用数字考虑问题。

——数字能力差不要紧，只要有数字感觉就能运用财务知识。

——财务中的计算99%只是加减乘除。

——并且，财务一定都用计算器和计算机。

○ 如何以数字为基础进行分析

——观察公司的状况时最应该重视的是“和去年的比较”。

——分析的基本模型：先用除法算出“平均每个单位是多少”，再通过“比较”观察趋势。

——分析的要领：对某一特定数字进行定期把握。

——优秀的创业者不一定擅长财务，但是能很好地把握应该把握的数字。

——根据情形和立场的不同，应把握的财务报表上的数字也有所不同。

——想把所有数字都不分重点地看一遍，就会陷入困惑之中。

○ 如何培养数字感觉

——注意日常生活中“不起眼的数字”。

——试着一一读出所有数字背后的意义。

——有钱和赚钱完全是两码事。

第三章 轻松学习财务术语

一天，笔者在整理衣橱的时候，发现一身双排扣西服发霉了。西服是很早以前老公买的，没穿过几次。想着虽然现在不流行了，但不一定什么时候还能穿，就没舍得扔掉。因为只穿了几次，所以没拿去干洗。已经过时了，但毕竟是花了不少钱买来的，该扔又舍不得扔的衣服，就成了堆在衣橱里的“坏账”。既然发霉了，也只好扔掉，不过心里还是觉得可惜。没错，笔者天生就是这么小气。平时一些不穿的衣服、鞋子老公总说：“赶紧扔掉算了！反正也不会再穿了！”不管他怎么说，还是支支吾吾地搪塞过去了。

然而，从财务的角度考虑的话，不用的东西趁早扔掉是最合理、最有效的“正确方法”。

第一节 库存与资金周转

这身双排扣西服如果用财务用语说，叫作“不良库存”。对于企业来说，不用说不良库存，就算是正常库存，也是越少越好。这是为什么呢？

一、资金周转的问题

为了能够对库存的问题展开具体的思考，笔者想先讲一讲家附近的一家家居体验店的事。

三年前，在离笔者家不远的商住楼的一层，有人开了一家家居体验店，面积有好几百平方米，摆放了各式的品牌家具，件件价格不菲。现在三年过去了，那家店还在那里，很顺利地实现了“持续经营”。这家家居体验店不是前面介绍过的琴行，却也和那家琴行一样，很少见到有客人光顾。又是充满谜团的商店！这家家居体验店的商品种类和数量繁多。按理说这样可以为顾客提供很大的选择空间，应该很方便。可是如果没有顾客光临，再多的商品也不是“卖品”，不过是卖不动的“库存”而已。对于经营者来说，库存越少越好，甚至可以这样说：“库存就是魔鬼”。

为什么对于经营者来说，库存越少越好呢？举例来说，食品都有保质期，时间越久越不新鲜，也就越难卖。食品之外的商品也是如此，时间一久就跟不上潮流，破损的可能性也大大增加。弄不好还有可能因为疏漏造成丢失或者被盗。

上述这些损失用财务术语来说就叫“盘货损耗”。接下来还要考虑人力费用。不仅需要有专人来管理仓库，而且，还要派人检查库存商品是否还能继续作为正常商品出售，另外，还有仓储费。如果是租赁的还要付租金，即便是放在店里面，也要占据卖其他商品的空间。要是能早些果断处理的话，就可以将那些库存的管理人力费和仓储费节省下来，用节省下来的钱存款也好，投资也好，可以获得更大的增值。财务上把以“如果把省下来的钱用来……”这种假设为前提推算出的“本该得到却丢掉了的利润”叫作机会成本。

如上所述，库存会带来各种各样的损失。这些损失叫作“库存成本”，对于经营者来说，库存越少越好。当然，如果一点库存也没有的话，就有可能错过赚钱的好机会。因为卖得好的商品也只能面对无库存的无奈。总之，库存这种东西“多了不行，没有也不行。”对库存量加以微妙地调节至关重要。

近年来，很多公司在利用 ERP（企业资源计划）技术调节库存量。例如，公司每售出一件商品，会立即将信息通过网络传递到工厂，再生产一件新品。这样，库存量就保持稳定，只需少量库存即可维持经营。并且在店面陈列上也下功夫，用电视屏幕做宣传，让人觉得商品量比实际上多很多，从而做到了少量库存也能顺利经营的效果。

还有丰田公司，想必很多人知道丰田汽车突飞猛进的关键因素吧，那就是被称为“看板方式”的生产管理方式。这种方式在生产汽车的流程中，生产链的下端工序会给上游工序下达“请给零件”“请给材料”等指示，像是在玩传话游戏。光是这些或许也没有什么了不起的，但实质上是减少了库存。由于“传话”的内容被规定为“在必要的时间，生产必要数量的必要产品”，因此在各个生产过程中不会产生库存。生产汽车在下线、出厂前有很多道工序。如果每道工序都产生库存，既会占用场地又会增加管理费用。因此，丰田的这种方法的出现具有划时代的意义。

二、不要小看财务部

库存带给人最头疼的问题是，即便你卖不掉货没钱进账，也必须先付款给批发商或厂家，这样就会没有进账也会有出账。显而易见这是一笔损失。也就是说，只要有库存就会有损失。从下面的例子也可以看出：有多少库存，就意味着有多少与之对应的资金的减少（如图 3－1 所示）。

1月1日，进货100件（每件商品进价100元）

↓

整个1月中，卖出0件（进账0元）

↓

1月31日，进货付款共10000元（出账10000元 ）

↓

1月31日　　现金：－10000元
库存：100件

图 3－1　库存损失

“产生大量的库存”是公司倒闭的一个重要原因。这倒不是说因为库存多，店里商品也就多，多得让顾客进不来门，所以就倒闭了。另外，卖剩的货也意味着营业额的减少，但这也和倒闭没有直接关系。和倒闭有直接关系的只是“没有资金，到期付不起进货费”这一点。这在财务上叫作“资金周转不灵”。

“资金周转不灵”听着有点过于正经，要点在于这不是赤字黑字的问题，而是手头没有资金的问题，和企业规模大小也没有关系。一旦资金周转不灵，大多数企业都得倒闭。大公司都设有财务部，这个部门的角色可不只是充当从银行借款的窗口那么简单。财务部要仔细计算什么时候从银行借多少钱，什么时候向银行还多少钱才不会出现资金短缺，为防止公司出现“资金周转不灵”而每日倾注大量的心血。

可能有人觉得“要想防止资金周转不灵，多借或多存些钱不就行了吗？”其实没那么简单。多借钱返还的利息也多，于是就压缩了利润。而多存钱，会遭到来自股东方面的压力："还有多余资金的话，应该分给股东，或者投到更赚钱的项目上！"也就是说，财务部需要把手头资金正好控制在警戒线上，这着实是个难题。希望那些以前觉得"财务部不就是看管资金的进进出出那么简单吗"，而小看了财务部的人能够重新认识财务部。

三、给钱与收钱

接下来，我们谈一谈回避"资金周转不灵"的对策吧。当然，向银行借款渡过难关是一种选择。但这不是最佳策略。

最佳策略集中体现在下面这句口诀中：

"给钱要慢，收钱要快。"

首先，请求供货商允许延缓支付货款。

在常见的支付方式中，有一种"月末结算，下月末支付"，在这种支付方式下，到支付期限前只有一个月的账期。如果能改成"月末结算，隔月月末支付"的话，就能得到两个月的账期。如前面例子，将本该在1月31日支付的货款推迟一个月到2月28日支付可使用承兑汇票。票据的使用使这个期限进一步延长变为了可能。

恐怕有人会想："总是听到票据这个词，票据到底是做什么用的呢？"其实票据最大的作用就是延迟支付期限。

"票据是延迟支付期限的手段。"

在被称作票据的比钞票稍大一点的纸上，通常写着"欠款1万元，3个月后支付"、"欠款10万元，6个月后支付"之类，把它交给供货商，就能获许延迟支付，在这期间内可以通过增加营业额，或向银行借款来筹措资金。

做到前面说过的延迟支付的期限后，接下来要做的是尽早回收资金。这里所说的回收并不是指索回借给别人的钱，而是指"商品已经销售出去，但是还没有收取的货款，这时要尽早要求对方付款"。也许有人会问："东西卖出去了还没收钱，世上哪有这样的事啊？"事实上，大多数公司是先把货卖出去，而在卖出后相当长一段时间再回收货款。

从商品卖出到收回货款之间的状态叫做赊账。

赊账的期限由当事人决定。为了尽早回收资金，有必要进行交涉以尽量缩短这段期限（如图 3－2、图 3－3 所示）。

1 月 1 日	卖出商品 100 件	收入 0 元
1 月 31 日		收入 0 元
2 月 28 日	回收货款	收入 10000 元

图 3－2　2 个月后回收货款（赊账期间 2 个月）

1 月 1 日	卖出商品 100 件	收入 0 元
1 月 31 日	回收货款	收入 10000 元
2 月 28 日		10000 元

图 3－3　1 个月后回收货款（赊账期间 1 个月）

图 3－3 中，不单是回收日期提前了，还达到了相当于 2 月份一整月取得了无利息借款的效果。为什么这么说呢？在图 3－2 中，如果 1 月 31 日那天有急需 10000 元的话，经营者就只有从别处借 10000 元才行。而借款当然就会产生利息。但是图 3－3 就截然不同了：不费任何力气就能在 1 月 31 日那天准备 10000 元。这种现象在经营者间被称作“无利息借款”。无须利息就能借款，恐怕再也没有比这更有效果的资金周转方法了。

也许有人会想“为什么要赊账？总是用现金交易不好吗？”这个问题不是三言两语就能解释清楚的。如果是个人的话，一天在同一家商店最多也就买几次东西。可是公司之间就不同了。有时一天之内要和同一家公司进行几十次甚至几百次交易（如向汽车工厂提供零部件的公司等）。每次交易都用现金的话，麻烦不说，一张一张地准备账单和收据也让人够受的了，因此，公司之间常将一个月的账归总起来，一次性进行支付。可以这样认为：能在销售的同时取得货款的行业，即面向个人的小卖店和服务公司，这些行业都被称作“现金交易”行业，是为很多其他行业所羡慕的行业。理由很简单，钱马上到手意味着不必担负“对方投诉拒交货款”“收到货款前对方倒闭”的风险。零售业是很少出现资金周转不灵风险的行业。

经营者每天都在为“资金周转是否正常”“怎样才能尽早回收货款”这类问题感到头疼。

说点题外话。以前曾从大笔者几岁的财务师那里学到一种抓住房东心理来支付房租的方法。这种方法不是每次向房东只交付一个月的房租，而是把两三个月的房租一起支付给房东。

也许你会觉得“就这么点儿事啊”。就是这么点儿事，足以让房东对你的印象大大提升，不单可以和房东关系融洽，房东还会不时给你提供各种方便。

这是为什么呢？房东（管理者）常常会这样想：“他能不能按期交房租啊？”“要是他拖欠房租的话，我就得催促追讨，那样该有多麻烦呀！”而如果租房的人一次就慷慨地付上三个月的房租的话，至少在多交出的两个月里，房东可以从上述的担心中解脱出来。每次都这样做，房东会觉得“这个人可以让我放心”，“不用担心他拖欠房租”。所以即使偶尔忘了交房租的日期，房东也会很大度地耐心等待几日。

四、配送与特卖

前面我们绕了很大一个弯子，现在让我们把话题重新回到家居体验店上面来。为什么家居体验店的库存过剩却都能支撑下去呢？按理说它的库存成本应该非常高才对，因此发生资金运转不灵的危险性也应该非常大。但是，谜底在笔者进店查访后就真相大白了。

原来，这家店是以“网上宅配送”为主业的，而这处店铺本就是仓库。光做仓库有点可惜，所以就改装成店面了。网上销售的话，商品种类不比普通商店多就显不出特色，因此，店里各种各样的商品堆积如山。这样人力费用和仓储费用等库存成本要低于店面与仓库分离的经营方式，因此非常合理。不难看出，这家家居体验店灵活地利用了自己的库存。其实很多经营者都在竭力减少库存。

例如，百货商场一年到头总有衣服在搞特卖。这是为什么呢？与其说是靠低廉的价格来拉拢顾客，不如说是为了趁着还没有过季将服装卖掉。那么，为什么特卖的对象常常是衣服呢？因为衣服的流行变化很快，很容易落后于潮流。家电制品的特卖很少，其原因就在于潮流的转换没那么激烈。另外，服装还容易被虫子蛀蚀，因此总的来说服装这种商品的库存成本非常高。伴随着店址的变更或店面装修，一般都要进行清仓处理。这也和衣服特卖的道理差不多。把商品往新店里搬运会产生很多费用，所以要尽量在搬迁之前把商品都卖掉。

减少库存的其他代表性事例：

第一，赠品。

第二，“店长推荐”。

第三，开业大酬宾。

像前面说的那样，所有的公司在经营中都时刻权衡着库存成本。有一个术语叫作“供应链管理”。这个词体现的是商品生产商、批发商和物流业以及零售业之间相互合作消除库存的思维模式。例如，对商品进行分类管理，将各种商品的销售情况随时在线反馈给生产商，于是，生产商可以只生产卖得好的商品，而不用生产卖得不好的商品。这样，就不会增加无谓的库存。降低库存的极端生产形态就是订单生产。接到订货就意味着相应量的商品已经确切地卖出去了。因此，在接到订单后，再生产商品就根本不会产生库存。只是这种生产方法也有其不足之处——商品不能马上到达顾客手中。于是，像戴尔这样实行订单生产的公司就开发了能在短短几天内生产出产品的生产线，以努力抵消订单生产的缺陷。

这里要谈的“扔的技术”不仅适合于经营生意，家庭里也同样适用。因为有不用的东西，就会产生相应的“库存成本”。从前面笔者的例子就能知道，将本来就不会再穿的双排扣西服作为“库存”一直压在衣柜里，结果衣柜也跟着发霉了，还有些常穿的衣服也险些遭殃。这种“觉得可能还能用”的东西还有很多，到头来大都没用，却占了相当的空间（相当于仓储费），整理起来也费功夫（相当于人工成本），装修或搬家时东西多也会带来不少麻烦。因此，“为了降低损失应该减少库存”这种思维方式家庭也应该借鉴。书和杂志也好，衣服也好，还有些不用的日用品，如果头脑中没有“库存成本”的意识，东西很快就会堆积如山，等到那时再处理就有点晚了。

另外，如果都能在头脑中形成“库存是魔鬼”这种意识，那么购物的行为方式也会发生改变。例如，要买的东西是 10 元一个，买 5 个 40 元。这样单价比相当于 10 元对 8 元，感觉还是成组买更划算。但是事实上如果只需要 2 个的话，多买的 3 个就会剩下变成库存，从而带来损失。这么算来，相当于是花 40 元买了 2 个，还得搭上功夫去扔掉 3 个，真是浪费。倒闭的公司中，有很多是因为大量进货造成库存积压而招致败局。大量进货结果却卖不出去，于是一方面库存一增再增，另一方面还要交货款，没办法只好低价大甩卖，结果自然是巨额赤字，最终造成了倒闭。因此，希望大家时刻不要忘记：有时候即使贵一点，也是选择单价高的划算。和“看板方式”一样，从结果上来看，或许“在必要的时间，买必要数量的必要物品”才是最划算的。

第二节 机会成本

故事发生在日本一家超市。员工小A看着眼前的货车，不由露出了会心的微笑。这是因为从企划到采购再到销售都由他全盘负责的“盒装快餐”大获成功。当天他进了100盒快餐，刚到中午就卖光了，货车空空如也。按这样的进度，在一周的试卖期卖出500盒的目标应该能够轻轻松松地实现。更重要的是，总经理将在今天傍晚来店里视察销售情况！如果总经理看到销售一空的货车，不但会表扬他，说不定还会给他升职加薪呢！——想到这里，小A脸上露出更得意的笑容。

傍晚，总经理在身边工作人员的陪同下，如期来到店里视察。之后如小A所预料的那样，总经理在空货车前止住了脚步，盯着贴在车身的写着“托您的福，全部售完”的纸条，问小A：“这是什么时候卖完的？”

“机会来了！”小A心中暗喜，挺起胸膛大声回答，“刚过中午就把100盒卖光了！”

然而，接下来发生的事情就完全不在小A的预料之中了，恰恰相反，总经理额上青筋暴起，大声怒喝：“你、你这个笨蛋！脑子里想的是什么？！”

“啊？对、对不起。”

“你懂不懂销售的基本道理？!”

“？？？”

原本以为会得到表扬的，没想到却遭到劈头盖脸的一顿怒骂，到底是怎么回事？小A有些丈二和尚摸不着头脑。自己究竟什么地方惹怒了总经理？

这一节将探讨可怜的小A挨骂的原因，并研究一下机会成本。

一、抓住销售时机

获得机会（销售时机）是做生意的根本。怎么理解销售时机呢？就是将顾客需要的商品在需要的时候提供给他们。这听起来是理所当然的事情，但要真正做到这一点绝非易事。

在“肚子有点饿啦”“走夜路好冷啊”的时候，如果在车站前有一个拉面摊，你一定会不由自主地向它走过去吧。这就是获得销售时机的典型例子。如果周围只有已经吃饱了的人，或者是在盛夏的大中午，还会有客人来光顾拉面摊吗？前面提到过的戗菜刀小贩和住宅区的琴行之所以成为经营之谜，也在于看上去好似忽略了销售时机。另外，商业街逐渐衰落，取而代之的大型超市和购物中心则顾客盈门，其原因就在于后者的商品品种齐全，数量丰富，顾客很容易在想要的时候买到想要的商品。这在本质上还是因为抓住了销售时机。

现在，我们再回到小A的话题上来。完全不懂为什么挨骂的小A，决定直接向总经理请教。

"请问我什么地方做错了呢？"

"因为你丢掉了潜在机会。"

"什么？丢、丢掉了……"

"丢掉了潜在机会！"

总经理所说的丢掉了潜在机会是指什么呢？用财务学上的话来说就是机会成本，也就是获得销售时机的反义词。小A为所进的100盒快餐全部卖掉而沾沾自喜，但他没想过如果是进了200盒的话，本可能会卖掉120盒、150盒……或者更多。刚到中午就能卖掉100盒，全天下来卖掉200盒也不是不可能。小A过早陷入了"销售一空，库存为零"的状态，也就失去了创造新的营业额的机会，即造成了所谓的"机会成本"。按一般想法，可能觉得销售一空就万事大吉了，然而在财务中，这被看作是"机会成本"，是不受欢迎的。例如，即使卖出了100盒，如果有50盒的机会损失的话，那么100盒减去50盒，相当于仅仅卖出了50盒。这样的话，让人看不出卖100盒有什么意义。因此，身为营业员的小A要想被总经理夸奖，最好在预计的最大营业额的基础上再多进10%的货作为备货。但是，比预计销售量多备一些货需要敏锐的眼光，这对任何买卖来说都是很难的一件事情，负责采购的人都会为此而大伤脑筋。

这里想说明的一点是，从财务的角度来看，商品剩余令人感到可怕，脱销也同样让人感到可怕。做到"全部卖完了，谢天谢地"，既不值得庆贺也不值得夸耀。有那工夫的话，还不如想着从哪里再进些货，再多卖出去一些呢。

二、不满足于销售一空

机会成本的思维方式，不仅仅适用于做买卖。在日常生活中，灵活地加以利用也能带来很多好处。

例如，有一次笔者老公要参加计算机职称考试，一共4门，当时他打算分2次考，每次考2门。笔者感觉他的计算机能力还不错，就劝他一次报考了4门。一开始他觉得准备4门考试太辛苦，不过最后考试的结果出来后，一次全部通过了，他自己也觉得省下了不少时间。说这些，并非想炫耀什么，而是要告诉大家，如果确定要做某件事情，不妨在自己的最大能力范围内，把目标设定得高一些。开始产生大干一场的冲动本身就是机会。不应该放过这难得的干劲，眼睁睁错过这难得的机会。一开始就觉得“只考2门就可以了”的话，就不能有效地利用这难得的干劲，是自己限制了自己的机会。

而且，如果目标设定得比较低的话，中途难免会产生“做到这种程度就差不多了”的想法。这样，自己可能会觉得在一定程度上已经成功了，因而感到满足。但用财务的观点看的话，则明显是亏了。

同小A卖“盒装快餐”的情形一样，满足于“感谢销售一空”“感谢客满”是不可以的。为了不错失良机，应该把目标设定得高一点、再高一点。

三、设定目标要考虑机会损失

在年初、年终或者换季时，每个人都会给自己定下一两个目标，比如减肥或者存钱之类。希望大家在这时都能运用机会损失的思维方式。

当然，目标定得过高也不好，它会把原来的干劲消磨殆尽。诀窍就在于把目标设定得比自认为能够达到的那条线稍高一些。

比如，有两个人都想减肥，一个想减3公斤，一个想减10公斤。想减3公斤的人轻松地达到了目标，想减10公斤的人则拼命努力，中途甚至产生了要放弃的念头，最后只减掉了8公斤。那么，实际上是谁减掉的更多呢？一目了然，当然是减掉8公斤的人了。因此，希望大家看问题时不要老是盯住“胜负”或者“是否达到目标”不放，而是好好审视一下自己设定的目标是否妥当。或许达到目标本身并没有什么意义，因为可能不过是目标本身设定得很低而已。对于成功减掉3公斤的人来说，或许还能再减掉5公斤、7公斤，与其向他道贺，不如鼓励他再接再厉。

四、机会成本理论的实际应用

下面，我们一起看一看机会损失理论在财务上是如何应用的。

假设小B在地理位置优越的国道旁边开了一家餐厅，一个月能挣5万元。但在小B经营的餐厅的旁边，一年后将建成一座大型的连锁式大众餐厅。小B已经和不动产商商量过了，一年后要将自己的餐厅卖给不动产商。有一天，店里来了一个经营顾问，找到了小 B，对小 B 说：“把这个店彻底装修一下，营业额就会翻一番。”小 B 马上开始研究起来，并委托装修公司估算了一下装修费用。结果出来了，要重新装修的话，需要 30 万元。“装修费 30 万元，一个月多赚 5 万日元，6 个月就能赚回来了。还要再营业 1 年呢，足够把本捞回来了！”这样一想，小 B 决定进行装修。然而，听说小 B 要把店重新装修，不动产商慌忙赶来，告诉他说：“要是不装修还能租给别人用，所以才值 40 万元。要是你决定彻底装修的话房子就不能转做他用了，我就不买了。”那么，小 B 应该怎么办呢？小 B 的目前状态如图 3－4 所示。

一个月的利润	5 万元	
装修费用	30 万元	
装修后一个月的利润	10 万元	
一年后餐厅的出售价格	（不装修）	40 万元
	（装修）	0 元

图 3－4　小 B 的餐厅财务状况

当然，假设往往是把事情简单化处理了，在计算钱的得失时，还有很多比较复杂的情况。

那么，像这种情况，必须马上通过财务计算来判断是装修好还是不装修好。一般的算法如下：

1. 进行装修

进行装修的利润如下：

5 万元 ×12 个月（多得的利润）－ 30 万元（装修费用）

＝ 60 万元－ 30 万元

＝ 30 万元

装修费用花去 30 万元，装修后能多得 60 万元的利润，因此最终能多得 30 万元的利润。但这次小 B 的情况则多了个附加条件，即装修之后餐厅将卖不出去，餐厅的出售价格一下子变为零了。在加上这个附加条件后就涉及了“失去潜在利益”，即“机会成本”。

在这个例子中，小 B 将因为装修而失去以 40 万元将餐厅卖出去的机会，这时把它作为亏损列入计算中即可。

2. 机会成本

进行装修（计算机会成本）的利润如下：

5 万元 ×12 个月（多得的利润）－ 30 万元（装修费用）－ 40 万元（机会成本）

＝ 60 万元－ 30 万元－ 40 万元

＝－ 10 万元

这样才得到了正确的计算结果。于是可以根据财务得出这样的结论：装修会损失 10 万元，还是不装修的好。“机会成本”把实际可能获得而没有得到的利益不是算作零，而是算作负数。

第三节　周转率

中国的麻将几乎称得上是“国粹”。网上经常报道夏天最热的时候，成都市民把脚泡到河水里打牌的壮观场景。笔者不赌博，对麻将的规划几乎一无所知。以下是关于笔者老公在 QQ 上打麻将的故事。

老公以前也常和朋友们一起打麻将论个输赢。近十年来，几乎不再出去玩了，手痒的话就在 QQ 上过把瘾。QQ 上有不少游戏平台，打麻将也有好多种规则。一开始，他老打一种叫作“十六番起和”的。一副牌要千方百计凑到十六番以上才能和牌，所以打一局的时间挺长，还经常“黄庄”。不过因为要算牌，动脑筋，倒也乐此不疲。

有一次，笔者在旁边看他打麻将，参加的竟然是“平和”，规则是不计番的。他老说这种规则没有技术含量，所以一直不屑玩。可是从那次以后，发现他经常玩的都是平和，很少再打十六番起和的了。笔者觉得很奇怪，要知道，他一向都喜欢玩伤脑筋的游戏。

在这一节将探究老公玩“平和”的真正用心，同时一起考虑一下周转率的问题。

麻将的精华就在于“见好就收”。这点道理连笔者这个不会打麻将的人都知道。道理虽然简单，可是要实际做到这一点并不容易。落后时会想，“再坚持一下运气就来了，一定能反败为胜”，结果常常是越输越多。暂时领先时又常常会想，“现在手气正旺，一定可以赢得更多”，于是越打越来劲，结果常常是把好不容易赢的分数又输了回去。领先后就结束游戏的话，或多或少都有赢的分数进账。反过来，不管心里怎样想着要大胜对方，不离开麻将桌就无法确定最终的胜利。所谓的大胜无非是虚幻的数字。

说到这里，想一想老公是不是因为熟知这麻将的精华并最终能将其付诸实践，所以甘心玩平和呢？看起来他是抵御住了眼前出现的大胜的诱惑，虽然赢得不多，可毕竟玩平和的胜率较高，因为打平和的多是新手。是不是真的就这么简单呢？

一、见好就收

上面的结论，一半正确，一半错误。

当然，老公或许是很想确定胜局，但更重要的是他想快点结束游戏。为什么这么说呢？近几年来他的工作越来越忙，就连孩子也经常“爸爸！爸爸”地找他帮忙。打平和就容易多了，要安排得当，10 分钟时间就能打好几局。这样既能抽空放松一下，又不影响干其他正事。不难看出，一局牌的时间直接影响着他玩麻将游戏的收益。

在财务上把这种局数的多少叫作“周转率”。由此可见，老公正是因为重视周转率，才选择了以前一直不屑的玩法。

经营诸如自助火锅、牛肉面、快餐店的店铺是重视周转率的典型行业。牛肉面一碗 6 元，这样的低价格不禁让人担心：“这么便宜能不亏损吗？”实际上由于有顾客源源不断地光临，店家通过薄利多销而获得了不菲的利润。小的牛肉面馆只能坐下二三十人，所以顾客就不能慢慢享用，即使坐到位置的最多也只待 20 分钟左右。像一些交通便利的地方，弄好了 30 分钟轮换 3 拨儿都有可能。

重视周转率的行业不只是餐饮业。所有行业都在不断摸索着如何提高周转率。例如，有一种“10 分钟，10 元”的理发店。这也是一种极端重视周转率的经营形态。普通的理发店再努力，一小时最多也就能理 5 个人左右的头发，而这种理发店，一小时能剪上二三十人，自然有利可图。而从顾客的角度来看，这种经营方式既省钱又省时，因此有时会出现排队理发的现象，其受欢迎的程度由此可见一斑。

还有，电影院不喜欢放时间太长的影片，也是考虑到周转率的缘故。再热门的影片，如果一场就要放 3 小时的话，一天最多也就放映 3 场。那样即使是超人气的片子，每场都是观众爆满，假设影院的坐席定额为 300 个，也只能接待，

300（人）×3（场）= 900 名观众。如果是那样的话，还不如放人气一般但时间只有 2 小时的影片，一天放上 5 场。假如一场能吸引 200 人观看的话，200（人）×5（场）=1000 人。比超人气影片倒多出了 100 人来。由昆汀·塔伦蒂诺执导的《杀死比尔》本来是一部长时间（4 小时以上）的影片。由于时间过长，电影院无法轮回上映，因此在日本曾经被分解成《杀死比尔 1》和《杀死比尔 2》分别在 2003 年和 2004 年上映，并且分别给其加上了“复仇”与“爱”的主题宣传，给人以系列片的感觉。该片最终大获成功。

仅仅机械地提高单价是行不通的，没有与提价相对应的高品质也是不行的。另外价格定得越高，商品就越不好卖。还有一个更大的制约因素：单价太高容易造成营业额与预计收入的大幅波动。例如，某种商品单价为 100 元，一个月如果能卖出 10 件左右就能确保利润。可是难免有的月份只卖掉 5 件，甚至可能出现一件也没卖出去的情况。那样的话，就无法保证盈利和制订销售计划，也无法把握将来的发展趋势。“是应该扩充还是缩小店面”“今后如何展开销售”等战略问题也无法解决。这样下来就无法维持稳定的经营，而成了名副其实的没有前景的经营。

因此，应该考虑下一个良策，即不怎么改变单价，而是靠提高周转率来增加顾客数的战略。“营业额 = 单价 × 数量”是永远不变的法则。如果不能提高单价，那就只有提高数量（周转率）。

二、薄利多销

当然，单价低，也就是越便宜，顾客越觉得划算，买的人也就越多。因此，有时为了提高周转率，会特意调低单价，这也是一种经营策略。曾经有一段时期，彩电企业之间互相搞起打折的价格战，对此笔者记忆犹新。这也是由重视周转率所衍生出来的战略。由于便宜，顾客就多，顾客一多，就能大量进货，因此进货价格也能降下来。由此可见，单价和周转率并不是相互孤立的，应该将它们综合起来考虑。并且，当周转率得到一定程度的提高，顾客数就不会产生那么大的波动，有利于经营的稳定。这样就方便计算将来的利润，进而可以确立事业发展计划和经营战略。

但是，光靠低价格拉拢来的顾客还是有很大问题的。这样的顾客很在意价格，一旦有更便宜的店出现，他们就会毫不犹豫地转奔他处。仅仅降低价格，谁都能照葫芦画瓢地模仿，不用动什么脑筋，于是相似的低价店会大量出现。如果那样，客源就会非常不稳定。另外，由于“便宜是便宜，可是质量不好”而不再光顾的顾客也不在少数。如今彩电生产企业一改以往的价格竞争策略，而是反过来追求高技术的新奇，价格也都很高，这其中就包含着上面所述的背景。

综上所述，不难得出这样的结论：只靠低价格不利于营造固定客源。不管暂时的周转率有多大提高，如果不能营造固定的回头客，周转率早晚还会出现下滑。

三、固定客源

那么，怎样才能营造固定客源呢？这可以从其他行业中找到答案。

吸烟的人总是定期买同一种牌子的香烟，这就是固定客源。隔一段时间或者看心情换牌子的人恐怕没有几个。大多数人是全年吸同一种牌子的香烟。因此，香烟制造商都在致力于提高品牌知名度，以求获得更多的固定客源。当然，味道和价格固然重要，到了香烟这一行业，品牌形象则成为刺激消费者购买的一大要因。一听到万宝路、中华、云烟等品牌，人们头脑中总会产生这样那样的印象吧。爱吸烟的人都有各自青睐的品牌。

还有，迪士尼乐园能在主题公园中一枝独秀也是由于回头客特别多的缘故。他们的秘诀就在于一天内观赏不完的节目和每次去都会更换的主题活动。为了让游客每去玩一次都能尽兴而归，他们可没少费心思。

再举个例子，百货和超市都有积分卡，这也是增加回头客的策略之一。“比对手多便宜 1 元钱”这类打折大战争取的顾客已臻极限，这时，积分卡作为商家的苦肉计便“闪亮登场”了。现在很多顾客不再货比三家，而是一开始就心有所属。这是因为想多积累点数，更有效地利用已经积累的点数的心理起了作用。

通过前面的事例我们可以知道，或是进行激烈的价格战，或是努力增加回头客，总之所有行业都在拼命提高周转率。周转率可以名副其实地称得上是经营的命根子。

四、人际关系

其实，不只是经营，人与人的交往也可以用同样的观念来指导。

一说到人际关系，人们总觉得，关键是应该尽可能多地和各行各业的、不同年龄的人结识，其实，这是一种很大的误解。现在经常有以拓宽人际关系为目的的跨行业交流会，在那样的交流会上常常是拼命地撒名片，可是能通过这种方法成功地拓宽人际关系的真是少之又少。的确，认识的人可能是增加了，可是那和人际关系是两码事。不管你认识了多少人，如果到了关键时刻他们不能给你帮助，或者他们根本就不信任你，那么这种人认识再多也毫无意义。说得难听一点，这种交际层次和你在街上偶然遇见周杰伦，便宣称“我和周杰伦是朋友”一样。在笔者看来，发出的名片和所确立的人际关系根本不成比例。真正的人际关系，应该还包含存在于对方身后的潜在人群。

怎么理解这句话呢？简单说就是与其和100个人仅有一面之缘，不如和拥有100个人际关系的一个人保持深交。这样的话，那个人后面的100个人也可以归入自己的人际关系网中，为自己所用。因此，有参加跨行业交流会的工夫，还不如和老朋友、熟人以及新近结交的朋友多多来往，使彼此的关系进一步加深。花些时间和少数值得信赖的人搞好关系，就等同于和他们身后的人际关系也建立了联系，在关键时刻可以得到帮助。相信大家也都有同样的体会吧！

就像顾客数和营业额不一定成比例一样。吸引再多的不买东西的顾客，营业额也不会增加。只有拥有虽占少数但却经常在自己店里买东西的固定客源，营业额才能稳定，而且他们还会介绍熟人来买，给你增加新客源。

五、发现经营异常的方法

想必大家一定对财务界如何实际运用周转率感兴趣吧。周转率是一个非常有用的工具。因为它用起来既不用费脑子，也不消耗多大力气。对企业实行核查时，首先要请企业出具财务报表和账本等各种财务资料。大家可能会认为“注册会计师肯定会按程序一个一个地排查”。然而实际情况是：要想一个一个地排查，小企业可能还好，而到了有一定规模的企业，财务资料堆积如山，以至于常常不知该从哪里入手。碰到这种情况该怎么办呢？

首先要做的是把每个月的数字输入电脑中。例如，对赊销金的核查，就按顺序输入：4月末的赊销金总额，5月末的赊销金总额……把半年或一年的金额都排在一起，审查它增减的推移过程。这样排列完之后，会计师就可以对“5月和8月的赊销金为什么多”“7月的赊销金很少，发生了什么事”等问题进行推断。

但是，只是简单地罗列数字还不能有效地实施检查。接下来要计算周转率。

说是计算，其实只是进行简单的除法运算就能得到周转率。例如，要了解赊销金额的情况，只要除以当月的营业额就可以了。在这种情况下计算出来的周转率，用专业术语叫作“赊销金周转期”，它可以告诉我们到月末还有“相当于几个月的营业额”的赊销金没有收回。显而易见，赊销金是还没有收回的营业额，应该尽早收回，越早越好。因此，月末所剩的赊销金越少越好。

这样，会计师就可以知道诸如“8 月交易方 A 公司倒闭”“营业负责人私吞了回收的赊销金”等突发或非法的事件。由此可见，只用除法就能得到的周转率，具有发掘真相的作用。

可见，会计师在进行监察时，并不是把所有的财务资料都看一遍。因为有人手和时间的限制，如果不是特别小的公司，全部财务资料都看事实上是绝对办不到的。于是就产生了利用周转率压缩调查范围的方法。不是调查全部，而是针对最重要的一部分进行取例调查，通过调查最重要的一部分，判断经营整体是否正常，正是监察的任务。不是“只见树木，不见森林”，而是“窥一斑而见全豹”。监察用语把这种方法叫作风险评估。即对风险部分，也就是看起来有违规或粉饰的部分进行重点调查的方法。这种“风险评估”的方法在监察之外的领域也可以使用。实际上，很多场合都在不自觉地使用着。

例如，在超市选鱼的时候，把鱼全身都看了也不知道新鲜不新鲜。而只要看一看鱼的眼睛是否混浊，有没有血丝就可以知道是否新鲜了。鉴别名画也是如此。把画的整体都过了一遍也无法知道其好在哪里。这时只要将其中的一部分细细地品味一番就可以了。据说鉴别达·芬奇的《蒙娜丽莎》时，就要先注意手部的画法，会因为其精湛的技法不由地感叹：“啊，太伟大啦！”另外，英语会话的理解也是如此，即使听到很多不知道的单词，但通过知道的单词和具体场合进行推测，也能理解对方要表达的主旨。相信很多人都有过这种经历吧。

关键在于：对那些根本无法从整体上把握的事物，只要集中精力抓其重点就可以理出头绪了。但是，如果抓不住关键，就谈不上窥一斑而见全豹。

还拿审计来说，事先要听取经营者的各种说明以及调查公司的业务流程，从中筛选出可能藏着违规或粉饰的关键部分。再对选定的几处关键部分进行探讨，逐步找出更关键的几处，之后再真正进入对账簿的调查这一监察操作。筛选关键部分的方法并不复杂。对审计来说，就是找出“哪一块涉及的金额比较大”，道理就在于将焦点对准大块头。

例如，买笔记本电脑时，价格、显示器尺寸、CPU 的处理速度、硬盘容量等要考虑的因素有很多。这时只要把焦点对准最重要的部分就可以了。如果目前手头不太宽裕，那最重要的就是价格了；如果想挑战图形加速的话，CPU 的处理速度和硬盘容量等则显得至关重要了。

再想一想，和人第一次见面时，你会格外注意那个人的哪个部位呢？当把对方浑身上下都打量一遍也无法对其作出判断时，只要仔细观察他的某一部位就行了。当然，某一部位太广了，可以是脸、举止、声音、说话方式，等等。有人会毫不犹豫地选择观察脸部，笔者则是找出对方最出色的地方，例如，很细心，能照顾人，处事冷静，不多嘴多舌，等等，因人而异，然后就会对选定的部分仔细地进行观察。笔者为什么要这么做呢？因为笔者觉得如果能抓住对方的优点，再综合以往的经验的话，对其整体也基本上能把握个八九不离十。有一家公司的人事经理也曾说过："举行面试时，我就是按这种方法对应聘者作判断的。"在此笔者想向各位读者极力推荐这种方法。这种看人方法的要点就在于窥一斑而见全豹。这种财务监察中的方法在你的身边还有很多，试着去发现它们吧。

第四节　现金流量

笔者有个朋友，每当参加需要大家平摊付账的聚会时，可以说一次不落地主动充当"垫款人"的角色。例如，10 个人去喝酒，结账时一共 1000 元，他就会主动说："我先替大家垫上吧！"先自己付钱给酒店，然后再从每个人那里收 100 元。说白了就是 AA 制中垫付的角色，想必大家也都充当过。只是为什么他每次都想充当这个角色呢？对这个问题笔者一开始百思不得其解。

后来笔者有机会明白了其中的策略，并且大吃了一惊。因为这实在是件很巧妙的事情，从财务学上来看是一个非常完美的策略。实际上，AA 制结账时主动垫付有着非常大的好处。这种好处不是为了占小便宜，譬如真正的账款是 990 元，可以从 9 个人每人手里收 100 元，自己实际只需花 90 元；也不是因为主动付账就能满足自己的领导欲。若要一语道破天机的话，其真正目的在于改善了自己的现金流量。接下来笔者想就这个问题展开详细说明。没错，这一节的主题就是现金流量。

一、信用卡支付

一听到现金流量，很多人都觉得深不可测。它来自于英语“Cash Flow”。Cash= 现金，Flow= 流量。实际上就是现金的流动，即现金的进进出出。这样就好理解了。“现金流量好”就是有很多现金（收入现金），“现金流量不好”就是没有现金（支出现金）。很简单吧？而财务上所考虑的现金流量，主要是如何保证手上始终有充裕的现金以及如何为了确保资金运转流畅而对现金进出进行监控等。

再回到AA制付款的话题上，这里面的关键点就是“支付手段是信用卡”。本来嘛，一般人钱包里多说也就装上个1000元左右的现金，如果不是习惯用现金支付的话，遇到大额付款都会选择用信用卡吧。用过信用卡支付的人都知道，花掉的钱要到下个月末或者再下个月的10号前后才会从银行卡里扣掉。也就是说，实际付钱是在大约一个月之后的事情。因此，如果只看现金流量的话，用信用卡支付时，不存在一分钱的现金支出。当然了，到了下月末或下下个月的10号，会从银行账户里扣掉相同的金额，但那至少是一个月之后的事情。

并且AA制时的信用卡付款和平时的信用卡付款是有区别的，那就是可以当场回收现金。比如刚才的例子，他可以从聚会的参加者那里收到100（元）×9（人）=900元的现金。也就是说，通过用信用卡垫付AA制的结账，他没有支出任何现金（现金支出），却收到了那么多现金（现金收入）如图3－5所示。

（1）充当垫付人并用信用卡支付	
（现金收入）100（元）×9（人）	=900（元）
（现金支出）	=0（元）
（合计）	+900（元）
（2）不充当垫付人	
（现金收入）	=0（元）
（现金支出）	=100（元）
（合计）	－100（元）

图3－5　垫付人与非垫付人现金流量

像上面那样，现金流量的思考方法就是用来观察现金的流动。从中我们发现，同样是一起吃吃喝喝，两种付款方式之间却产生了1000元之多的差别。到这里大家都明白他是怎样通过充当 AA 制垫付者的角色，使自己的现金流量好于他人的秘诀了吧。

二、“AA 制”金融

我们不妨把充分利用这种信用卡支付的好处，从而赚得实惠的融资方法叫作“AA 制”金融。但这种方法生效要以定期的聚会为前提。即当钱被从银行卡里扣掉时，再举行一次同样的“AA 制”活动，于是又可以增加相同金额的现金。这样一来，被扣掉的金额算作负，通过“AA 制”获得的金额算作正，二者相抵，正负为零。每月都重复这么做的话，理论上来讲，就可以一直无利息借用第一次“AA 制”中得到的现金（如图 3－6 所示）。

某月某日（第一次 AA 制）	900 元
第二个月（第二次 AA 制）	900 元
第二个月末（第一次 AA 制信用还款）	－900 元
余额	900 元
第三个月（第三次 AA 制）	900 元
第三个月末（第二次 AA 制信用还款）	－900 元
余额	900 元
之后一直重复……	

图 3－6　“AA 制”金融的结构

为什么说是无利息借用呢？因为不同的银行虽有所区别，但一般只要是一次付清，通常都是不需要交利息的。如果是从金融公司借了一个月的钱，到期后通常要加还一个月的利息。而信用卡支付（分期支付等含利息支付除外）则相当于无利息借款。其实严格地说，即使是一次性付清，也有相当于利息的东西，只不过不是由顾客而是由接受信用卡服务的店方来支付。个人因此就不需要像从金融公司借款那样来背负利息了。

一定有人会问：商店为什么要付利息给与自己毫不相干的人呢？而这正是信用卡机制的成功之处。商店通常是以“手续费”的名义向银行支付利息。这是因为在商店看来，“希望自己的店里能使用信用卡付款，即便向银行支付些手续费也无所谓”。为什么会出现这种情况呢？因为在经常收到大额付款的店里，如果

“本店不接受信用卡付款”的话，客人就不能安心地进店消费。因此，这样的店宁可支付顾客消费额的手续费，也要和银行达成合作。反过来，如果是百货商场，有时无须向银行支付任何手续费。这是因为如果那家的信用卡在百货商场不能使用，就说明它的信用卡不够级别，因此银行宁愿减少收入也要和百货商场达成协定。可见，信用卡这种机制，对店方、顾客、银行都有好处，是一个非常成功的机制（当然，容易出现刷卡过度负债累累的局面，这就要靠使用者自我控制了）。

三、利润与现金流量的差异

最近，重视现金流量的程度超过重视利润的公司多了起来。有位教财务学的同事戏称为“现金为王”。那么，现金流量为什么会受到如此重视呢？在解释这个原因之前，笔者想先明确一下利润与现金流量的区别。

首先是利润，利润是由“收入－成本”所算出的金额。与利润相比，现金流量计算的是现金的进出。让我们还用上例来说明吧。如果考虑现金流量，充当垫付人是 900 元，不充当垫付人是 －100 元。但是，如果考虑利润，每个人都要花费 100 元的聚会钱，因此两种方式同为 －100 元。从财务上来说，前者所得到的 900 元不是卖掉什么东西得到的收入，之后还要还给银行，因此是负债。实际上，它是按借钱处理的。也就是说，现金流量只考虑现金的问题，而根本不考虑利润以及负债等问题。有钱和赚钱完全是两码事。

例如，前面说过的“AA 制”一例中的信用卡专付，如果只从现金流量的角度看，是很划算的。可是从利润的角度看，非但没有得到利润，相反还发生了负债。同一个行为，从不同的角度可以得出不同的见解，正因为如此，“现金流量的角度”、“利润的角度”等多种视角是不可或缺的。这一点不只对公司，对个人同样有效。如果只从一个角度看问题，是无法了解事情的真相的。笔者的那位朋友虽然从坚持充当“AA 制”的垫付者中成功地改善了自己的现金流量，但不知道他是否也能从利润的角度来看这件事。不管现在手头的现金增加了多少，那都是负债。如果他不能意识到这一点，迟早是要吃苦头的。所以，个人也应该像公司那样，有必要持有各种各样的视角和指标。

四、可任意支配收入

那么，“个人的家庭收支状况中，最该重视的指标”是什么呢？很多人对此很关注。笔者也经常被问到这个问题。对此，笔者认为，答案不是年收入，也不是利润和存款余额，而是可任意支配收入。具体的例子如图 3－7 所示：从上班族小 A 的每月家庭收支中计算出可任意支配收入。

小 A 家庭收支情况

（1）收入…… 8000 元
（2）住房贷款和生活费…… 5000 元
（3）聚会开销…… 1500 元
（4）保险、储蓄等用于计划将来的必要支出…… 1500 元

日常现金收支

（1）收入…… 8000 元
（2）住房贷款和生活费…… 5000 元
合计…… 3000 元

用于计划将来的现金收支

保险、储蓄等用于计划将来的必要支出…… 1500 元
合计…… －1500 元

可任意支配收入

合计…… 1500 元

图 3－7　上班族小 A 的可任意支配收入

个人的可任意支配收入是从收入中减去生活费及保险等必不可少的最低限度的开支后得到的结果。它表示的是有多少钱可供自己自由支配。对小 A 来说，每月有 1500 元的活动现金。从图中不难看出，他把这 1500 元的可任意支配收入都用来参加聚会了。可任意支配收入这一指标如实地反映了生活的宽裕程度。这是无法单从年收入高低来衡量的。即便年收入很低，但如果可任意支配收入有很大盈余的话，就代表在经济方面过着相当宽裕的生活；反过来，即便年收入很高，但如果日常支出特别多，以致可任意支配收入现金为负的话，早晚会给生活带来

负面影响。因此，始终保持活动现金为正数，对于人的一生来说都意义重大。

大家是不是也都想试着算一算自己的家庭收支中有多少可任意支配收入呢？在这里告诉大家，运用财务进行分析时，以百元以下为单位的计算是毫无意义的。事实上，在真正的审计中，根本不会把 100 元放在心上。如果是对大公司的审计，万元以下的单位都可以忽略不计。这是因为，当需要从大局观出发检查公司是否存在违规经营时，如果过分盯住细小的部分不放，就有可能看不清整体。

只要大略计算一下就可以了。怎么样，你每月的可任意支配收入是多少？如果是正数，就请在继续保持的基础上争取不断增加吧。如果是负数，就有必要努力使其转正。如果有人说："我算出的可任意支配收入是正的，可是每个月却没有剩下的钱啊。"那就说明有什么地方在浪费金钱，有必要重新审视一下是不是奢侈品开销等部分还存在着花费。反过来，如果有人说："我算出的活动现金是负的，可是每个月也都过得不错呀。"那说明他有可能向谁借了钱，或是牺牲了固定的储蓄存款，或是得到了谁的援助。这种情况是不会长远的，应该赶快重新调整家庭收支状况以尽快转正。像这样粗略计算一下也无妨，关键是要能抓住家庭收支的关键。这一点正是事业繁忙的创业者所应具备的财务敏感度。

本章小结

◆ 库存与资金周转

○ 库存越少越好

——因为存在"库存成本"。

○ 代表性的库存成本

——保质期。

——落后于潮流。

——商品破损。

——丢失、被盗。

——人工成本。

——仓库费。

——机会损失。

○ 库存带来的最大问题是存在"资金周转不灵"的危险

——即使你卖不掉商品没钱进账，你也必须先向批发商或厂商支付货款。

○ 资金运转不灵及防范措施

◆ 机会成本

○ 机会成本的思维方式

——做生意的根本是获得机会（销售机会）。

——机会损失指的是失去新的销售机会。

——机会损失把实际可能获得而没有得到的利益不是算作零，而是算作负数。

——有好眼力，才能比预想的销售量多备一些货。

——商品剩余（不良库存）和脱销（机会损失）同样可怕。

○ 设定目标时要考虑到机会损失

——如果确定要做某件事情，不妨在自己的最大能力范围内，把目标设定得高一些。

——达到目标本身并没有什么意义。

——到了支付期限还不能支付进货贷款的结果：资金周转不灵。

—— 一旦“资金周转不灵”，大多数公司都会倒闭。

——回避“资金周转不灵”的对策：“给钱要慢，收钱要快。”

——为了暂缓支付要使用票据。

——为了尽早回收资金，应尽量缩短赊账的期限。

——大多数公司都是先把商品卖出去，然后在卖出去之后隔相当长一段时间再回收货款。

——能在销售的同时得到货款的行业，只有零售店和服务业，这些行业都被称为“现金交易行业”，出现资金周转失灵的危险性很低。

——尽早回收贷款效果等同于取得了无息借款。

——延迟支付贷款的效果也等同于取得了无息借款。

○ 如何减少库存

——减少库存的代表性事例：①特卖。②清仓甩卖。③赠品。④“店长推荐”。⑤开业大酬宾。

——看板方式是一种“在必要的时间，生产必要数量的必要产品”的“传话游戏”。

——减少库存的极端策略——订单生产。

○ 家庭中的库存思维

——“觉得可能还能用”的东西到头来大都不会再用。

——“为了降低损失应该减少库存”，这种思维方式，家庭也应该借鉴。

——不用的东西趁早扔掉，做个“扔物狂”。

——设定最后期限可以帮你做到该扔就扔。

——有时选择单价高的商品更划算。

——划算的要点在于“在必要的时间，买必要数量的必要物品”。

◆ 周转率

○ 任何行业都靠周转率赚钱

——周转率＝计算一天中进店顾客多少的比率。

——重视周转率（薄利多销）的行业：①自助火锅。②牛肉面。③快餐店。④价廉理发店。⑤电影院。

——“营业额＝单价 × 数量”是永远不变的法则。

——单价太高容易造成营业额和预计收入的大幅波动。

——若不能提高单价，就提高周转率。

——有时为了提高周转率，可以特意调低单价。但是这样的客源具有很大的流动性。

——单价和周转率应该综合起来考虑。

○ 营造固定客源来赚钱

——回头客＝多次在同一个店里消费的顾客。

——没有大量的回头客，周转率迟早会走低。

——回头客较多的行业：①香烟。②主题公园（迪士尼乐园）。③百货超市（积分卡）。

○ 建立真正的人际关系的方法

——大量散发名片并不能建立真正的人际关系。

——和一个拥有 100 人的人际关系的人发展稳固关系。

——重视已经结交的少数人。

○ 审计的执行方法

——在监察中，可以使用除法算出“率”，进而反映真实情况。

——监察是要窥一斑而见全豹。

○ 风险评估要领

——对根本无法从全体上把握的事物，只要集中精力抓重点。

——聚焦重点的秘诀是将焦点对准大块头。

◆ 现金流量

○ **什么是现金流量**

——现金流量=现金的进出。

——现金流量好→现金充裕。

——现金流量不好→没有现金。

——现金流量的思考方法：①如何保证手上始终有充裕的现金。②如何为了确保资金运转流畅而对现金进出进行监控。③通过现金的动向观察经营。

○ **信用卡的策略**

——“AA 制金融”=通过反复在“AA 制”结账时用信用卡垫付，实现无利息借款的方法。

——使用信用卡消费时，店方会向银行支付手续费，因此消费者不用还利息。

○ **现金流量受重视的理由**

——重视现金流量的程度超过重视利润的公司正在增多。

——现金流量只考虑现金，而利润则考虑眼前看不见的负债。

——有钱和赚钱完全是两码事。

——只有从利润、现金流量等多种角度出发，才能准确把握公司的经营状况。

○ **个人最应重视的指标是可任意支配收入**

——活动现金=可任意支配收入。

——通过活动现金可以判断公司的中长期前景。

——个人可任意支配收入=个人收入减去生活费和保险等不可或缺的、最低限度的支出后的结果。

——代表生活的宽裕程度。

——始终保持活动现金数为正数至关重要。

○ **关键是把握大局**

——在财务分析中，以元为单位进行计算毫无意义，关键是把握大局。

——家庭收支情况的关键也在于大略把握大局。

——事业繁忙的创业者所应具备的财务敏感度。

第四章

轻松学习资产负债表

小王新开办一家食品公司，看起来生意兴隆。但是身为创业者和厂长的小王心里总是忐忑不安，因为他前前后后从银行里借贷了不少钱，眼看就要到期了，如果还不上银行的钱该怎么办呢？还钱的时候得用流动资金，现有资金够不够支付债务呢？还有，目前市场前景看起来还不错，能不能考虑扩大生产规模呢？办工厂，要给工人发工资、要购买材料，这些都需要现钱，现金周转到底灵不灵？

工厂的财务状况不可小觑，一旦出现了问题，银行马上就会采取行动，六亲不认。供应商也会去催要货款，雪上加霜。小王的新创企业就可能面临破产。

这些信息都可以从一张重要的财务报表中反映出来，这就是资产负债表，它表明了企业在某个时点上的主要财务状况。本章让我们一起来轻松学习资产负债表。

第一节　认识资产负债表

资产负债表可以揭示资产结构的合理性和资产的流动性。通过对资产负债表的认识和分析，了解企业融资结构的优劣，可对企业的财务效率做出评估。资产负债表的内容结构如表 4－1 所示。

表 4－1　资产负债表的内容结构

资产负债表的内容结构	分类	注释	构成
	资产	企业某时点上的所有资产数	流动资产
			非流动资产

续表

	分类	注释	构成
资产负债表的内容结构	负债	企业某时点上的所有债务数	流动负债
			非流动负债
	所有者权益	企业所有者享有的经济利益	投入资本
			资本公积
			留存收益

资产负债表反映了企业资产、负债和所有者权益的关系。它们之间的关系可以表达为：

资产 = 负债 + 所有者权益

简单地理解：企业的全部财产（资产）来源于两个方面：一是来自于借贷（负债），二是来自于自有（所有者权益）。我们可以对资产、负债和所有者权益给出较严格的定义。

一、资产

资产是企业所拥有或控制的一种经济资源，在企业的经营中，它直接或间接地为企业带来了经济利益。更通俗的解释是，资产可以在未来的经济中为企业带来现金流入或者变相地带来现金流入（或者减少现金流出）。比如，把小王的食品厂账户上的现金存在银行可以取得利息，或者用它购买生产资料（比如面粉）可以维持生产，取得现金流入，所以现金属于资产。

仓库里存放的饼干，把它销售出去，可以为公司“流”进来现金，所以它属于资产；包装袋，因为它可以包装食品以供销售，可以为公司“流”进来现金，所以它也属于资产。

公司为工厂购买了火灾保险，那么它是不是资产呢？是因为企业今后一段时间内享受到了保险保障，而企业不必为可能发生的灾害另外付出现金（变相地流入了现金）。

一条食品生产线因为老化破损，被完全堆放在墙角，那么它是资产吗？它已经不是企业资产了，因为它不能创造企业的现金流入（变卖废铁是另外一层意义）。如果这条破生产线被另外的工厂购买过去，用作机械设计实验仪器，那么它就属于另外这家工厂的资产。

总之，资产有以下特征：资产是一种经济资源，能在企业的生产经营过程中，直接或间接地为企业带来经济利益；资产应当为企业所拥有或者控制，所谓控制，是指虽然不具有该项资产的所有权，但能享有该项资产的使用权或者支配权；资产是由过去的交易或事项形成的。根据这三条理论，食品厂的工人是工厂的资产，这句话是不是正确。为什么呢？先请大家思考，我们后面再说。

二、负债

工人遵纪守法，认真工作，所以，应该支付职工薪酬。为了提高食品的包装质量，小王向农业信用合作社贷款购买了包装机器，合同约定3年后还本付息。这样一来工厂就存在一笔3年期的长期贷款。工厂可能存在法律纠纷，因此存在一笔不明确的损失。职工薪酬、长期贷款、不明确的损失所有这些等都可以算作小王食品厂的负债，都是公司对其他组织所承受的经济负担。

负债是指过去的交易、事项形成的现时义务，履行该义务预期会导致经济利益流出企业。总之，负债满足以下两个条件：第一，负债是企业的现时义务。例如，企业预计在明年购买一台价值20万元的车，由于只是一个意向或计划，没有实质性的义务发生，不能算作企业今年的负债。第二，负债的清偿会导致经济利益流出企业。企业的债务要由以后资产或劳务来偿还，即现行的负债代表企业未来经济利益的流出。

三、所有者权益

所有者权益是指公司的全部资产中属于所有者的部分。

根据我国的会计制度，所有者权益一般分为两部分：一部分是开始生产之前投入的资本（不一定是资金，实物也可以算前期投资），另一部分是在生产经营中形成的公积金、公益金和未分配利润。

在资产负债表上，前一部分变现为实收资本项目，后一部分则分别表现为资本公积、盈余公积、未分配利润三个项目。

第二节　资产负债表结构

通俗地说，在资产负债表上，企业有多少资产？是什么资产？有多少债？其构成怎样？基本上都反映得清清楚楚。在财务报表的学习中，资产负债表是一个很好的开端，因为它体现了企业在某个时间点上的财务结构和状况。正如同我们拿一台相机对高速行进的车辆按下快门，然后把“车辆流”换成资金流。我们按下快门得到的照片，就是企业资产负债表，我们也得到了一幅企业资金情况的净态画面，它只描述了当时的状况，即资产负债表所反映的信息具有时效性。

资产负债表是依据“资产 = 负债 + 所有者权益”这一会计等式的基本原理设置的。资产负债表的基本结构：资产负债表的正表采用账户式结构，将报表分为左右两部分，左方反映企业所拥有的全部资产，右方反映企业的负债和所有者权益，根据会计等式的基本原理，左方的资产总额等于右方的负债和所有者权益的总额。左边反映企业拥有资产的分布状况，一般是按各种资产变化先后顺序从上到下逐一排列，反映单位所有的各项财产、物资、债权和权利；右方反映企业所承担的债务和所有者拥有权益的状况，所有的负债和业主权益则逐一排列。负债一般列于右上方分别反映各种长期和短期负债的项目，业主权益列在右下方，反映业主的资本和盈余。左右两方的数额相等。“金额栏”设有“年初数”和“期末数”两栏，以便于报表的使用者掌握和分析企业财务状况的变化及发展趋势（如表 4－2 所示）。

表 4－2　资产负债表

编制单位：××公司　　　　2015 年 12 月 31 日　　　　单位：万元

资产	年初数	年末数	负债及所有者权益	年初数	年末数
流动资产：			流动负债：		
货币资金			短期借款		
短期投资			应付票据		
应收票据			应付账款		
应收账款			预收账款		
预付账款			其他应付款		
其他应收款			应付工资		
存货			应付福利费		
待摊费用			未交税金		
一年内到期的长期债权投资			其他未交款		
流动资产合计			预提费用		
长期投资			一年内到期的长期负债		
固定资产：			其他流动负债		
固定资产原价			流动负债合计		
减：累计折旧			长期负债：		

续表

资产	年初数	年末数	负债及所有者权益	年初数	年末数
固定资产净值			长期借款		
固定资产清理			应付债券		
在建工程			其他长期负债		
固定资产合计			长期负债合计		
无形及递延资产：			所有者权益：		
无形资产			实收资本		
递延资产			资本公积		
其他长期资产			盈余公积		
			未分配利润		
			所有者权益合计		
资产总计			负债及所有者权益总计		

一、各项指标的解释

为了体现会计工作的严谨性，我们先给出以上各个指标的严格定义：

1. 货币资金

经营中，处于货币的那部分资金叫作货币资金。根据总账科目余额计算填列。

2. 短期投资

短期投资是企业持有的短期证券和不超过一年的其他投资。根据科目余额减去其备抵项目后的净额填列。

3. 应收票据

销售产品或者提供劳务收到的商业汇票叫作应收票据。根据总账科目余额直接填列。

4. 应收账款

应收账款是企业提供商品、产品和劳务而形成的债权。根据总账科目余额计算填列。

5. 预付账款

企业按照规定向其他单位预付款项形成的债权叫作预付账款。

6. 其他应收款

其他应收款是发生非购销活动而产生的应收债权。根据总账科目余额计算填列。

7. 存货

存货包括原材料、在产品、半成品、产成品、商品以及包装物、低值易耗品，根据总账科目余额计算填列。

8. 待摊费用

待摊费用是企业已经支付过，但是不应该由本期财务支付而是由以后各期分担的费用，比如固定资产修理费。根据总账科目余额计算填列。

9. 一年内到期的长期债权投资

一年内到期的长期债权投资属于长期债权投资，但是一年内即将到期。根据总账科目余额计算填列。

10. 长期投资

长期投资是向其他单位投资的期限在一年以上的资金或者不准备在一年变现的股票和债权。

11. 固定资产原价

固定资产原价是购买固定资产所支付的全部资金。根据总账科目直接填列。

12. 累计折旧

累计折旧是指应使用损耗而逐渐减少的价值。根据总账科目计算填列。

13. 固定资产净值

固定资产净值是固定资产原价减去累计折旧后的余额。

14. 固定资产清理

固定资产清理是已经转入清理程序的固定资产以及清理过程费用。

15. 在建工程

在建工程是指未进行固定资产基建、安装、技术改造以及大修理等发生的全部支出。

16. 无形资产

无形资产是指没有实物形态的非货币性长期资产，比如专利权。

17. 递延资产

递延资产是指没有交换价值，不可转让，一经发生就已消耗，但能为企业创造未来收益，并能从未来收益的会计期间抵补的各项支出。

18. 其他长期资产

由于特殊的原因，企业不得随意支配的资产被称为其他长期资产，比如，国家储备物资。

19. 短期借款

短期借款是为了弥补生产所需要的流动资金的不足，向银行或者金融机构借贷的偿还期在一年内的资金。

20. 应付票据

应付票据是指交易中，开出的承兑在一年内按票面金额在规定日期支付的银行承兑汇票和商业承兑汇票。

21. 应付账款

应付账款是指赊购交易中，发生的没有支付的债务。

22. 预收账款

预收账款是指根据合同的规定，企业预先收取订货款。

23. 其他应付款

其他应付款是企业应付或未付其他单位和个人的款项。

24. 应付工资

应付工资是一年内企业应该支付给职工的工资。

25. 应付福利费

应付福利费是一年内企业向企业职工支付的各种福利费用。

26. 未交税金

未交税金是指应交未交的各种税金。

27. 预提费用

预提费用是指预先提取但尚未支付的费用。

28. 一年内到期的长期负债

一年内到期的长期负债是指一年内到期的长期负债项目。

29. 其他流动负债

其他流动负债是指应支付给其他单位或个人的款项。

30. 长期借款

长期借款是期限一年以上的借款。

31. 实收资本

实收资本是实际收到由投资人投入的资本金。只要不增加投资，该项目数额在资产负债表上就是固定的。

32. 资本公积

资本公积是所有权归属于投资者，不构成实收资本的那部分资本和资产。比如接受捐赠的物品。

33. 盈余公积

盈余公积是从净利润提取的积累资金。

34. 未分配利润

未分配利润是指企业利润在缴纳所得税，弥补以前亏损、提取盈余公积和向投资者分配利润后的余额。

二、资产负债表要解决的问题

我们通过资产负债表大体可以解决以下一些问题：

1. 反映资产及其分布状况

资产负债表反映了企业在特定时点拥有的资产及其分布状况。它表明企业在该时点所拥有的资产总量有多少，流动资产有多少，固定资产有多少，长期投资有多少，无形资产有多少等。

2. 表明企业所承担的债务及其偿还时间

资产负债表能够表明企业在特定时点所承担的债务、偿还时间及偿还对象。如果是流动负债，就必须在1年内偿还；如果是长期负债，偿还期限可以超过1年。因此，从资产负债表上可以清楚地知道，在特定时点上企业欠了多少钱，该什么时候偿还。

3. 反映净资产及其形成原因

资产负债表能够反映在特定时点投资人所拥有的净资产及其形成的原因。净资产就是股东权益，或者是所有者权益的另外一种叫法。在某一个特定时点，资产应该等于负债加股东权益，因此，净资产就是资产减负债。应该注意的是，可以说资产等于负债加股东权益，但绝不能说资产等于股东权益加负债，它们有着根本性的区别。因为会计规则特别强调先人后己，也就是说，企业的资产首先要用来偿还债务，剩下的不管多少，都归投资人所有。如果先讲所有者权益，就是先己后人，这在会计规则中是不允许的。

4. 反映企业财务发展状况趋势

资产负债表能够反映企业财务发展状况的趋势。当然，孤立地看一个时点数，也许反映的问题不够明显，但是如果把几个时点数排列在一起，企业财务发展状况的趋势就很明显了。

第三节 家庭资产负债表

在此，让我们更为具体地考虑：用什么样的形式表现财务报表。如果将其视为家务管理，很容易得出结论。请大家想一下自己的家庭理财问题。

在各位的家庭当中存在资产资源，编制出清单即可，以更为深刻地了解资产负债表。

现金或是存款、股票等属于流动性的资产，被称为“流动资产”。房屋、电器、家具、车辆都是可长期使用的设备资产，被称为“固定资产”。

负债也分流动负债和长期负债。如果房屋或是车辆有贷款的话，那么一般都是长期贷款，被称为“长期负债”。如果信用卡中有未结算金额的话，这就相当于有暂时的借款，这就是“流动负债”。如果有消费者金融公司借款的话，也被称为流动负债。

从整个资产（正资产）当中，减去所有的负债（负资产），就得出家庭的净资产（所有者权益）。资产资源的清单如图 4－1 所示。

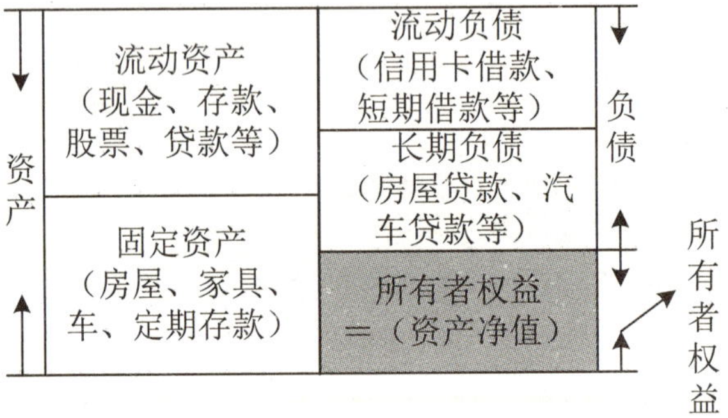

图 4－1　家庭资产资源清单

我们为了增加家庭资产必须工作，如果在公司上班，就等于把自己的劳动服务卖给了公司，最后通过提高工资，也就是自己的劳务销售额来赚钱。所得到的工资并不能全部留在手中。首先我们必须吃饭，这就是伙食费。另外，需要支付贷款的利息，需要穿得西装革履，需要为自己购买个人电脑，还有为了工作而必需的支出。同时还要纳税和缴纳养老金。为了得到老婆的帮助，也必须把钱交给老婆。

在此，我们把这一系列的事情都比喻为公司经营，所以请你尝试这么想：给老婆的钱就相当于支付她的工资，我们必须培育下一代，养育孩子可不能乱花钱。就这样，当你的工资支付了各种各样的费用之后，如果还有剩余的话，在公司经营中就称为“利润”。如果净资产增加了，就说明你的家务管理状况良好。如果花钱过多，家庭财务就会出现赤字，是负增长，净资产就会相应的减少。现在即使很多现金摆放在面前，可能也不能让人高兴。因为这可能是从消费金融公司借来的钱。如果不减去负债再来看净资产的话，就搞不清楚家庭资本是否在增加。如果净资产在减少的话，那么你当然会对将来感到不安（如图 4－2 所示）。

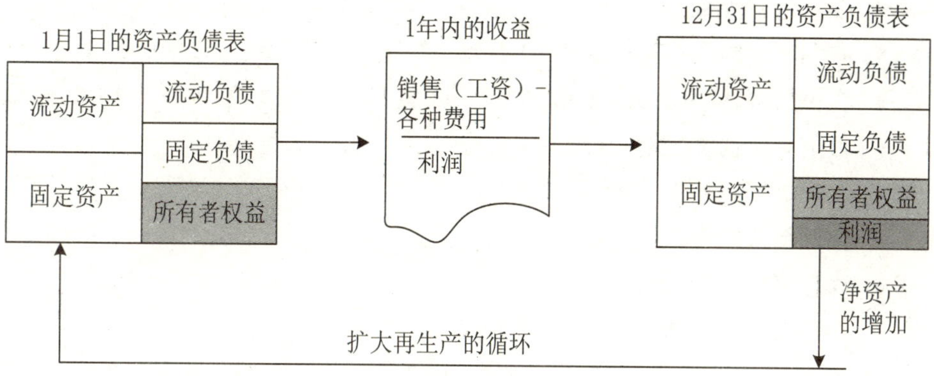

图 4－2　家庭的资产负债表和损益表

过去的主妇们通过家政簿来管理家政，如果你在企业工作，可能并不是那么在意自己的家庭财产管理。

企业中的复式记账法和家庭中的家政簿，虽然格式不同，但是基本内容没有变化。企业赚钱了就可以保留利润，也是为了增加净资产而努力的。

第四节　资产负债表生成过程

资产负债表的编制和生成，主要是通过对会计核算记录的数据加以归集、整理、使之成为有用的财务信息。

在我国，资产负债表的“年初数”栏内各项数字根据上年末资产负债表“期末数”栏内各项数字填列，“期末数”栏内各项数字根据会计期末各总账账户及所属明细账户的余额填列。如果当年度资产负债表规定的各个项目的名称和内容同上年度不一致，则按编报当年的口径对上年年末资产负债表各项目的名称和数字进行调整，填入本表“年初数”栏内。

为了让大家有一个直观的认识，我们以一个初创企业发生的业务情况来示例一个资产负债表的编制。

大学毕业生小王在 2015 年 1 月 1 日新创办了一家食品企业，截至 2015 年 12 月 31 日主要发生了如下业务：

- 投入自有资金10万元。
- 向朋友、同学等筹得款项20万元，约定一年内归还，目前已归还。
- 在银行贷款30万元，约定5年后归还。
- 目前有流动资金10万元。
- 客户赊销商品10万元。
- 向原料供应商预付货款5万元。
- 库存产成品10万元。
- 在自家院落修建厂房花费20万元。
- 购买生产设备花费20万元（其中12万元设备已投入生产，8万元设备还在安装调试中）。
- 欠供应商应付货款10万元。
- 2015年的税后净利润为25万元。

我们可以将以上发生业务，列入资产负债表中，如表4-3所示。

表4-3　资产负债表

编制单位：小王食品公司　　2015年12月31日　　单位：万元

资产	年初数	年末数	负债及所有者权益	年初数	年末数
流动资产：			流动负债：		
货币资金	60	10	短期借款	20	
短期投资			应付票据		
应收票据			应付账款		10
应收账款		10	预收账款		
预付账款		5	其他应付款		
其他应收款			应付工资		
存货		10	应付福利费		
待摊费用			未交税金		
一年内到期的长期债权投资			其他未交款		
流动资产合计	60	35	预提费用		
长期投资			一年内到期的长期负债		
固定资产：			其他流动负债		
固定资产原价		32	流动负债合计	20	10
减：累计折旧			长期负债：		
固定资产净值			长期借款	30	30
固定资产清理			应付债券		
在建工程		8	其他长期负债		
固定资产合计		40	长期负债合计	30	30

续表

资产	年初数	年末数	负债及所有者权益	年初数	年末数
无形及递延资产：			所有者权益：		
无形资产			实收资本	10	10
递延资产			资本公积		
其他长期资产			盈余公积		
			未分配利润		25
			所有者权益合计	10	35
资 产 总 计	60	75	负债及所有者权益总计	60	75

第五节　资产负债表分析

财务人员利用资产负债表，可以对企业经营状况进行相应的财务分析。常用的有资产负债表比例分析和资产负债表比率分析两种。

一、资产负债表比例分析

资产负债表比例分析，主要包括资产比例分析、负债比例分和所有者权益比例分析三种。

1. 资产比例分析

资产比例分析是指用资产负债表中的各项资产数额除以资产总额，得出各项目资产占资产总额的比率，并分析各种比例是否合理。通过资产比例的分析并根据企业的实际情况调整到最佳的资产结构是企业财务管理的一项重要内容。

通常情况下，可以对流动资产、长期投资、固定资产、无形资产以及其他资产占资产总额的比例分别进行分析。以 2015 年小王食品厂的流动资产为例进行分析（如表 4－4 所示）。

第一步：计算 2015 年初流动资产占总资产的比例。

流动资产 ÷ 总资产额 ×100% = 60÷60×100% = 100%

第二步：计算 2015 年末流动资产占总资产的比例。

流动资产 ÷ 总资产额 ×100% = 35÷75×100% = 46.67%

第三步：比较两个计算结果的大小，确定流动资产增减变化。

表 4－4　资产比例分析

单位：%

资产	占总资产结构		比例增减	比上年增减	
	上年度	本年度		百分比	金额（万元）
流动资产	100	46.67	－46.67	83.33	10
固定资产	0	53.33	53.33		40
无形资产	0	0	0	0	0
资产总计	100	100			

根据以上的计算结果，2015 年末的流动资产比例比年初的要低，说明公司的支付与变现能力有所降低。不过考虑到这是一家新创企业，这种变化是正常现象。

以此类推，可以采用同样的步骤来进行长期投资、固定资产、无形资产以及其资产占总资产的比例分析。

2. 负债比例分析

负债比例分析是指用资产负债表中各个项目负债额除以负债总额，得出各项目负债占负债总额的比率，从而分析各种比例是否合理。通过对负债比例的分析并根据企业的实际情况调整到最佳的负债结构也是企业财务管理的一项重要内容。

通常情况下，可以对流动负债、长期负债占负债总额的比例分别进行分析。以 2015 年小王食品厂的负债情况为例进行分析（如表 4－5 所示）。

表 4－5　负债比例分析

单位：%

负债	占总负债结构		比例增减	比上年增减	
	上年度	本年度		百分比	金额（万元）
流动负债	40	25	－15	50	10
长期负债	60	75	15		
负债总计	100	100			

根据计算，小王食品公司的负债情况在 2015 年有所好转，短期债务压力有了较大的缓解。利用类似方法，还可以进一步对短期借款、应付票据、应付账款等子项进行类似分析。

3. 所有者权益比例分析

资产负债表中的所有者权益项目除以所有者权益总额，得出各项目占所有者权益总额的比率，并分析各种比例是否合理，以指导进一步的行动。并根据企业的实际情况调整到最佳的所有者权益结构。

根据计算，小王食品厂的所有者权益情况如表4－6所示。

表4－6　所有者权益比例分析

单位：%

所有者权益	占所有者权益结构		比例增减	比上年增减	
	上年度	本年度		百分比	金额（万元）
实收资本	10	10	0	0	0
资本公积	0				
盈余公积	0				
未分配利润	0	25			25
所有者权益总计	100	100			

二、资产负债表比率分析

企业偿债能力是反映企业财务状况和经营能力的重要标志。企业偿债能力低不仅说明企业资金紧张，难以支付日常经营支出，而且说明企业资金周转不灵，难以偿还到期债务，甚至面临破产危险。资产负债表比率分析主要针对于企业偿债能力分析，包括短期偿债能力分析和长期偿债能力分析。

1. 短期偿债能力分析

企业短期债务一般要用流动资产来偿付，短期偿债能力是指企业流动资产对流动负债及时足额偿还的保证程度，是衡量流动资产变现能力的重要标志。企业短期偿债能力的衡量指标主要有流动比率、速动比率和现金比率。

（1）流动比率。流动比率是企业流动资产与流动负债之比。对小王食品厂的流动比率进行计算如下：

流动比率＝流动资产 ÷ 流动负债 ×100%

＝ 35÷10×100%

＝ 350%

一般认为，生产企业合理的最低流动比率是2。这是因为流动资产中变现能力最差的存货金额约占流动资产总额的一半，剩下的流动性较大的流动资产至少要等于流动负债，企业短期偿债能力才会有保证。人们长期以来的这种认识因其未能从理论上得到证明，还不能成为一个统一标准。

运用流动比率进行分析时，要注意以下几个问题：

第一，流动比率高，一般认为偿债保证程度较强，但并不一定有足够的现金或银行存款偿债，因为流动资产除了货币资金以外，还有存货、应收账款、待摊费用等项目，有可能出现虽说流动比率高，但真正用来偿债的现金和存款却严重短缺的现象，所以分析流动比率时，还需进一步分析流动资产的构成项目。

第二，计算出来的流动比率，只有和同行业平均流动比率、本企业历史流动比率进行比较，才能知道这个比率是高还是低。这种比较通常并不能说明流动比率为什么这么高或低，要找出过高或过低的原因还必须分析流动资产和流动负债所包括的内容以及经营上的因素。一般情况下，营业周期、流动资产中的应收账款和存货的周转速度是影响流动比率的主要因素。

（2）速动比率。速动比率是企业速动资产与流动负债之比，速动资产是指流动资产减去变现能力较差且不稳定的存货、待摊费用等后的余额。由于剔除了存货等变现能力较差的资产，速动比率比流动比率能更准确、可靠地评价企业资产的流动性及偿还短期债务的能力。

对小王食品厂的速动比率进行计算如下：

速动比率 = 速动资产 ÷ 流动负债 × 100%

= 25 ÷ 10 × 100%

= 250%

一般认为速动比率为 1 较合适，速动比率过低，企业面临偿债风险；但速动比率过高，会因占用现金及应收账款过多而增加企业的机会成本。

（3）现金比率。现金比率是企业现金类资产与流动负债的比率。现金类资产包括企业所拥有的货币资金和持有的有价证券（即资产负债表中的短期投资），它是速动资产扣除应收账款后的余额。速动资产扣除应收账款后计算出来的金额，最能反映企业直接偿付流动负债的能力。

对小王食品厂的现金比率进行计算如下：

现金比率 = 现金类资产 ÷ 流动负债 × 100%

= 10 ÷ 10 × 100%

= 100%

现金比率一般认为应高于 20%。如果这一比率过高，就意味着企业流动负债未能得到合理运用，而现金类资产获利能力低，这类资产金额太高会导致企业机会成本增加。

2. 长期偿债能力分析

长期偿债能力是指企业偿付到期长期债务的能力。企业从事生产经营活动，除了要有短期负债供生产经营使用外，同样还需筹借长期负债来增强企业未来的生存和发展能力。其分析指标主要有三项：资产负债率、产权比率和利息保障倍数。

（1）资产负债率。资产负债率是企业负债总额与资产总额之比。

对小王食品厂的资产负债率进行计算如下：

资产负债率 = 负债总额 ÷ 资产总额 × 100%

= 40 ÷ 75 × 100%

= 53.33%

资产负债率反映债权人所提供的资金占全部资金的比重以及企业资产对债权人权益的保障程度。这一比率越低（50% 以下），表明企业的偿债能力越强。

事实上，对这一比率的分析，还要看站在谁的立场上。从债权人的立场看，债务比率越低越好，企业偿债有保证，贷款不会有太大风险；从股东的立场看，在全部资本利润率高于借款利息率时，负债比率越大越好，因为股东所得到的利润就会加大。从财务管理的角度看，在进行借入资本决策时，企业应当审时度势，全面考虑，充分估计预期的利润和增加的风险，权衡利害得失，做出正确的分析和决策。

（2）产权比率。产权比率又称资本负债率，是负债总额与所有者权益之比，它是企业财务结构稳健与否的重要标志。

对小王食品厂的产权比率进行计算如下：

产权比率 = 负债总额 ÷ 所有者权益 × 100%

= 40 ÷ 35 × 100%

= 114%

产权比率不仅反映了由债务人提供的资本与所有者提供的资本的相对关系，而且反映了企业自有资金偿还全部债务的能力，因此它又是衡量企业负债经营是否安全有利的重要指标。一般来说，这一比率越低，表明企业长期偿债能力越强，债权人权益保障程度越高，承担的风险越小，一般认为这一比率为 1 ∶ 1，即 100% 以下时，应该是有偿债能力的，但还应该结合企业的具体情况加以分析。当企业的资产收益率大于负债成本率时，负债经营有利于提高资金收益率，获得额外的利润，这时的产权比率可适当高些。产权比率高，是高风险、高报酬的财务结构；产权比率低，是低风险、低报酬的财务结构。

本章小结

◆ 认识资产负债表

○ 资产负债表可以揭示资产结构的合理性和资产的流动性

○ 资产＝负债＋所有者权益

○ 简单地理解：企业的全部财产（资产）来源于两个方面：一是来自于借贷（负债）；二是来自于自有（所有者权益）

◆ 资产负债表结构

○ 依据“资产＝负债＋所有者权益”这一会计等式的基本原理设置的

◆ 家庭资产负债表

○ 现金或是存款、股票等属于流动性的资产，被称为“流动资产”

○ 房屋、电器、家具、车辆都是可长期使用的设备资产，被称为“固定资产”

○ 如果房屋或是车辆有贷款的话，那么一般都是长期贷款，被称为“长期负债”

○ 如果信用卡中有未结算金额的话，这就相当于有暂时的借款，这就是“流动负债”

○ 如果有消费者金融公司借款的话，也被称为“流动负债”

○ 当工资支付了各种各样的费用之后，如果还有剩余的话，在公司经营中就称为“利润”

◆ 资产负债表生成过程

◆ 资产负债表分析

○ 资产负债表比例分析

——资产比例分析。

——负债比例分析。

——所有者权益比例分析。

○ 资产负债表比率分析

——短期偿债能力分析。

——长期偿债能力分析。

第五章

轻松学习利润表

在第四章中，我们通过对资产负债表的初步知识，了解到小王食品厂在2015年初创期的经营成绩着实不错，既还上了朋友的借款，又增加了15万元的实体资本。但是小王仍然对这一年的经营情况感到困惑。他很想知道这一年到底赚了多少钱？钱从哪里来的？又都花到哪里去了？

要说清楚这些问题，就需要借助于第二张财务报表——利润表。在本章中，让我们一起来通过利润表，掌握一下小王食品厂的具体经营情况。

第一节　认识利润表

利润表中通常列示出了上年度和本年度的全年累计发生数，通过不同时期的数据比较分析。小王就可以清晰地了解企业经营水平的变化情况，经营成果的发展趋势，以便对企业的后续发展做出科学的决策。

一、利润的概念

在之前的章节中，我们已经通过生活中的事件，向大家说明了什么是利润。简单地说：利润就是收入与成本之间的差额。在这里，我们进一步给出一下严格的会计学定义。

利润是企业（从事生产经营的组织）经济效益的综合体现，它不但是衡量经济主体取得业绩的主要指标，而且是对企业经营成果进行分配的重要依据。

利润 = 收入 − 成本

小王在食品厂里兢兢业业地操持了一年，究竟赚没赚钱？赚了多少？这就是在问一年的利润是多少？

二、利润表的结构

利润表也称收益表或者损益表，是反映企业在一定时期（月度、年度）的经营成果及其分配情况的报表。因此，它是反映企业财务成果的动态报表。正规企业的利润表必须按月编制，对外报送。年度结束，还应编报年度利润表。

利润表是反映企业在一定期间内生产经营成果的财务报表。利润表把一定时期的营业收入与其同一会计期间相关的营业费用进行配比，以计算出企业一定时期的净利润。利润表结构如表 5-1 所示。

表 5-1　利润表

编制单位：小王食品厂　　　　2015 年度　　　　单位：万元

项　目	2014 年	2015 年
一、主营业务收入		
减：主营业务成本		
主营业务税金及附加		
二、主营业务利润		
加：其他业务利润		
减：营业费用		
管理费用		
财务费用		
三、营业利润		
加：投资收益		
营业外收入		
减：营业外支出		
四、利润总额		
减：所得税		
五、净利润		

如果对小王食品厂 2015 年的经营情况编制一份利润表。从第一行“主营业

务收入”开始到最后一行“净利润”结束，就可以反映出小王食品厂从制作食品到取得收益的整个过程。

对利润表靠左边一侧的栏目进行分析，可以了解利润表主要提供了如下信息：

第一，企业在一定时期内取得的全部收入，包括主营业务收入、投资收益和其他渠道的收入。

第二，企业在一定时期内取得收入与发生的全部费用和支出，包括营业成本、管理费用、产品销售费用、财务费用和营业外支出等。

第三，利润、利润总额和可供分配的利润。

三、利润表关注的问题

通过利润表，我们可以解决一些企业关注的现实问题：

1. 反映企业盈利水平，评价企业盈利能力

利润表反映了收入、发生的各项费用以及经营取得的最终成果。所以，通过分析利润表，可以找到科学依据评价企业经营管理的成功程度和绩效高低。

2. 预测企业发展趋势

利润表往往列示了上年度和本年度的利润数据，通过比较，可以看到企业盈利水平的变动情况、经营成果的发展趋势。据此可以在以后的经营中做出合理的决策。

3. 分析企业损益形成的原因

分析亏损或者盈利的原因，综合反映利润的形成和分配情况。

第二节　利润表的生成过程

在我国，按照会计制度的严格规定，一般采用多步骤式利润表，通常由四步组成：第一步，计算主营业务利润；第二步，计算营业利润；第三步，计算利润总额；第四步，计算净利润。我们以小王食品厂的经营情况为例，简单向大家展示一下利润表的编制过程。

一、第一步：计算主营业务利润

计算主营业务利润，主要涉及两个概念：

1. 主营业务收入与成本

主营业务收入与成本指企业从事商品生产销售或服务等主营业务的收入与成本。

2. 主营业务税金

主营业务税金指企业主要经营业务应负担的增值税、消费税、城市维护建设税等。

在本例中，小王食品厂的主营业务收入，主要指销售食品的收入。主营业务成本，主要指生产食品时的直接成本，包括原材料、水电、人工成本、机器设备折旧等。由于大学生创业享受国家的税收优惠政策，所以没有主营业务税金。2015 年小王食品厂的主营业务利润情况如表 5-2 所示。

表 5-2　利润表（主营业务利润部分）

编制单位：小王食品厂　　2015 年度　　单位：万元

项　目	2014 年	2015 年
主营业务收入		75
减：主营业务成本		32
主营业务税金及附加		
主营业务利润		43

二、第二步：计算营业利润

计算营业利润，主要涉及三个概念的理解：

1. 营业费用

营业费用指企业在销售商品和购入商品等过程中发生的费用。

2. 管理费用

管理费用指企业在生产与销售时发生的间接费用。

3. 财务费用

财务费用指企业的贷款利息及银行手续费用等。

在本例中，小王食品厂的营业费用主要包括销售和购买食品、原材料，租用的交通工具费用、宣传广告费、租用场地费用等。管理费用主要包括办公经费、日常设备维护、管理人员工资、差旅费等。财务费用主要为支付银行贷款利息和私人借款利息人（如表 5－3 所示）。

表 5－3　利润表（营业利润部分）

编制单位：小王食品厂　　2015 年度　　单位：万元

项　目	2014 年	2015 年
主营业务利润		43
加：其他业务利润		
减：营业费用		7
管理费用		9
财务费用		2
营业利润		25

三、第三步：计算利润总额

计算利润总额，主要涉及三个概念：

1. 投资收益

投资收益指企业对外投资所获得的回报。企业钱多了，在主营业务顺利进展的情况下，又把多余的钱借给别人得到了利息，或者投资别的项目得到了收益。

2. 营业外收入

营业外收入指企业发生的与其经营无直接关系的各项收入，包括固定资产盘盈、处置固定资产净收益、出售无形资产收益、罚款净收入等。

3. 营业外支出

营业外支出如固定资产盘亏，处置固定资产损失，出售无形资产损失，债务重组损失，计提固定资产减值准备，罚款支出，捐赠支出，非正常损失等。

本例中，小王的初创企业暂时还没有涉及上述项目。小王食品厂的利润总额如表5－4所示。

表 5－4　利润表（利润总额）

编制单位：小王食品厂公司　　2015 年度　　单位：万元

项　目	2014 年	2015 年
营业利润		25
加：投资收益		
营业外收入		
减：营业外支出		
利润总额		25

四、第四步：计算净利润

计算净利润，需要明确什么是所得税。

所得税是企业根据本期会计税前利润总额计算的所得税金额。

本例中，小王食品厂符合国家对大学生创业的免税政策。所以不用上缴所得税，如表 5－5 所示。

表 5－5　利润表

编制单位：小王食品厂　　2015 年度　　单位：万元

项　目	2014 年	2015 年
利润总额		25
减：所得税		
净利润		25

对于不符合免税政策的企业，上缴所得税并不是直接依据当前税前利润总额，而是首先要弥补之前年度的亏损。

第三节　利润分配表

通过以上的利润表，小王总算知道了自己食品厂的盈利情况，2015 年一共赚了净利润 25 万元，应该是一个不错的开端。接下来，这 25 万元该如何分配使用呢？解决这个问题，要进一步学习一下利润分配表的知识。

利润分配表回答了企业利润分配的顺序。这种分配顺序，是由我国法律规定的。利润分配表是利润表的附表（见表 5－6）。大家也应该发现了利润表的最后一行是净利润，而利润分配表的第一行是净利润，所以，利润分配表是利润表的接续表，是其最主要的附表。利润表回答了利润的来源，而利润分配表回答了利润的去向。

表 5－6　利润分配表

编制单位：小王食品厂　　2015 年度　　单位：万元

项　目	行次	2014 年	2015 年
一、净利润	1		25
加：年初未分配利润	2		
其他转入	3		
二、可供分配的利润	4		25
减：法定盈余公积	5		
减：法定公益金	6		
三、可供投资者分配的利润	7		25
减：应付优先股股利	8		
任意盈余公积	9		
应付普通股股利	10		
转作股本的普通股股利	11		
四、未分配的利润	12		25

利润分配表主要涉及五个概念：

1. 法定盈余公积

法定盈余公积是企业按规定提取的公积金。我国法律规定按照税后利润的 10% 比率提取。

2. 法定公益金

法定公益金是企业按规定提取的公益金。我国法律规定按税后利润的 5% ~ 10% 比率提取，主要用于职工集体福利设施建设。

3. 应付优先股股利

应付优先股股利是指分配给优先股股东的现金股利。

4. 任意盈余公积

任意盈余公积是企业自行决定的，从净利润提取的盈余公积。

5. 转作资本的普通股股利

转作资本的普通股股利是企业按照利润分配方案以及分派股票股利的形式转作的资本（股本）。企业以利润转增的资本也在本项目中核算。

本例中，小王食品厂作为一家家庭作坊式的初创企业，所有的净利润都作为未分配利润。

第四节 利润表分析

对于利润表进行财务分析，主要涉及三种，分别是比较分析、结构分析和财务指标分析。

一、比较分析

利润表比较分析就是将利润表各项目的本年度累计数与上年度同期数或者本行业的平均数进行比较。通过比较分析，可以评价企业本年度利润各项目的实现水平和计划完成情况（见表5－7）。

表5－7 利润表比较分析表

编制单位：小王食品厂 2015年度 单位：万元

项目	上年同期数	本年累计数
一、主营业务收入		
减：主营业务成本		
主营业务税金及附加		
二、主营业务利润		
加：其他业务利润		
减：营业费用		
管理费用		
财务费用		

续表

项　目	上年同期数	本年累计数
三、营业利润		
加：投资收益		
营业外收入		
减：营业外支出		
四、利润总额		
减：所得税		
五、净利润		

由比较分析，大家可以直观地发现企业利润表涉及项目的变化情况，例如，收入变化、成本费用的变化，大体把握企业利润项目的发展趋势，了解其利润变化是由什么原因造成的，各因素还将呈何种发展状况，对未来的利润可能产生多大程度的影响，对企业经营目标的实现能产生多大的作用等，进而可以为下一步的企业发展制订针对性的计划提供帮助。

二、结构分析

利润表的结构分析是用利润表中的各个项目除以销售收入，得出各项目占销售收入的比例，以分析各项目比例是否正常、合理。

利润表的结构分析包括三个步骤：第一步，计算利润表的各项目占总体销售收入的结构比率；第二步，根据结构比率，判断各组成项目本年度的变化情况以及未来的发展趋势；第三步，为决策者的正确判断提供可靠的依据（见表 5－8）。

表 5－8　结构比较分析表

编制单位：小王食品厂　　　2015 年度　　　单位：万元

项　目	共同结构比		增长额	增长率
	2014 年	2015 年		
一、主营业务收入				
减：主营业务成本				
主营业务税金及附加				
二、主营业务利润				
加：其他业务利润				
减：营业费用				
管理费用				

续表

项 目	共同结构比		增长额	增长率
	2014 年	2015 年		
财务费用				
三、营业利润				
加：投资收益				
营业外收入				
减：营业外支出				
四、利润总额				
减：所得税				
五、净利润				

三、财务指标分析

财务指标分析，主要涉及三个方面：盈利能力分析、营运能力分析和长期偿债能力分析。

1. 盈利能力分析

不论是投资人、债权人还是经理人员，都会非常重视和关心企业的盈利能力。盈利能力就是企业获取利润、资金不断增值的能力。反映企业盈利能力的指标主要有销售毛利率、销售净利率、成本利润率、总资产报酬率、净资产收益率和资本保值增值率。

（1）销售毛利率 。销售毛利率是销售毛利与销售收入之比，其计算公式为：

销售毛利率 = 销售毛利 ÷ 销售收入 ×100%

销售毛利 = 主营业务收入 – 主营业务成本

根据表 5–2 的数据，可计算小王食品厂的销售毛利率如下：

2015 年销售毛利率 =（75 – 32）÷ 75 × 100% = 57.33%

（2）销售净利率。销售净利率是净利润与销售收入之比，其计算公式为：

销售净利率 = 净利润 ÷ 销售收入 ×100%

根据表 5–5 的数据，可计算销售净利率如下：

2015 年销售净利率 = 25 ÷ 75 × 100%=33.33%

从上述计算分析可以看出，2015 年小王食品厂的盈利能力很好。

（3）成本利润率。成本利润率是反映盈利能力的另一个重要指标，是利润与成本之比。成本有多种形式，但这里成本主要指经营成本，其计算公式如下：

经营成本利润 = 主营业务利润 ÷ 经营成本 × 100%

经营成本 = 主营业务成本 + 主营业务税金及附加

根据表 5-2 的数据，可计算成本利润率如下：

2015 年经营成本利润率 = 43 ÷ 32 × 100% = 134.38%

从以上计算可知，小王食品厂的成本利润率比较高，盈利能力较强。

（4）总资产报酬率。总资产报酬率是企业息税前利润与企业资产平均总额的比率。由于资产总额等于债权人权益和所有者权益的总额，所以该比率既可以衡量企业资产综合利用的效果，又可以反映企业利用债权人及所有者提供资本的盈利能力和增值能力。其计算公式为：

总资产报酬率 = 息税前利润 ÷ 资产平均总额 × 100%

= （净利润 + 所得税 + 利息费用）÷ [（期初资产 + 期末资产）÷ 2] × 100%

根据表 4-3、表 5-3、表 5-5 的数据，小王食品厂 2015 年净利润为 25 万元，所得税为 0，财务费用为 2 万元，年初资产总额为 60 万元，年末资产总额为 75 万元。则小王食品厂总资产报酬率计算如下：

2015 年总资产报酬率 = （25 + 0 + 2）÷ [（60 + 75）÷ 2] × 100% = 40%

该指标越高，表明资产利用效率越高，说明企业在增加收入、节约资金使用等方面取得了良好的效果；该指标越低，说明企业资产利用效率越低，应分析差异原因，提高销售利润率，加速资金周转，提高企业经营管理水平。

（5）净资产收益率。净资产收益率又叫自有资金利润率或权益报酬率，是净利润与平均所有者权益的比值，它反映企业自有资金的投资收益水平。其计算公式为：

净资产收益率 = 净利润 ÷ 平均所有者权益 × 100%

= 净利润 ÷ [（年初所有者权益 + 年末所有者权益）÷ 2] × 100%

根据表 4-3、表 5-3、表 5-5 的数据，小王食品厂 2015 年净利润为 25 万元，年初年末所有者权益为 10 万元，年末所有者权益为 35 万元。则小王食品厂 2015 年的净资产收益率为：

2015 年净资产收益率 = 25 ÷ [（10 + 35）÷ 2] × 100% = 111.11%

该指标是企业盈利能力指标的核心，更是投资者关注的重点。

（6）资本保值增值率。如果企业盈利能力提高，利润增加，必然会使期末所有者权益大于期初所有者权益，所以该指标也是衡量企业盈利能力的重要指标。

当然，这一指标的高低，除了受企业经营成果的影响外，还受企业利润分配政策的影响。

资本保值增值率 = 期末所有者权益 ÷ 期初所有者权益 ×100%

根据表 4－3 的有关数据，小王食品厂公司资本保值增值率计算如下：

2015 年资本保值增值率 = 35 ÷ 10 × 100% = 350%

2. 营运能力分析

企业的经营活动离不开各项资产的运用，对企业营运能力的分析，实质上就是对各项资产的周转使用情况进行分析。一般而言，资金周转速度越快，说明企业的资金管理水平越高，资金利用效率越高。企业营运能力分析主要包括流动资产周转情况分析、固定资产周转率和总资产周转率三个方面。

（1）流动资产周转情况分析。反映流动资产周转情况的指标主要有应收账款周转率、存货周转率和流动资产周转率。

1）应收账款周转率。应收账款在流动资产中有着举足轻重的地位，及时收回应收账款，不仅增强了企业的短期偿债能力，也反映出企业管理应收账款的效率。

应收账款周转率（次数）是指一定时期内应收账款平均收回的次数，是一定时期内主营业务收入与应收账款平均余额的比值。其计算公式为：

应收账款周转率 = 主营业务收入 ÷ 应收账款平均余额

其中，应收账款平均余额 =（期初应收账款 + 期末应收账款）÷ 2

应收账款周转天数 = 计算期天数 ÷ 应收账款周转次数

根据表 4－3、表 5－2 的数据，小王食品厂 2015 年度销售收入净额 75 万元，年初应收账款、应收票据净额为 0，年末应收账款、应收票据净额为 10 万元。2015 年该公司应收账款周转率指标计算如下：

应收账款周转率 = 75 ÷ [（0+10）÷ 2] = 15（次）

应收账款周转天数 = 360 ÷ 15 = 24（天）

应收账款周转率反映了企业应收账款周转速度的快慢及企业对应收账款管理效率的高低。对于投入额较小的小微型新创企业来说，提高应收账款周转速度，缩短资金回笼天数，具有非常重要的意义。在一定时期内周转次数越多，周转天数越少就表明：企业收账迅速，信用销售管理严格；应收账款流动性强，从而增强企业短期偿债能力；可以减少收账费用和坏账损失，相对增加企业流动资产的投资收益；通过比较应收账款周转天数及企业信用期限，可评价客户的信用程度，调整企业信用政策。

在评价应收账款周转率指标时，应将计算出的指标与该企业前期、与行业平均水平或其他类似企业相比较来判断该指标的高低。

2）存货周转率。在流动资产中，存货所占比重较大，存货的流动性将直接影响企业的流动比率。因此，必须特别重视对存货的分析。存货流动性的分析一般通过存货周转率来进行。

存货周转率（次数）是指一定时期内企业主营业务成本与存货平均资金占用额的比率，是衡量和评价企业购入存货、投入生产、销售收回等各环节管理效率的综合性指标。其计算公式为：

存货周转率 = 主营业务成本 ÷ 存货平均余额

存货平均余额 =（期初存货 + 期末存货）÷ 2

存货周转天数 = 计算期天数 ÷ 存货周转率

根据表 4-3、表 5-4 的数据，小王食品厂 2015 年度主营业务成本为 32 万元，期初存货 0 万元，期末存货 10 万元，该公司存货周转率指标为：

存货周转率 = 32 ÷ [（0 + 10）÷ 2] = 6.4（次）

存货周转天数 = 360 ÷ 6.4 = 56(天)

一般来讲，存货周转速度越快，存货占用水平越低，流动性越强，存货转化为现金或应收账款的速度就越快，这样会增强企业的短期偿债能力及获利能力。通过存货周转速度分析，有利于找出存货管理中存在的问题，尽可能降低资金占用水平。

3）流动资产周转率。流动资产周转率是反映企业流动资产周转速度的指标。流动资产周转率（次数）是一定时期主营业务收入与平均流动资产之间的比率。其计算公式为：

流动资产周转率 = 主营业务收入 ÷ 平均流动资产

流动资产周转天数 = 计算期天数 ÷ 流动资产周转率

其中，平均流动资产 =（期初流动资产 + 期末流动资产）÷ 2

根据表 4-2、表 5-2 的数据，小王食品厂 2015 年主营业务收入为 75 万元，年初流动资产数为 60 万元，年末流动资产数为 35 万元，则小王食品厂流动资产周转指标计算如下：

流动资产周转率 = 75 ÷ [（60+35）÷ 2] = 1.58（次）

流动资产周转天数 = 360 ÷ 1.58 = 228（天）

在一定时期内，流动资产周转次数越多，表明以相同的流动资产完成的周转额越多，流动资产利用效果越好。流动资产周转天数越少，表明流动资产在经历生产销售各阶段所占用的时间越短，可相对节约流动资产，增强企业盈利能力。

（2）固定资产周转率。固定资产周转率是指企业主营业务收入与平均固定资产的比率。它是反映企业固定资产周转情况，从而衡量固定资产利用效率的一项指标。其计算公式为：

固定资产周转率 = 主营业务收入 ÷ 固定资产平均净值

其中，固定资产平均净值 =（期初固定资产净值 + 期末固定资产净值）÷ 2

根据表 4-2、表 5-2 的数据，小王食品厂 2015 年的主营业务收入为 75 万元，年初固定资产数为 0、年末固定资产数为 40 万元。则 2015 年小王食品厂固定资产周转率计算如下：

2015 年固定资产周转率 = 75 ÷ [（0 + 40）÷ 2] = 3.75（次）

通常固定资产周转率高，说明企业固定资产投资得当，结构合理，利用效率高；反之，如果固定资产周转率不高，则表明固定资产利用效率不高，提供的生产成果不多，企业的营运能力不强。固定资产周转率是否合理，还要视公司目标及同行业水平的比较而定。

（3）总资产周转率。总资产周转率是主营业务收入与平均资产的比率。计算公式为：

总资产周转率 = 销售收入净额 ÷ 资产平均总额

如果企业各期资产总额比较稳定，波动不大，则：

资产平均总额 =（期初资产总额 + 期末资产总额）÷ 2

如果资金占用的波动性较大，企业应采用更详细的资料进行计算，如按照各月份的资金占用额计算，计算总资产周转率时分子、分母在时间上应保持一致。

根据表 4-2、表 5-2 的数据，2015 年小王食品厂主营业务收入为 75 万元，年初资产总额为 60 万元，年末资产总额为 75 万元。则小王食品厂 2015 年总资产周转率计算如下：

2015 年总资产周转 = 75 ÷ [（60+75）÷ 2] = 1.11（次）

这一比率用来衡量企业全部资产的使用效率，如果该比率较低，说明企业全部资产营运效率较低，可采用薄利多销或处理多余资产等方法加速资产周转，提高运营效率；如果该比率较高，说明资产周转快，销售能力强，资产运营效率高。

3. 长期偿债能力分析

长期偿债能力是指企业偿还长期负债的能力。其分析指标主要有利息保障倍数。

利息保障倍数是指企业息税前利润与利息费用之比，又称已获利息倍数，用以衡量偿付借款利息的能力。其计算公式为：

利息保障倍数＝息税前利润 ÷ 利息费用

公式中的分子"息税前利润"是指利润表中未扣除利息费用和所得税前的利润。

根据表 5－3、表 5－5 的数据，小王食品厂 2015 年息税前利润为 27 万元，利息费用（财务费用）为 2 万元。则小王食品厂 2015 年利息保障倍数计算如下：

2015 年利息保障倍数＝ 27÷2 ＝ 13.5（倍）

利息保障倍数不仅反映了企业获利能力的大小，而且反映了获利能力对偿还到期债务的保证程度，它既是企业举债经营的前提依据，也是衡量企业长期偿债能力大小的重要标志。要维持正常偿债能力，利息保障倍数至少应大于 1，且比值越高，企业长期偿债能力越强。如果利息保障倍数过低，企业将面临亏损、偿债的安全性与稳定性下降的风险。

本章小结

◆ 认识利润表

○ 利润的概念

——利润＝收入－成本。

○ 利润表的结构

——利润表把一定时期的营业收入与其同一会计期间相关的营业费用进行配比，以计算出企业一定时期的净利润。

○ 利润表关注的问题

——反映企业盈利水平，评价企业盈利能力。

——预测企业发展趋势。

——分析企业损益形成的原因。

◆ 利润表的生成过程

○ 第一步：计算主营业务利润

○ 第二步：计算营业利润

○ 第三步：计算利润总额

○ 第四步：计算净利润

◆ 利润分配表

○ 利润分配表回答了企业利润分配的顺序。

◆ 利润表分析

○ 比较分析

○ 结构分析

○ 财务指标分析

——盈利能力分析。

——营运能力分析。

——长期偿债能力分析。

第六章

轻松学习现金流量表

明白了资产负债表和利润表以后，小王总算对自己食品厂的经营情况有了比较翔实的了解，心里头也有些沾沾自喜。但是还有件事一直困扰着他，按说自己小厂的经营还是不错的，2015 年净赚了 20 多万元，但是为什么还是担心会没有钱进材料、没有钱付租金呢？

对于小王食品厂这类小企业主来说，这种担心是常见的事。通常情况下，小企业进原材料、付租金都需要现款现货的结算，得用现金。试想，如果食品厂销售 5 万元的食品，只从客户那里获得了 1 万元现金，但是补充材料、交租金、付水电费要 2 万元现金，那么企业只能再从其他渠道挪用 1 万元，长期下去企业还能经营吗？

资产负债表解决了资产、负债和所有者权益间的关系问题；利润表解决了赚没赚钱，赚的钱用到哪儿去了的问题。而解决小王正在担心的付款问题，需要靠第三张财务报告——现金流量表。

小企业受限于规模，通常进货只能用现款现结，而出货却要赊账，现金流的好坏直接关系到企业能否经营下去。对于小企业而言，“现金为王”，一点儿也不夸张。

第一节　认识现金流量表

现金流量表是一张十分重要的财务报表。它是以现金为基础编制的财务状况变动表，是专门用来反映企业在一定时期内现金流入、流出及其净额的财务报表。

如果把企业比作自来水厂，现金比作厂内管网里的水，那么现金流量表就是总流量计，其内部的每个小流量计记录了水源从哪些地方流入，分别流入多少；从哪些地方流出，分别流出了多少。这样一来，自来水厂的管理者对水量水质情况就能一目了然了。

在学习资产负债表时，我们学习一个重要的会计恒等式：

资产＝负债＋所有者权益

如果考虑到现金流的问题，上述会计恒等式可以有一个变形：

现金资产＋非现金资产＝负债＋所有者权益

一、现金

现金包括库存现金和银行存款（包括支票账户和储蓄账户的存款）、流通支票及银行汇票、3个月内变现的有价证券。

将上述会计恒等式进一步转化为：

现金资产＝负债＋所有者权益－非现金资产

这样就可以看出，现金资产由负债、所有者权益和非现金资产三者共同决定。这里的非现金资产主要包括三类：应收账款、存货和固定资产。首先是应收账款。小企业往往需要先给客户铺货，让客户用完了再付钱，很难做到现款现结。一些客户可能用完了，还赖账不给，或者订几个月的账期，小企业的流动资金就被占用了。其次就是存货。如果企业的销路不畅，有大量的产品积压，钱就没法周转回来。最后是固定资产。如果企业购买了厂房、机器、设备等固定资产，现金就会大幅度减少。对于新创企业的管理人员来说，第一次大量减少现金资产的行动，都要考虑到能否使企业正常经营下去。

二、现金流量

现金流量是企业一定时期的现金流入与流出的数量。造成企业现金流入、流出的活动主要有三大类：

1. 经营活动

企业的广告宣传、促销活动、发放工资等都属于经营活动。因为利润表是考察经营活动绩效的表格，所以，经营活动主要是指所有影响利润表变动的活动。

2. 投资活动

购买厂房、土地、机器设备等，都可以归属于投资活动。它是指导企业长期资产（持有期在一年或一个营业周期以上的资产）的购建及其处置活动。

3. 筹资活动

企业向银行借款和还款（本金+利息，偿还本金部分属于筹资活动；支付利息部分影响了利润表，属于经营活动），支付现金股利等。

我国《小企业会计制度》规定，小企业的基本财务报表是指资产负债表和利润表。但是，小企业也可以根据需要编制现金流量表。

三、现金流量表的结构

现金流量表是以现金为基础编制的反映企业财务状况变动的报表，其是表由表头、主表和补充资料三部分构成。表6-1是小王食品厂编制的现金流量表示例。

表6-1 现金流量表

编制单位：小王食品厂 2015年12月 单位：万元

项 目	上期数	本期数
一、经营活动产生的现金流量		
销售商品、提供劳务收到的现金		
收到的税费返还		
收到的其他与经营活动有关的现金		
现金流入小计		
购买商品、接受劳务支付的现金		
为职工支付的现金		
支付的各项费用		
支付的其他与经营活动有关的现金		
现金流出小计		
经营活动所产生的现金流量净额		
二、投资活动产生的现金流量		
收回投资所收到的现金		
取得投资收益所收到的现金		
处置固定资产、无形资产和其他长期资产所收回的现金净额		

续表

项　目	上期数	本期数
收到的其他与投资活动有关的现金		
现金流入小计		
构建固定资产、无形资产和其他长期资产所支付的现金		
投资所支付的现金		
支付的其他与投资活动有关的现金		
现金流出小计		
投资活动所产生的现金流量净额		
三、筹资活动产生的现金流量		
吸收投资所收到的现金		
取得借款所收到的现金		
收到的其他与筹资活动有关的现金		
现金流入小计		
偿还债务支付的现金		
分配股利、利润或偿付利息所支付的现金		
支付的其他与筹资活动有关的现金		
现金流出小计		
筹资活动产生的现金流量的净额		
四、汇率变动对现金的影响		
五、现金以及现金等价物净增加额		
补充资料	上期数	本期数
1. 将净利润调节为经营活动现金流量		
净利润		
加：计提的资产减值准备		
固定资产折旧		
无形资产摊销		
长期待摊销的摊销		
待摊费用减少（减：增加）		
预提费用增加（减：减少）		
处置固定资产、无形资产和其他长期资产的损失（减：收益）		
固定资产报废损失		
财务费用		
投资损失（减：收益）		
递延税款贷项（减：借项）		

续表

补充资料	上期数	本期数
存货的减少（减：增加）		
经营性应收项目的减少（减：增加）		
经营性应付项目的增加（减：减少）		
其他		
经营活动所产生的现金流量净额		
2. 不涉及现金收支的投资活动和筹资活动		
债务转为资本		
一年内到期的可转换公司的债券		
融资租入固定资产		
3. 现金以及现金等价物净增加的情况		
现金的期末余额		
减：现金的期初余额		
加：现金等价物的期末余额		
减：现金等价物的期初余额		
现金以及现金等价物净增加额		

四、现金流量表要解决的问题

利用现金流量表，企业可以解决以下三个问题：

1. 有利于分析、评价和预测企业未来产生现金流量的能力

企业的现金来源主要有三个渠道：经营活动现金流入、投资活动现金流入和筹资活动现金流入。企业不可能长期依靠投资活动现金流入和筹资活动现金流入维持和发展。保持良好经营活动的现金流入才能增强企业的盈利能力，满足长短期负债的偿还需要，使企业保持健全的财务状况。任何时候内部资金积累才是企业发展的基础。一旦企业经营活动现金流入出现异常，即便是账面利润再高，财务状况依然令人怀疑。所以，通过分析现金流入的各个渠道，可以对企业未来现金流的大小及稳定性做一些合理的预测。

2. 有利于对企业的财务状况做出合理的评价

在正常的经营过程中，现金流出的变化幅度通常不会太大，如出现较大变动，则需要引起注意，进一步寻找原因。投资活动现金流出一般是购买和建设固定资

产或对外投资引起。筹资活动的现金流出主要是为偿还到期债务和支付现金股利。债务的偿还意味着企业用于满足经营活动或者投资活动的现金将减少，当然，财务风险也会随之降低。然而，如果短期内筹资活动的现金流出占总现金流出比重太大，也可能引起资金周转困难。因此，对现金流出的分类分析可以对企业的财务状况做出合理的评价。

3. 有利于分析和评价企业经济活动的有效性

通过排除投资收益和筹资费用的会计利润与经营活动现金流量之间的对比可以揭示有关会计利润信息质量的好坏。经营活动产生的现金净流量大于或等于该项利润，说明企业经营活动的现金回收率高，收益较好，如果经营活动现金净流量小于该项利润，则在判断企业获利能力和偿债能力时必须慎重，有必要结合其他因素进行更加深入的分析。

第二节　现金流量表生成过程

在《企业会计准则——现金流量表》指南中对现金流量表的编制有详细的说明，掌握每一项经济业务现金流的分类，采用直接法编制现金流量表相对来说比较容易，而对于如何编制现金流量表补充资料，准则在此未作详细论述。在实际工作中，经常会出现主表与补充资料编制不平的情况，一般来说，只要没有较大的偏差，可以把握“以主表信息为准，补充资料信息为参考”的原则来对现金流量表进行分析和应用。

一、第一步：填列表头

根据表 6－2 格式填列表头。

表 6－2　现金流量表（表头）

编制单位：　　20××年×月　　单位：万元

项目	上期数	本期数

二、第二步：经营活动产生的现金流量

要完成第二步工作，首先应该弄清经营活动的定义。经营活动是指除了投资活动和筹资活动外的其他活动的总称。如表 6-3 所示。

表 6-3　现金流量表（经营活动部分）

项目	上期数	本期数
一、经营活动产生的现金流量		
销售商品、提供劳务收到的现金		
收到的税费返还		
收到的其他与经营活动有关的现金		
现金流入小计		
购买商品、接受劳务支付的现金		
为职工支付的现金		
支付的各项费用		
支付的其他与经营活动有关的现金		
现金流出小计		
经营活动所产生的现金流量净额		

1. 销售商品、提供劳务收到的现金

销售商品、提供劳务收到的现金其来源是企业由于销售商品、提供劳务导致的现金流入。这也是企业经营活动流入的现金的绝大部分。确定方法：只要是企业销售商品或者提供劳务所产生的现金，不管是企业本期发生，还是前期发生，或是预收未来的销售商品和提供劳务款，都要确认为本期销售商品和提供劳务收到的现金。

2. 收到的税费返还

收到的税费返还是指企业实际收到的以现金形式返还的各种税费。

3. 收到的其他与经营活动有关的现金

收到的其他与经营活动有关的现金包括各种暂时的沉淀资金，如保险费，还包括一些偶然项目，如违约金、赔偿金等。

4. 购买商品、接受劳务支付的现金

购买商品和接受劳务必须支付的现金。

5. 为职工支付的现金

支付给职工的工资和为职工支付的其他现金。工资、奖金和补贴都计算在内。

6. 支付的各项费用

缴各种税费的支出。

7. 支付的其他与经营活动有关的现金

除去前述各项目之后，其他与经营活动有关的现金流出项目。

三、第三步：填列投资活动产生的现金流量

投资活动是指企业进行长期资产的购买和不包括在现金等价物范围内的投资或者资产处置活动。如表 6-4 所示。

表 6－4　现金流量表（投资活动部分）

项　目	上期数	本期数
二、投资活动产生的现金流量		
收回投资所收到的现金		
取得投资收益所收到的现金		
处置固定资产、无形资产和其他长期资产所收回的现金净额		
收到的其他与投资活动有关的现金		
现金流入小计		
构建固定资产、无形资产和其他长期资产所支付的现金		
投资所支付的现金		
支付的其他与投资活动有关的现金		
现金流出小计		
投资活动所产生的现金流量净额		

1. 收回投资所收到的现金

收回投资所收到的现金主要包括投资本金和投资收益。如果是债权投资，切记不能把债券投资利息计算在内。

2. 取得投资收益所收到的现金

取得投资收益所收到的现金包括股权投资和债券投资取得的股利利息以及从子公司联合公司分回的利润。

3. 处置固定资产、无形资产和其他长期资产所收回的现金净额

处置固定资产、无形资产和其他长期资产的所得减去处置过程中产生的费用的净额。

4. 收到的其他与投资活动有关的现金

收到的其他与投资活动有关的现金，如一些往来工程款等，一般数额较小。

5. 购建固定资产、无形资产和其他长期资产所支付的现金

购建固定资产、无形资产和其他长期资产所支付的现金是企业为购建长期资产而支付的款项。

6. 投资所支付的现金

进行投资活动所支出的现金包括支付的佣金、手续费和附加费用。

7. 支付的其他与投资活动有关的现金

支付的其他与投资活动有关的现金，如支付的工程前期款项等，一般数额较小。

四、第四步：筹资活动产生的现金流量

筹资活动是指导致企业资本以及债务规模和构成发生变化的活动。这些活动所产生的现金流出和流入就是筹资活动产生的现金流量，如表 6－5 所示。

表 6－5　现金流量表（筹资活动部分）

项目	上期数	本期数
三、筹资活动产生的现金流量		
吸收投资所收到的现金		
取得借款所收到的现金		
收到的其他与筹资活动有关的现金		
现金流入小计		
偿还债务支付的现金		
分配股利、利润或偿付利息所支付的现金		
支付的其他与筹资活动有关的现金		
现金流出小计		
筹资活动产生的现金流量的净额		
四、汇率变动对现金的影响		
五、现金以及现金等价物净增加额		

1. 吸收投资所收到的现金

吸收投资所收到的现金是企业收到的投资者投入的现金，包括以发行股票、债券等方式筹集的资金等实际收到的款项净额。

2. 取得借款所收到的现金

取得借款所收到的现金是指企业从银行等金融机构借入的款，不包括企业之间的相互拆借款项。

3. 收到的其他与筹资活动有关的现金

收到的其他与筹资活动有关的现金，如接受捐赠等此类款项，一般数额相对较小。

4. 偿还债务支付的现金

偿还债务支付的现金是指企业以现金偿还债务的本金，包括向银行支付所借款的本金，向债券持有者偿还的债券本金。

5. 分配股利、利润或偿付利息所支付的现金

分配股利、利润或偿付利息所支付的现金是指实际支付的现金股利、支付给投资单位和个人的利润以及支付给银行的借款利息和债券利息等。

6. 支付的其他与筹资活动有关的现金

支付的其他与筹资活动有关的现金，如租赁费等此类款项。

7. 汇率变动对现金的影响

汇率变动能够导致现金的多少变化。

五、第五步：补充资料（第一部分）

补充资料的第一部分，是将净利润调节为经营活动现金流量，如表6－6所示。

表6－6　现金流量表（补充资料一）

补充资料	上期数	本期数
1. 将净利润调节为经营活动现金流量 净利润 加：计提的资产减值准备		

续表

补充资料	上期数	本期数
固定资产折旧		
无形资产摊销		
长期待摊销的摊销		
待摊费用减少（减：增加）		
预提费用增加（减：减少）		
处置固定资产、无形资产和其他长期资产的损失（减：收益）		
固定资产报废损失		
财务费用		
投资损失（减：收益）		
递延税款贷项（减：借项）		
存货的减少（减：增加）		
经营性应收项目的减少（减：增加）		
经营性应付项目的增加（减：减少）		
其他		
经营活动所产生的现金流量净额		

补充资料中以间接法编制的经营活动的现金流量，其中“净利润”根据利润分配表中的净利润项目填列。

其他主要的有以下各分项。

1. 计提的资产减值准备

在经营过程中，资产存在损失的情况，该项目反映了企业计提的各项资产的损失准备。

2. 固定资产折旧

固定资产折旧是指制造费用、管理费用、营业费用等账户所属的折旧费明细账目借方发生额。

3. 无形资产摊销

无形资产摊销是指管理费用等账户所属无形资产摊销明细账户借方发生额。

4. 长期待摊销的摊销

根据管理费用、营业费用、管理费用等账户的长期待摊销的摊销明细账目填列。

5. 待摊费用减少

待摊费用减少是指待摊费用的期初额和期末额的差额。

6. 预提费用增加

预提费用增加是指其期初额和期末额的差额。

7. 处置固定资产、无形资产和其他长期资产的损失

处置固定资产、无形资产和其他长期资产的损失是指营业外支出中出售固定资产、无形资产和其他长期资产净损失。

8. 固定资产报废损失

固定资产报废损失是指在营业外支出账户中固定资产盘亏明细账户借方发生额与营业外收入账户所属固定资产盘盈贷方发生额的差额。

9. 财务费用

财务费用是指账户中利息支出明细账户借方发生额。

10. 投资损失

投资损失是投资收益账户借方发生额。

11. 递延税款贷项

递延税款贷项是指账户期末余额和期初余额的差额。

12. 存货的减少

存货的减少是指与经营活动有关的原材料、库存商品、生产成本等所有存货账户的期初余额和期末余额的差额。

13. 经营性应收项目的减少

经营性应收项目的减少是指与经营活动有关的应收账款，其他应收款和预付账款等账户的期初余额和期末余额的差额。

14. 经营性应付项目的增加

经营性应付项目的增加指与经营活动有关的应付账款、预付账款、应付工资、应付福利费、应交税金、其他应交款和应付款等期初余额和期末余额的差额。

六、第六步：补充资料（第二部分）

补充资料第二部分，处理不涉及现金收入的投资活动和筹资活动，如表6-7所示。

表6-7 现金流量表（补充资料二）

补充资料	上期数	本期数
2. 不涉及现金收支的投资活动和筹资活动		
债务转为资本		
一年内到期的可转换公司的债券		
融资租入固定资产		

不涉及现金收支的投资和筹资活动反映企业一定期间内影响资产或者负债但不形成其现金收支的所有投资和筹资活动的信息。其中包括以下几个方面：

1. 债务转为资本

债务转为资本反映企业本期转为资本债券的债务金额。

2. 一年内到期的可转换公司的债券

一年内到期的可转换公司的债券是指企业购入的可在一定时期以后转换为股份的债券。既有股票性质又具有债权性质，属于混合债券。

3. 融资租入固定资产

融资租入固定资产实质上转移了与资产所有权有关的全部风险和报酬的租赁。

七、第七步：补充资料（第三部分）

正表第五项和补充资料第三项的数额应该相等，它们的计算方法不一样。正表的数字是流入与流出的差额，补充资料中的数字是期末数与期初数的差额。根据现金以及“现金等价物”的数据填列，如表6-8所示。

表6－8　现金流量表（补充资料三）

补充资料	上期数	本期数
3. 现金以及现金等价物净增加的情况		
现金的期末余额		
减：现金的期初余额		
加：现金等价物的期末余额		
减：现金等价物的期初余额		
现金以及现金等价物净增加额		

第三节　现金流量表分析

现金流量表显示了现金的流量、来源和用处，那么如何通过这些表面信息揭示更多能反映企业财务状况和发展方向的指标呢？这就需要对现金流量表进行深层次的分析。现金流量表的财务分析主要有结构分析、偿债能力分析、资本支出能力分析、盈利能力分析和企业再投资能力分析五个方面。

一、结构分析

现金流量表结构分析是指同一时期现金流量表中不同项目间的比较与分析，旨在揭示各项数据在企业现金流入量中的相互关系。

1. 定性的结构分析

定性的结构分析主要是观察三大活动（经营活动、投资活动、筹资活动）分别产生的现金流入和流出数额，从宏观上对企业的发展状况进行把握。

（1）经营活动现金流量。经营活动现金流量有三种情况：经营现金流量小于零、等于零和大于零。

1）经营活动现金流量小于零。经营活动现金流入不足以支付现金流出。这种“入不敷出”的状态一般发生在企业开拓市场的初级阶段。在该阶段中，企业的各种资源还处于一个磨合期，资源利用率比较低。这种窘困的状态是任何企业在发展过程中不可避免的正常过程。但是，如果发生在一个成熟的企业中，则应该引起足够的重视。

2）经营活动现金流量等于零。经营活动现金流入刚刚满足支付现金流出。

在这种“收支平衡”的状态下，企业正常的经营不需要额外补充流动资金，企业的经营活动也不能为企业的投资活动以及融资活动贡献资金。这种状况和第一种情况一般统称为经营的不健康状况。

3）经营活动现金流量大于零。经营活动现金流入大于现金流出，这种状况意味着企业生产经营较好。如果这种状况可以弥补非现金消耗成本（如固定资产），那么企业经营还可以为投资活动以及融资活动贡献现金。这种状况就是企业经营的最好状态。

（2）投资活动现金流量。投资活动现金流量有三种情况：投资活动现金流量小于零、等于零和大于零。

1）现金流量小于零。投资活动所支付的现金之和大于投资收益、处置固定资产、无形资产和其他长期资产而收到的现金净额之和。

2）现金流量等于零和现金流量大于零。投资活动方面的现金流入量大于流出量。这种情况产生的原因很复杂，必须对企业投资活动的现金流量原因进行具体分析。

（3）筹资活动现金流量。筹资活动现金流量有两种情况：筹资活动现金流量小于零和大于零。

1）筹资活动现金流量小于零。企业在吸收权益性投资、发行债券以及借款等方面所收到的现金之和小于企业在偿还债务、支付筹资费用、分配股利或者利润、偿付利息、融资租赁所支付的现金以及减少注册资本等方面所支付的现金之和。这种情况的出现主要原因有以下几种：第一，企业经营活动或者投资活动效益好，仅此两项活动就可以完成所有支付；第二，企业的投资活动和发展战略没有丝毫良好的表现。

2）筹资活动现金流量大于零。企业在吸收权益性投资、发行债券以及借款等方面所收到的现金之和大于企业在偿还债务、支付筹资费用、分配股利或者利润、偿付利息、融资租赁所支付的现金以及减少注册资本等方面所支付的现金之和。在企业发展起步阶段，企业经营活动的现金流量一般小于零，企业所需要的资金大部分需要筹借才能得到。因为分析现金流动大于零是否是正常的，要看企业的经营阶段和具体的情况。主要分析其产生的原因是否合理。

2. 定量的结构分析

通过分析经营现金流量、投资活动的现金流量和筹资活动的现金流量占现金净流量的比率以及其各子项目所占比率，可以了解现金流量结构，利于报表使用者对现金流动原因进行分析，从而从数量上把握企业的财务质量和营运状况，预测企业的发展前景。定量的结构分析包括现金流入结构分析、现金流出结构分析、现金流入流出结构分析、现金注入比重分析和现金流出比重分析。

（1）现金流入结构分析。现金流入结构分析从数量上把握现金流入的数额，判断和评价企业经营活动，投资活动、融资活动是否很正常，如表 6-9 所示。

表 6－9　现金流入结构分析

编号	现金流入	计算公式
1	经营活动	经营活动现金流入结构＝经营活动产生的现金流入量 ÷ 全部现金流入量
2	投资活动	投资活动现金流入结构＝投资活动产生的现金流入量 ÷ 全部现金流入量
3	融资活动	融资活动现金流入结构＝融资活动产生的现金流入量 ÷ 全部现金流入量

（2）现金流出结构分析。现金流出结构分析从数量上把握企业现金流出状况以及企业三大活动能力比例是否正常，如表 6-10 所示。

表 6－10　现金流出结构分析

编号	现金流出	计算公式
1	经营活动	经营活动现金流出结构＝经营活动产生的现金流出量 ÷ 全部现金流出量
2	投资活动	投资活动现金流出结构＝投资活动产生的现金流出量 ÷ 全部现金流出量
3	融资活动	融资活动现金流出结构＝融资活动产生的现金流出量 ÷ 全部现金流出量

（3）现金流入流出结构分析。现金流入流出结构分析从数量上把握企业现金流入流出状况，判断企业三大活动开展情况是否正常，如表 6-11 所示。

表 6－11　现金流入流出结构分析

编号	现金流入流出	计算公式	分析
1	经营活动	经营活动产生的现金流入量 ÷ 经营活动产生的现金流出量	此值越大越好
2	投资活动	投资活动产生的现金流入量 ÷ 投资活动产生的现金流出量	一般而言，处于发展时期的公司，此值较小，而且缺少投资机会的公司该数值较大
3	融资活动	融资活动产生的现金流入量 ÷ 融资活动产生的现金流出量	正常经营的企业，此数值保持基本稳定

二、偿债能力分析

现金流量表偿债能力分析，主要是为了分析和评价企业动态意义上的偿债能力，企业的资产经过一些正常生产过程，转化为现金以及履行企业债契约或者其他付现契约的能力。主要包括现金到期债务比、现金流动负债比和现金债务总额比等指标。

1. 现金到期债务比

现金到期债务比是经营现金净流量与本期到期债务的比值。计算公式为：

现金到期债务比 = 经营现金净流量 ÷ 本期到期债务

此指标越大越好，代表经营现金净流量越大，本期到期债务相对较小，如果该比率小于 1，说明经营现金净流量小于本期到期债务，企业经营活动产生的现金不足以偿还到期债务本息，企业必须融资和出售资产才能偿还债务。

2. 现金流动负债比

现金流动负债比是经营现金净流量与流动负债总额的比值。计算公式为：

现金流动负债比 = 经营现金净流量 ÷ 流动负债总额

此指标越大说明越能保障企业按期偿还到期债务，但是，这个指标比率并不是越大越好。通常认为，运作比较好的公司其现金流量比率应该大于 0.4，如果这个指标太大，比如大于 1，说明经营现金净流量远远大于流动负债总额，极大地降低了现金的利用率，同时也降低了企业的获利能力。

3. 现金债务总额比

现金债务总额比是经营现金净流量与债务总额的比值。计算公式为：

现金债务总额比 = 经营现金净流量 ÷ 债务总额

此指标越高，说明企业承担债务的能力越强。反映了企业经营活动现金流量偿付所有债务的能力。

三、资本支出能力分析

现金流量表资本支出能力分析，主要用于反映资本的支出能力。代表性指标为普通股每股现金流量和现金股保障倍数。

1. 普通股每股现金流量

普通股每股现金流量是经营活动现金流量与流动在外普通股股数的比值。计算公式如下：

普通股每股现金流量 = 经营活动现金流量 ÷ 流动在外普通股股数

本指标用来反映企业支付股利和资本支出的能力。该数值越大，企业支付股利的能力以及资本支出能力越强。

2. 现金股利保障倍数

现金股利保障倍数是经营活动净现金流量与现金股利的比值。计算公式如下：

现金股利保障倍数 = 经营活动净现金流量 ÷ 现金股利

此指标反映本年度内，企业经营活动净现金流量用来支付现金股利的能力，如果越大，说明企业支付现金股利的能力越强，股民获取现金股利也越有保障。

四、盈利能力分析

现金支付表盈利能力分析，主要利用销售净现率和净利润现金比率两个指标反映企业的盈利能力。

1. 销售净现率

销售净现率是经营现金净流量与销售收入净额间的比率。计算公式如下：

销售净现率 = 经营现金净流量 ÷ 销售收入净额

此指标反映主营业务资金回笼的情况。资金回笼率越接近 1，说明资金回笼的速度就越快。但是，也不是销售净现率越高越好，如果这个指标太高，势必会影响企业销售量的合理扩大，从而直接影响了企业的盈利水平。

2. 净利润现金比率

净利润现金比率是经营现金净流量与净利润间的比率。计算公式如下：

净利润现金比率 = 经营现金净流量 ÷ 净利润

很显然，该比率越大，企业盈利质量越高。如果该指标小，说明企业净利润相对较大，经营现金净流量相对较小，说明本计算期中，存在很多还没有实现现金收入的收入，这种情况下，即便是业务量大，也可能发生现金短缺，这种短缺如果不能维持企业生产的继续投入，那么就会影响到企业的正常生产和存续。

五、企业再投资能力分析

企业再投资能力主要利用了再投资比率指标。该指标是经营现金流量与资本性支出间的比值。计算公式为：

再投资比率＝经营现金流量 ÷ 资本性支出

此指标反映在本计算期内，经营现金流量可以弥补资本性支出的程度，如果该指标大于1，说明企业扩大生产规模、创造未来现金流量或者利润的能力非常强；如果小于1，说明企业经营现金流量无法弥补资本性支出，企业要完成扩大生产的任务，还必须筹借外部资金。

本章小结

◆ 认识现金流量表

○ 现金

——现金资产＝负债＋所有者权益－非现金资产。

——非现金资产主要包括三类应收账款、存货和固定资产。

○ 现金流量

——现金流量是企业一定时期的现金流入与流出的数量。

——经营活动。

——投资活动。

——筹资活动。

○ 现金流量表的结构

——现金流量表由表头、主表和补充资料三部分构成。

○ 现金流量表要解决的问题

——有利于分析、评价和预测企业未来产生现金流量的能力。

——有利于对企业的财务状况做出合理的评价。

——有利于分析和评价企业经济活动的有效性。

◆ 现金流量表生成过程

○ 第一步，填列表头

○ 第二步，经营活动所产生的现金流量

- ○ 第三步，填列投资活动所产生的现金流量
- ○ 第四步，筹资活动产生现金流量
- ○ 第五步，补充资料（第一部分）
- ○ 第六步，补充资料（第二部分）
- ○ 第七步，补充资料（第三部分）

◆ 现金流量表分析

- ○ 结构分析
- ○ 偿债能力分析
- ○ 资本支出能力分析
- ○ 盈利能力分析
- ○ 企业再投资能力分析

第七章

用财务信息总揽全局

能够静下心来认真计算企业财务数据指标的人只是少数，恐怕大多数非财经专业的创业者都缺乏完成这种工作的信心和耐心。其实对于创业者来说，用财务信息总揽全局，对行业经济的发展变化有一个大体的认识，应该更为实用一些。

虽然笔者的专业不是经济学，而是管理学，但是看惯了企业的财务报表，也可以感觉到中国经济的实际变化，甚至有信心远眺未来。当看到利润金额、利润率排行榜，或是成长企业排行榜时，就可以一目了然地看出时代的变化。边观察排行榜边思考的时候，可以深切地感受到时代的快速变迁。

现在是地产、电商经济时代。要解决若干城市新人口的基本生计问题，不是一朝一夕就能完成的，因此中国每年公布的财富榜单的前几位，总是被这类行业的企业所把持。长江后浪推前浪，没有永远繁荣的企业，这是历史的事实。一定会有新兴势力登场，从而抛下传统企业。变幻无常才是商场中严酷的逻辑。

本章将引用一些外籍教科书中关于日本企业的资料来教大家如何用财务信息总揽全局。这样做的好处有两个：其一是可以避免采用中国企业的资料来分析引起不必要的额外麻烦；其二是经济界有一种声音，认为中国的经济可能在复制日本经济的老路，所以以10年前的日本企业为鉴也不失为一种有益的思路。

第一节 企业排行榜

10年前的日本与中国当前一样，也是全民娱乐时代。日本不久之前主流娱乐是游戏，但是曾经春光无限的游戏业霸主任天堂已成明日黄花，索尼的游戏业务也已经没落。娱乐的主力已被手机代替。正因为如此，目前世界上最大的移动通信公司之一（NTT DoCoMo）的股票市价总值曾在日本排行第一。但其母公司——日本电报电话公司（NTT）的股价却持续下滑。

在20世纪90年代前期还很低迷的汽车行业，后来势头强劲。2005年1月丰田超过NTT DoCoMo，成为股票市价总值第一的企业。然而，也有三菱汽车这样一筹莫展的公司。胜者和败者，两极化格局明显。

一、主营业务收入排行榜

表7－1列举了2003年度的主营业务收入排行榜的前20家企业，我们可以从整个排行榜中读取以下信息：

表7－1　2003年日本企业主营业务收入排行榜（金融业企业除外）

排名	企业名称	收入额（亿日元）	同比增长（%）	排名	企业名称	收入额（亿日元）	同比增长（%）
1	丰田	17657	44	11	JR东日本	2253	11
2	NTT	15273	9	12	JFE	2183	210
3	NTT DoCoMo	11011	6	13	日本烟草	2135	23
4	日产汽车	8096	14	14	伊藤洋华堂	2007	6
5	本田	6419	5	15	电装	1962	18
6	佳能	4481	36	16	关西电力	1873	7
7	武田药品	4460	10	17	中部电力	1849	8
8	东京电力	3077	14	18	Vodafone	1812	33
9	KDDI	2745	240	19	新日铁	1728	250
10	日立制作所	2371	240	20	松下电产	1708	250

- 除去金融业，主营业务收入超过1700亿日元（约合110亿元人民币）的企业达到20家。
- 汽车行业占据了强势地位。
- NTT2/3以上的利润依赖子公司NTT DoCoMo。
- 手机服务提供商（NTT DoCoMo和KDDI）发展顺利。
- 生产数码相机以及打印机等产品的佳能公司收入增加。
- 长久位于排行榜之外的电器制造商（日立、松下）再次进入了排行榜，收入增长了2倍以上。
- 主要考察前50位企业排名，在电子行业当中的NEC（第24位）、东芝（第

26位）、京瓷（第34位）、夏普（第36位）等大步跃进，主营业务收入超过了1000亿日元(约合64.7亿元人民币)。另外索尼(第27位)的收入减少了四成。

- 钢铁企业（新日铁、JFE）收入大幅度增加。
- 三菱商事(第24位)、住友商事(第38位)等商社也回归到千亿日元俱乐部。
- 能源类行业企业（电力、JR东日本等）依旧呈上升趋势。
- 伊藤洋华堂集团是零售业中唯一上榜企业。

从以上概况中，应该可以感受到日本实体经济的情况。很明显，数码家电跃为IT的主营产品，但是竞争很激烈，排位更换非常快。

实际上，对IT业、汽车业、钢铁业或是商社、海运、造船等行业给予巨大支持的是中国的经济发展。中国不仅国内消费活跃，对日本企业也同样带来了巨大的经济利益。

另外，垄断性行业（银行、电力、烟草等企业）依然强势，这与中国的情况十分类似。

二、主营业务利润率排行榜

现在让我们看一看主营业务利润率排行榜，如表7-2所示。

表7-2　2003年日本企业主营业务利润率排行榜（金融业企业除外）

单位：%

排名	企业名称	利润率	同比增长	排名	企业名称	利润率	同比增长
1	立飞企业	54.4	2.7	11	Faith	34.3	—
2	雅虎	53.4	13.5	12	FANUC	32.3	1.8
3	基恩士	50.0	7.2	13	DAIBURU	32.1	－0.1
4	光荣	44.0	－0.4	14	广濑电机	31.6	2.2
5	USS	41.4	－4.0	15	有明	31.2	1.4
6	Union	39.4	33.3	16	SANKYO	30.8	5.3
7	武田药品	39.3	0.6	17	TOC	29.8	—
8	小野药品	38.7	0.1	18	OBIC	29.1	0.8
9	Seven-Eleven	35.7	－0.6	19	Sammy	28.4	－2.4
10	京阪神不动产	34.5	0.2	20	太平洋金属	27.0	13.4

在这个排行榜当中，房地产属于强势行业，如立飞企业、京阪神不动产、DAIBURU、TOC等。房地产长期以来都是日本这个国家的价值所在，好像可以说“房地产是永远的”。这一点与中国当前的企业排行情况极为类似。

我们的目光总是被利润总额所吸引，但是高利润率更加重要。

这就是所谓的“在有余量的基础上赚大钱”，其主要产业是金融业、娱乐业、IT 业、生物医药业。

IT 行业中，2004 年日本赚钱的是战略零件、战略软件、战略生产设备等公司。手机或是笔记本电脑等数字家电产品上演着激烈的价格战，因此生产这些产品的厂家实际上没有赚多少钱。但是像英特尔这样的公司，无论什么笔记本电脑都是“Intel inside”，就可以通过大批量的生产来谋求大量利润。生产通用手机零件（被称为战略零件）的公司，如广濑电机也应该同样赚钱。无论哪一个生产厂家，都要使用同样的生产设备生产产品时，这种设备被称为战略生产设备。制作 Windows 的微软公司，则是制作战略软件的公司。

娱乐包括打弹子、游戏、网上拍卖等。雅虎最为赚钱的就是网上拍卖。Faith 专门制作手机铃声。光荣是制作游戏软件的公司。SANKYO、Sammy 是弹子机公司，弹子机在日本也是娱乐业的主力之一。

有意思的是有明公司。日本人都很喜欢吃拉面，在涩谷或是新宿等地从古至今“拉面战争”一直都很激烈。有明公司制作拉面（也包括方便面）、便利店副食、外卖店调味品等。这家公司可以被列入制作“战略材料”的公司。

可以把上面的利润额与利润率结合起来，制作成一幅产业地图，如图 7－1 所示。

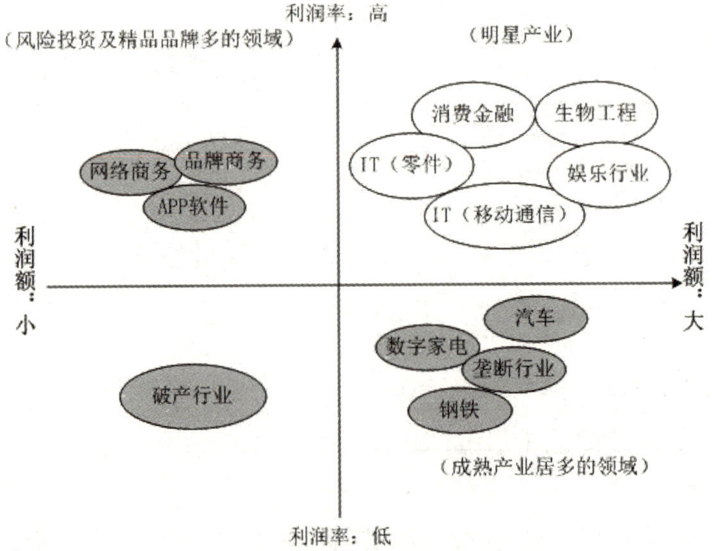

图 7－1　由利润额与利润率显示的产业地图

图7－1中的横轴显示了利润额的大小，纵轴显示了利润率的高低。利润额大、利润率高的产业（第一象限），是这个时代的明星产业，可以称为龙头产业。虽有些企业利润率不高，但是在某一个行业中占据领袖地位，也可列入第一象限。第四象限表示的是利润额大、利润率低的产业领域。虽然都是重要的领域，但是有很多业已成熟的产业。与此相反，左上象限（第二象限）表示利润额稍微少一些，但是利润率高的领域。这包括新兴的合资企业，也包括精心保护着自己门前暖帘的老字号。

第二节　消费金融公司

中国很多年轻人热衷于贷款消费，让我们一起了解一下日本的消费金融公司。

一、武富士的起落

2002年和2003年，日本所有的大银行都连续公布出巨额的赤字。到了2004年，虽然表面上公布盈利，但是谁也不会相信它们已经结束了对不良债权的处理。仅仅从利润额和利润率上来看，消费金融在2004年是日本的明星产业。这种说法，很多商务人士会皱起眉头，特别是从事实体企业的人更会表现出露骨的厌恶之情。但是，在日本以武富士为首的消费金融公司利润可以达到1000亿日元以上呢？更令人困惑的是，武富士在2003年曾经发生了董事长指示窃听记者电话的事件后，其后无论是营业活动还是广告宣传都处于停止状态。即便如此，在2004年度其也达到了1390亿日元的主营业务收益。2001年，其主营业务收益为2400亿日元，主营业务收益率更是高达60%，就利润率而言，武富士是当时日本所有企业中的老大。然而到2010年9月底，武富士决定向东京地方法院申请破产保护，10月29日，武富士在东京证券交易所的股票摘牌退市，其在伦敦的证券交易也被摘牌退市。武富士破产的消息，在日本金融界引起巨大震动。由于投资者担心其他企业也会受到武富士崩塌的冲击，三菱日联金融集团、三井住友金融集团等公司的股价亦应声大挫。

武富士由武井保雄创办于1966年，前身是“富士商事”，靠发放小额消费贷款起家，30多年后成为消费金融领域的头号巨头。1999年美国《福布斯》杂志全球富豪排行榜上，武井保雄以 78 亿美元资产成为“日本首富”。日本金融界普遍认为，武富士破产虽然不太可能像美国雷曼兄弟破产一样引发日本甚至全球消费金融领域大地震，但仍值得警惕。

为什么会发生这样的事情呢？

一说到消费金融，大家可能会联想到黑市贷款催债。确实消费金融公司良莠不齐，在行业的底层，有着跋扈的黑暗世界。但是大型的消费金融公司如果靠黑社会组织来催债的话，企业不可能长久存在，绝对成不了大企业。同样地，把钱借给多重债务者，企业也绝对无法成功。如果把钱借给多重债务者的话，会导致还款困难剧增，这是绝对做不成生意的。但是为什么消费金融公司能够成长呢？要回答这个问题，我们就必须分析客户对象。

对于大型消费金融公司而言，一半以上的客户都是二十几岁的年青一代。但是让人意外的是，“坏账”的比率很少。虽然目前这些公司坏账率呈上升倾向，但其充其量也就是贷款总额的 7% ～ 8%，这和银行的坏账率相比并不高。譬如，在日本之前已经破产的足利银行不良贷款率高达 50%，已经崩溃的大和银行的不良贷款比例为 30%。

因为与银行的担保融资主体相比，消费金融公司是无担保的融资。大型消费金融公司会把钱借给“可以信任的消费者”。但是其客户到底是谁呢？可以通过相关企业的电视节目或是报纸广告来确认其客户群体，因为打广告的目的就是吸引目标客户。大量放映的有关消费者金融公司的广告，出现的人都是消费金融公司的客户（或是公司想要进行推销的目标客户形象）。这是商业广告，当然不会出现多重债务者。其目标用户虽然是钱不够用的人，但是其中没有黑暗面。

武富士总经理武井保雄认为“公务员以及在上市公司和员工超 400 人的公司中工作的人数占就业人口的 1/4，剩下的 3/4 是难以从公司或是银行借出钱来的阶层。借给这些人钱，就是武富士的价值所在”。消费金融公司的用户当中，20 多岁的年轻人是主要客户群。他们需要支付很高的利息，为什么还要借钱呢？另外，为什么他们是比较少产生坏账、可以信任的客户群呢？

在利率很高的情况下仍然要借钱，第一个原因就是消费金融公司对于需要现金的人来说是很方便的。特别是 20 多岁的年轻人，可以说是看到了想要的东西就想马上买。这时候，从银行借钱不见得那么容易。从这一点来看，消费金融公司 24 小时都为用户敞开大门。其审查过程简单，可以快速地进行融资。对于年轻人而言，再没有比这更加方便的了。虽然利息很高，但是在短时期内利息金额并不会变得特别巨大。所以，用户不会觉得利息很高（当然这里说的是借款期限不长、金额不大的情况）。

然而，2006 年日本最高法院规定所有超过《利息限制法》上限的利息均为无效，且贷款额不得超过借贷者年收入的 1/3。按照以前的规定，只要借贷人同意，年利率上限为 29.2%。这样一来，日本几乎所有的消费信贷公司都选择了 29.2% 的年利率。而日本最高法院的新规的意思是，消费贷款公司的年利率以后不得超过 20%，而之前多出的利息部分要全部退还给借贷者。这一法令从 2010 年 6 月 18 日起全面实施。武富士持续 40 年的增长神话从此戛然而止。2008 年开始新一轮的金融危机更让其雪上加霜。2009 年，国际评级机构穆迪和标准普尔都将其信用调低为垃圾等级。截至 2010 年 3 月，其未偿放贷金额为 70 亿美元，是 8 年前的 1/3，而其负债额则超过 50 亿美元。

中国消费金融业的发展略有畸形。与日本相比，中国先前提供消费信贷服务的金融机构类型较少，众银行占有绝对垄断地垃，但大多以车贷、房贷和信用卡等初级形态为主，盲目扩大规模甚至恶性竞争。著名咨询机构费埃哲在 2010 年发布银行风险管控季报称，中国银行业面临的最大挑战将是消费信贷规模增长过快，“过去 10 年间，中国（银行业）消费信贷增长了 200 倍”。

二、自由职业者

日本武富士消费金融公司的故事引出了另一个话题。可能有人会说：“何必要去金融公司，可以使用信用卡啊。”但是，并不是所有人那么容易就可以拿到信用卡的，如被称为自由职业者的人群。

2016 年高校的毕业生超过了 750 万人，其中的自由职业者人数众多，还有被称为“啃老族”的、不工作也不去上学的年轻无业人员，这些人给社会带来了冲击。大学生之所以成为自由职业者，原因之一是企业延缓了人才招聘，大型企业不想聘用正式员工。所以失业率上升，自由职业者持续增加。便利店或是快餐连锁等产业的生存必须依靠自由职业者的存在。现实的情况是，打工或兼职比率高的企业在不断成长着。

当然还有其他原因。对于大学毕业生而言，如果不说什么大材小用的问题，找个工作还是很简单的。但是，现如今的大学生中，有的人不想成为工薪一族。可以一览无余地看到退休为止的未来生活的工作，对他们没有吸引力。他们认为与其选择可以看到未来的生活，还不如选择看不到未来的自由职业。所以不能说选择自由职业的学生就一定是懒惰的人。

年轻人虽然没有什么钱，但消费水平却是一流的。在资源丰富的社会环境中长大的他们，熟悉最流行的产品。他们使用最新型的笔记本电脑或是手机，服装、提包也使用一流品牌，更是热衷于旅行。正是由于他们对最新产品有着“马上想要”的欲望，所以生产厂家或是品牌企业才得以繁荣。而笔者的手机还是几年前买的国产“华为”手机，其能通话就可以了。但是年轻人却不断舍弃还很好用的手机，追逐最新款。支持这些行为的，可以说是消费金融公司。虽然并不是所有的年轻人都会去借钱，但是手机公司、电脑公司、数字家电厂商，都应该感谢消费金融公司。销售名牌商品的公司也是一样，主力消费群是没钱的年轻人，消费金融公司支援了他们。

尽管年轻人没有钱，但他们也是较少产生坏账、可以信赖的用户。为什么这么说呢？因为如果告诉他们的父母，孩子借钱了，那么父母就会脸色铁青地赶来还贷。如果不希望知道，那么年轻人就严守约定，宁愿降低消费水准，也不愿意让双亲知道，这样的年轻人还是很多的。

有很多年轻人拥有继承父母财产(如不动产)的权利。如果继承权也被包含在持有财产中的话，那么绝大多数年轻人都可以说是“有房子的有产者”，实际上他们在资产方面是很富有的（可以说是潜在的有产者）。有父母的资产作为后盾，这就是收入低的年轻人借款消费的原因。与此相关的，就是消费金融公司。

中国当前有一项重要的政策导向就是“拉动内需”。但是，扎扎实实的老一辈的叔叔们，却不是那么喜欢花钱，这是因为他们面对未来有不安全感。如果没有办法激发充满活力的年轻人，或是叔叔辈的人进行消费的话，就难以振兴内需。实际上很多家庭主妇与年轻人一样都是“剁手党”，这些人也是消费金融公司的目标群。主妇们不但喜欢网购，也会进商场购买很多名牌商品。

第三节 信息化与金融化

企业为迎合消费者的心理做出了大量的努力。在日本，消费金融公司的低成本运行是很了不起的。它们从很早开始就致力于通过信息化降低成本，如“自动售卖机”，也很早就可以通过互联网或是手机实现接入。在日本，如果你从车站出来，可以看到在车站前建起了豪华门面的是银行。与其相比，在车站附近的小巷中的银灰色大楼上布置门面的是消费金融公司。高成本的银行业衰落，贯彻低成本路线的消费金融公司繁荣，也是理所当然的。

一、信息化与金融化的融合

任何时代都会有明星产业，现在业绩优良的企业，也会对下一时代的明星产业感兴趣。大家都想在明星产业中分一杯羹。如果不这样的话，那么真是可以眼看着企业在不知不觉中衰退。金融业的本质应该是信息产业，其主要工作并不是搬运现金。所谓融资，就是“给予信用”，把信息从一个账户移动到另一个账户。所以，金融机构就成了像 IT 机器那样模块状结构的公司。

如果说金融业就是 IT 产业本身，其实言不为过。实际上，IT 企业和金融业距离很近。IT 公司进军金融业也是理所当然的。另外，在富裕的社会中，花钱买乐趣这类消费已成为主流。因此，娱乐企业是金融服务业及相关协作行业的一个综合体。如果消费者可以从金融公司借到钱去玩的话，那么娱乐企业也可以借钱给消费者进行娱乐。因此，娱乐公司也能进军金融业。实际上在中国很多企业已经加入了主导产业为消费金融等非银行的金融机构。另外，想要加入的企业现在仍然络绎不绝。

一些所谓的“实体企业”，虽然没有直接进入金融业，但是其产品（如手机）已成为“钱包手机”，或者通过自动贩卖机或是电子客票等提供了金融服务的基础设施，逐渐构建了可以收费的体制。如果手机可以具备信用卡或是充值卡功能的话，那么就能够涉及消费者所进行的所有金融交易。通信费用已经进入了价格竞争，不能依靠通信费用吃饭的时代已经来临。

比如，大家熟知的日本索尼公司，是拥有索尼银行、人寿保险、损害保险的综合金融公司。另外，作为消费者接口的网络终端，拥有电视、个人电脑、游戏机、手机、AIBo 等，可以说索尼产品全部都是娱乐型商品。不仅通过销售网销售产品，也把娱乐内容（音乐、游戏、电影等）作为通过销售网销售的基础设施。其结算方式，或是包括融资在内的金融运作被视为“必杀之技”。在其公司简介中，索尼的主业被总结为电子、娱乐、金融。这三个主业已经被列为现代主导产业，真不愧是一家见机行事、灵活机动的公司。丰田公司有“丰田银行”之称，是一家拥有大量资金的公司。最开始其金融业务是汽车贷款（销售贷款）以及面向经销商或是交易方企业的商业贷款。丰田已经拥有自己的信用卡、证券以及损害保险等公司，实现了公司的综合金融化，也收购了美国的一家银行。但是，在对其未来的构想当中，成为金融业的最大基础的是汽车。丰田不断推出安装了通过网络支持驾驶的“GIBOOK”终端的汽车和ETC服务进行了整合。丰田公司使这些系统和信用卡结算或是贷款连接在一起。日产、本田虽不像丰田公司这么大张旗鼓，但是也在展开金融业务。

在中国，著名的世界500强企业大连万达集团，旗下拥有万达商业、文化集团和金融集团三部分业务。万达商业是全球规模最大的不动产企业。截至2016年9月9日，已在全国开业160座万达广场、101家酒店，持有物业面积2831万平方米。万达文化产业集团是中国最大的文化企业，资产903亿元，2015年收入512亿元，旗下包括影视、体育、旅游、儿童娱乐4家公司。万达金融集团旗下拥有网络金融、投资、保险等公司，为商家和消费者提供“一站式”创新金融服务，2015年收入209亿元。而中国另一家著名企业阿里巴巴集团，是中国最大的网络公司和世界第二大网络公司。该集团由电子商务起家，目前的业务范围包括阿里系的电子商务服务、蚂蚁金融服务、菜鸟物流服务、大数据云计算服务、广告服务、跨境贸易服务、前六个电子商务服务以外的互联网服务。中国的很多企业在与信息化与金融化结合的过程中，也在走向同样的道路。

二、生物科技产业

另一个明星产业是生物科技产业。新一代的生物技术不断发展。生物科技就是人们通过分子结构解析遗传基因或是蛋白质，从而明确其结构以及功能架构的一种技术。有一种观点认为，生物科技也可以被认为是信息产业。生物科技是为了解开人类和生物体宏大的微观世界之谜的信息产业。在生物科技的研究场所中，排列着解析仪器、大型计算机等设备。因此，高收益企业也多希望加入这一领域。例如，在日本，索尼、日立、本田、丰田这些企业，已经在生物科技研究领域投入了大量的研究开发费用。索尼及本田也正和理化学研究所、DNA研究所这些生物科技的尖端研究所一起合作。如果用他们的话来讲，那就是“所有的商务活动都趋向对人类的理解”。越能够接近对人类的理解，则所有的商务活动越有价值。其结局是商务活动成为使人类幸福的手段。生物科技在今后也会是人类一直关注的产业领域。

第四节　中小企业的商机

说起商机，我们总是想起房地产、高科技。但是，这些领域主要被大企业所掌控，中小企业在这些领域中几乎难有作为。但是，一个社会在很多方面都存在着结构革新中的空白之地。例如，如果革新了消费习惯或是商务习惯，就会带来商机，像现在的“互联网 +”就是一个很好的平台。再如，由于很多地区的基础设施改进得很慢，这里面也会有商机。实际上，如果在这些领域中，提出一个可行的新方案，就有可能获得成功。

表 7－3 是 2003 年和 2004 年日本新兴股票市场企业成长的排名。这个排行榜是根据会计数据中成长指标等为基础由分析家们评估的结果。让我们假设他们的评估是正确的，则最有前景的风险投资企业是“停车场信息咨询服务”以及“二手名牌商品的流通行业”(2003 年)，还有“99 日元店”(2004 年)。

表 7－3　日本新兴股票市场企业成长排行榜

2003 年			2004 年		
排名	公司名称	业务领域	排名	公司名称	业务领域
1	日本停车场开发	停车场的开发	1	99plus	99 日元店的运营
2	Komehyo	新旧商品的买卖	2	日本 Verisign	电子认证机关的构建
3	Medinet	免疫细胞疗法	3	Macromill	网络使用调查
4	日本高纯度化学	贵金属电镀用化学药品	4	Honeys	女性服饰面料
5	Airlink	固定资产租赁	5	Chip 1 stop	半导体电子商务贸易
6	日本风机开发	风力发电厂的开发运营	6	Netprice	电话邮购
7	Mock	宴会招待业务代理	7	Connect - tech	移动电话系统开发
8	Axell	大规模集成电路的开发	8	MORESCO	化学品制造销售
9	Sunjapan	系统开发	9	So - netm3	制药公司市场支援
10	Atimes	免费招聘信息杂志	10	大黑天物产	24 小时营业折扣店

其中很有意思的是 2003 年排名第 7 位的 Mock 公司，其主营业务是“代客人举办宴会”。大家有没有帮助别人举办宴会的经验呢？无论是筹划消暑会还是忘年会都是很难的。参加者们认为办得好是理所当然的，所以如果有不完备的地方，有的人就会嘟嘟囔囔发牢骚。“饭菜香不香”“花销是否在预算范围内”“吃饭的环境如何”“有没有可以大声说话的单间”“吃完饭之后，去的卡拉 OK 是否很近”等，所有这些事情 Mock 公司都可以解决。这家公司还能够根据客户要求，

对店铺环境布置提供建议。就这样，Mock公司成长起来了。

在这个排行榜中，高科技风险投资占了一半，所谓的低科技风险投资企业也差不多有一半。在日本，还有太多的低科技领域需要革新。如果对这些新兴业务展开联想，那么还有很多可以发挥的余地。

商务是一种创造，今天的我们仔细思量，会发现今天的中国也同样有很多商机。对大家而言，还是可以有很多创业的计划可行的！

本章小结

◆ 企业排行榜

○ **主营业务收入排行榜**

——数码家电跃升为IT的主营产品，但是竞争很激烈，排位更换非常快。

——对日本IT业、汽车业、钢铁业或是商社、海运、造船等行业给予巨大支持的是中国的经济发展。

——垄断性行业（银行、电力、烟草等企业）依然强势。

○ **主营业务利润率排行榜**

——房地产长期以来都是日本这个国家的价值所在，好像可以说“房地产是永远的”。

——我们的目光总是被利润总额所吸引，但是高利润率更加重要。

——所谓的“在有余量的基础上赚大钱”，其主要产业是金融业、娱乐业、IT业、生物医药业。

——可以把上面的利润额与利润率结合起来，制作成一幅产业地图。

◆ 消费金融公司

○ **武富士的起落**

——在利率很高的情况下仍然要借钱，第一个原因就是消费金融公司对于需要现金的人来说是很方便的。

——中国银行业面临的最大挑战，将是消费信贷规模增长过快。

○ **自由职业者**

——并不是所有人都那么容易就可以拿到信用卡的，如被称为自由职业者的人群。

——大学生之所以成为自由职业者，原因之一是企业延缓了人才招聘，大型企业不想聘用正式员工。
——年轻人虽然没有什么钱，但消费水平却是一流的。
——尽管年轻人没有钱，但他们也是较少产生坏账、可以信赖的用户。
——中国当前有一项重要的政策导向就是“拉动内需”。

◆ 信息化与金融化

○ **信息化与金融化的融合**

——所谓融资，就是“给予信用”，把信息从一个账户移动到另一个账户。
——在中国很多企业已经加入了主导产业为消费金融等非银行的金融机构。

○ **生物科技产业**

——有一种观点认为生物科技也可以被认为是信息产业。
——生物科技，是为了解开人类和生物体宏大的微观世界之谜的信息产业。
——越能够接近对人类的理解，则所有的商务活动越有价值。其结局是商务活动成为使人类幸福的手段。

◆ 中小企业的商机

—— 一个社会在很多方面存在着结构革新中的空白之地。
——实际上，如果在这些领域中，提出一个可行的新方案，就有可能获得成功。
——商务是一种创造，今天的我们仔细思量，会发现今天的中国也同样有很多商机。

第八章

粗略解读商务模式

《孙子兵法》有一句话叫作“知彼知己，百战不殆”。经营总是被人们比喻为战争，其最为重要的是制订出一个好的战略计划。孙子认为，好的战略首先是从知彼知己开始的。“知彼”换在经营方面来说，就是要了解客户，特别是需要了解作为最终客户的消费者。要做到这些，就必须进一步了解对消费者产生影响的市场环境以及竞争对手的情况，这被统称为“经营环境”。“知己”，指的是了解自己的意志和力量。如果没有意志，就不能树立目标；在力量达不到的情况下勉强地建立目标，也不能得到好的结果。了解环境，了解自己，这样就可以制定出卓越的经营战略。这就是“知彼知己，百战不殆”的含义。

但是战略，只是基本的设计蓝图，仅仅凭借设计蓝图是不能实现良好经营的。建造高楼大厦，不仅需要基本的设计蓝图，更需要的是执行。执行经营的过程被称为“运营管理”。在运营管理当中，根据战略，采购机器和材料，并有监督者或是操作员集中在现场工作，如果信息不充分的话，则寻找合作公司，这就是经营的“人、物、财、信息”等要素。在集中了经营资源之后，适当地进行分配和投入，这样才会使工作进展顺利。

为了使资本增加，也就是为了企业的成长，企业要选择可以提高利润的业务。流动资本正是为了赚钱而投入的。为了赚钱而发生的一系列活动，就成为经营过程。经营者的想法不同，所以将哪一种资本的变化、哪一项视为企业成长指标的处理方法也不尽相同。有的经营者认为赚钱才算是企业成长；有的经营者会认为只有人才质量提高才算是企业成长的证据；有的经营者会把所拥有的大楼数量、土地面积等，也就是“物”作为成长指标；有的经营者却注重技术累积（就是信息）。这里的重点，是重视什么样的经营资源，特别是企业必须不断提高固定资本的质量，并且进行扩大与再生产。为了使资本资源得到成长，只有进行可以盈利的扩大再生产活动，才是经营的本质（如图 8－1 所示）。

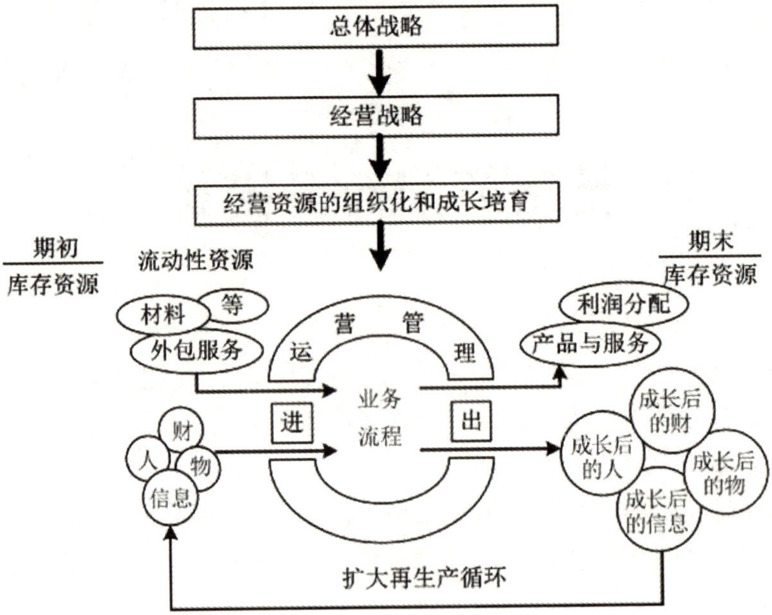

图 8－1　战略规则与运营管理

本章将继续以一些日本教科书中列举出的企业财务报表为例，讲一讲如何通过这些财务数据粗略解读商务模式。

第一节　财务报表的简易解读

尽管我们在之前的章节，用比较简洁的思路向大家介绍了一些利用财务指标进行财务报表解读的方法，但是对于非财务专业的创业者来说，可能仍然觉得计算这些指标过于麻烦。所以在这里，我向大家介绍一种“金额比例尺”方法，来简易解读财务报表。

一、金额比例尺

财务报表中的金额就是尺度，可以把金额置换为每个项目上的长度在表中体现，这就是“金额比例尺”。例如，把总资产有100亿元的企业的资产负债表用10厘米表示，其中如果实际存款是10亿元，固定资产是50亿元的话，那么可以把实际存款用1厘米、固定资产用5厘米的高度来表现。同理，如果销售收入合计是100亿元，用10厘米来表现的话，那么人工费是20亿元，经费是50亿元，利润是30亿元，各自可以用2厘米、5厘米、3厘米的高度来表现。这样一来，我们当然会首先关注资产负债表与利润表的平衡问题，并且会把目光集中在大项的金额上。这些金额就是重点。

让我们以日本企业武富士的一份资产负债表（如表8－1所示）和利润表（如表8－2所示）为例，来看看如何使用金额比例尺。首先，如果在专业术语当中出现了不知道的词，请先忽略它们。请大家抱有“总会明白的”这种乐观态度，实际上，如果用“金额比例尺”来表示的话，某些小金额部分即使被忽略也没有关系。零头姑且不计，因为零头算不算都无所谓。

表8－1　武富士的资产负债表

编制单位：武富士　　　　2004年3月　　　　单位：10亿日元

资产	年初数	负债及所有者权益	年初数
流动资产：		流动负债：	
货币资金	65	短期借款	28
短期投资	1644	应付票据	
应收票据		应付账款	
应收账款		预收账款	
预付账款		其他应付款	
其他应收款	98	应付工资	
存货		应付福利费	
坏账准备	136	未交税金	
待摊费用		其他未交款	
一年内到期的长期债权投资		预提费用	
流动资产合计	1671	一年内到期的长期负债	168
长期投资		其他流动负债	36
固定资产：		流动负债合计	232
固定资产原价		长期负债：	
减：累计折旧		长期借款	331
固定资产净值		应付债券	415

续表

资产	年初数	负债及所有者权益	年初数
固定资产清理		其他长期负债	28
在建工程		长期负债合计	774
固定资产合计	167	所有者权益:	
无形及递延资产:		实收资本	30
无形资产		资本准备金	52
递延资产	61	内部股份	－40
其他长期资产		未分配利润	851
无形及递延资产合计	61	所有者权益合计	893
资产总计	1899	负债及所有者权益总计	1899

表8－2　武富士的利润表

编制单位：武富士　　2004年3月　　单位：10亿日元

科目	金额
主营业务收入	385
营业费用	261
财务费用	21
广告费用	11
坏账准备金转入	136
人工费用	22
租赁折旧费	13
其他	58
（营业利润）	124
营业外收入	18
营业外支出	3
（经常项目利润）	139
特别利润	1
特别损失	0
法人税等	65
（当期净利润）	75

二、武富士的低成本经营

我们把武富士的资产负债表和利润表绘制成为“金额比例尺”，如图8－2所示。

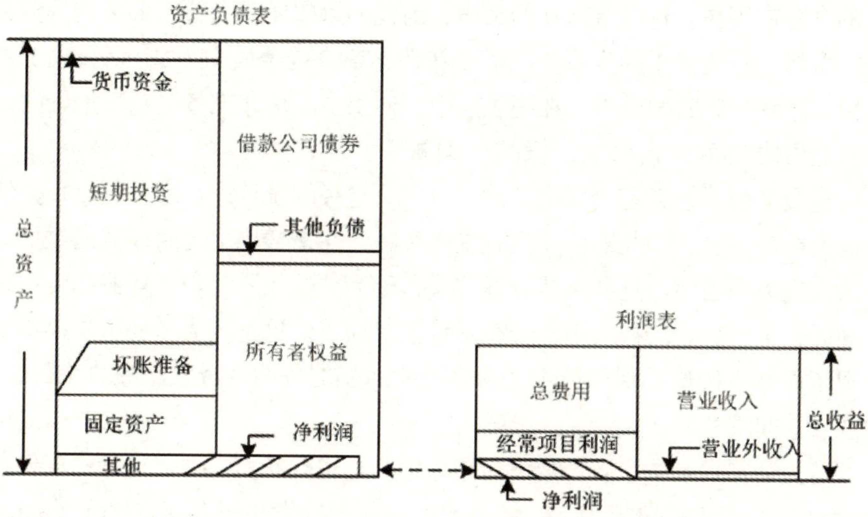

图 8－2　武富士的资产负债表和利润表的“金额比例尺”

武富士使用 19000 亿日元左右的资产，每年可以增加约 4000 亿日元的收益。这个 4000 亿日元，是其主业收益与主业之外收益（如有价证券出售）的合计金额。在经常利润项下有 1400 亿日元的利润，纳税后可以增加 750 亿日元的净利润。投入 19000 亿日元的资金，得到 1400 亿日元的利润，税前利润率为 7.4%，算是比较高了。让我们解读这个公司的财务报表，看看它为什么这么赚钱。贷款业赚钱的秘诀在于赚取很高的毛利。金融业的毛利被称为“利息外的富余部分”，无论是银行还是消费金融公司，都会低息收拢钱财，高息放贷并获利。有关武富士公司的利息外的富余部分，通过看其财务报表就可以大致明白。

从资产负债表中可以看出，其贷出的金钱总额为 16700 亿日元。通过这笔钱生出的利息，是利润表中武富士主业的收益，也就是营业收益 3800 亿日元。3800 亿日元 ÷16700 亿日元≈ 23%。同样，从资产负债表可以看出其借来的钱（借款与公司债务的合计被称为带利息的负债）的总额是 9400 亿日元。在利润表中可以看到，其支付的成本是财务费用 210 亿日元稍高于 2%。长期资金主体中 2% 的利息水平，是一种很有利的资金筹措方式。2% 利息的借款，用 23% 的利息贷出，这就是赚钱的原因。

总资产为 19000 亿日元，每一年的收益合计为 4000 亿日元，在资金的周转方面并不是很好。资产周转率约 4000 亿日元 ÷19000 亿日元≈ 0.21，每年只有约

20% 的资金在周转。这是金融业的宿命，因此如果想要赚大钱，那么贷款额必须要大。当然，在武富士的生意中，需要花费比筹措资金成本（210 亿日元）更多的费用，这就是坏账的成本。在图表当中，使用了“坏账准备”这一绝妙的词。实际上如果债权确实无法回收，称为“坏账”。

作为金融公司，肯定会发生坏账。由于有过去的统计值，所以可以预先估算其金额大约是多少。因此即使还没有发生坏账，在借钱出去的时候就已经把这一部分摊入到成本当中。这种金钱处理方式，称为“抵扣”，用“坏账损失”来表示。同样，生产厂家的报表中也会有这种预提项目，这是因为需要事先摊销由于客户退货而产生的产品保修成本。武富士的坏账准备约占贷款总额的 8%，占实际营业收益的 1/3。

武富士公司自己做广告、散发传单，但是这也要花费 110 亿日元的广告费。与此相比，人工费用仅仅为 220 亿日元。以前曾经发生过员工就加班费问题起诉公司的事件，从中就可以看出武富士在劳务管理方面的严格。其办公场所以及 IT 设备的租金、折旧费等成本为 130 亿日元，所以可以看出其运营成本很低。

第二节 大企业的商务模式

现在让我们利用“金额比例尺”方法，再来考察采用不同商务模式的典型日本大企业。

一、Seven-Eleven 的现金交易模式

1927 年创立于美国得州达拉斯的 Seven－Eleven，初名为南方公司（The South land Corporation），主要业务是零售冰品、牛奶、鸡蛋。到了 1946 年，推出了当时便利服务的“创举”，将营业时间延长为早上 7 点到晚上 11 点，自此，“Seven－Eleven”传奇性的名字诞生了。后由日本零售业经营者伊藤洋华堂于 1974 年引入日本，从 1975 年开始变更为 24 小时全天候营业。发展至今，店铺遍布中国、美国、日本、新加坡、马来西亚、菲律宾、泰国等国家和地区。

我们利用“金额比例尺”绘制 Seven－Eleven 在 2004 年 2 月的企业财务报表，如图 8－3 所示。

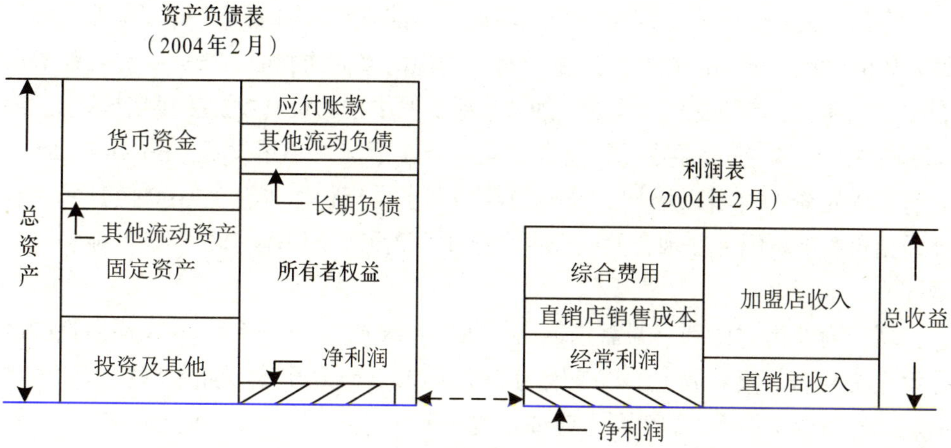

图 8－3　Seven-Eleven 的资产负债表和利润表的“金额比例尺”

Seven－Eleven 拥有 8900 亿日元的总资产，在此基础上进行贸易活动。从利润表中可以看出其每年增长的收入合计为 4800 亿日元。一瞥之下，会感觉这个公司的资本周转并不是很好。但是请注意，在资产负债表的资本中，有 3200 亿日元的实际存款。除了投资之外，Seven－Eleven 公司另外持有 2300 亿日元。可以看出，实际上这是一家备有大量资金的公司。在公司流动资产中，几乎没有库存或是应收账款等通常情况下必须作为周转资金使用的项目。另外，其应付账款有 1200 亿日元。

为什么这家公司没有库存和应收账款，而是持有大量的应付账款？这是因为其销售额越是增加，现金储备量越多，销售时现金交易，进货却是赊购。这样对自己有利的买卖非常少见。例如，制作盒饭的工厂把成品供应给加盟店。盒饭是很容易放坏的，只能在店铺中保存几个小时，一般情况下在几个小时内就可以卖完。加盟店把当天的收入总额打到总部的账户上。而做盒饭的工厂向便利店总部提交账单，总部汇集所有的账单，然后支付，结果是在期末留下了 1200 亿日元的应付账款。销售时采用的是现金交易，进货却是使用赊购，这真是让人垂涎的交易啊。这就是 Seven－Eleven 公司的商务模式。便利店的经销商总部，实际上在做着资金方面非常充裕的交易，所以有大量现金存款。这样一来，公司怎么可能不活力十足呢？

武富士贷出 164700 亿日元，其中 9400 亿日元是带利息的负债，也就是大概有 7000 多亿日元是自己的资本。关于 Seven－Eleven 公司，仅仅是实际存款都有 3200 亿日元，尽管没有武富士那么多，却也拥有雄厚的资金实力。

今天，便利店的有形固定资产在增加，以前其有形固定资产并不是那么多。最开始的时候，便利店在开发经销商时，劝说街道上的酒铺、米店等转变业务形态做总代理。总代理支付加盟金，加入连锁，业主自己负责投资提供店铺装修等。总部提供经营指导、商品、资金帮助等，一般情况下不用投资。Seven－Eleven的有形固定资产之所以增加，是因为其增加了“招租店铺”（2100亿日元左右都是招租店）。因为在现在的商业街或是主要街道，那里没有早期发展业务时的酒铺或是米店等。

现在商业街对便利店的需求很高。所以，现在Seven－Eleven在环境好的地方设立便利店，招募业主。这是因为Seven－Eleven有资金，如果在备有商铺的情况下招引业主的话，则更利于店铺发展。业主支付大约300万日元的加盟金后，总部就可以给其提供帮助了。总部准备好店铺，招募业主。这种方式符合时代行情，所以有相当多的人前来加盟。这些人都是下海一族，或是创业者。Seven－Eleven总部通过考察应招者的意志、能力等条件进行选择。据说第一代的便利店业主中有很多酒铺或是米店的少老板。与此相比，第二代的业主多是训练有素、能干的创业者。他们是在狭小的店铺中推进高收益的新业务方式的人，他们以金融业务为开端，伺机展开软件销售，或是网络销售等更加困难的服务。

加盟店的收入是3300亿日元，加盟店毛利的43%左右是作为提成被征收的。因此加盟店的毛利合计约为：3300亿日元 ÷43%≈7700亿日元。那么直销店的毛利率呢？直销店的成本率约73%（直销店销售成本1100亿日元 ÷ 直销店销售额1500亿元≈73%），毛利率约27%。可以认为，加盟店的毛利比直销店的毛利稍稍高出一些。这是因为直销店要进行新产品的试销等活动，寻找最佳运营模式。但是如果假设加盟店的毛利率与直销店的毛利率相等，则用加盟店的毛利合计额7700亿日元除以27%，可以计算出加盟店的总销售额，即28500亿日元。

以上是以假设的数据进行的推算，并不精确，日本顶级零售业的年营业总额可达到近3万亿日元。

二、丰田的金融业务模式

丰田汽车公司（Toyota Motor Corporation），简称丰田（TOYOTA），创立于1933年，世界十大汽车工业公司之一，是一家总部设在日本爱知县丰田市和东京都文京区的日本汽车制造公司，属于三井财阀。

说到丰田公司，你觉得这个公司有什么样的特征呢？

- 股票现值总额为全世界汽车公司的首位，也是日本企业中的老大。
- 2015 年的汽车销量位居世界第一。
- 在全世界范围内建立工厂，是著名的可以进行有效生产的公司。
- 使用“看板管理”，库存量少。
- 被称为丰田银行。

……

丰田公司早已实现了多元化发展，它已经不再仅仅是一家汽车公司。如果查看丰田的有价证券报告书中的业务领域，就可以充分理解这一点。像丰田这样庞大的公司，其商业项目和部门很多，我们把丰田公开发表的各部门的财务报表数据，以“金额比例尺”的形式为大家展示一下，如图 8－4 所示。

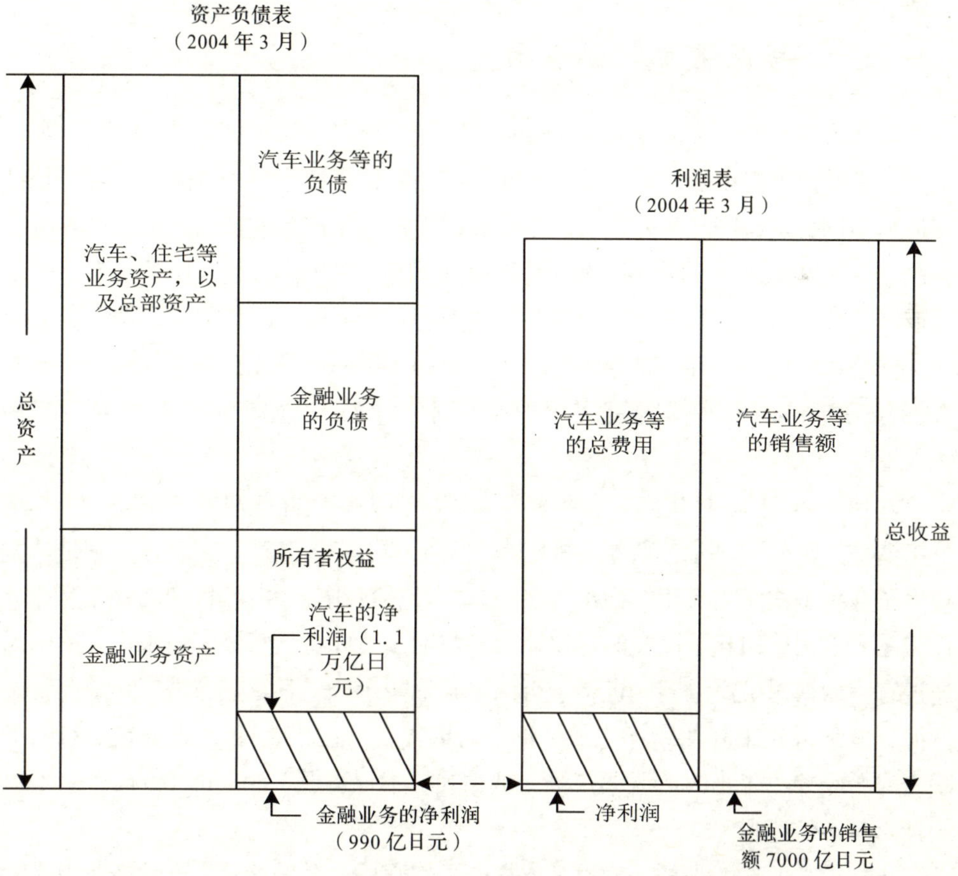

图 8－4　丰田公司的资产负债表和利润表的“金额比例尺”

观察资产负债表，发现丰田公司在金融事业中投入了 8 万亿日元的资金。其金融业务以外的资产 14 万亿日元当中，汽车业务的资产至少为 10 万亿日元。该公司向金融业务投入了接近其汽车产业资产总额的金额。这个事实说明了丰田在金融业务方面的认真态度。金融业务的 8 万亿日元资产中涵盖了 7 万亿日元的负债。负债中 6.8 万亿日元是借款或公司债券等带利息的负债。这与金融之外的业务中共有 1.7 万亿日元的负债相比，是一个很大的金额。金融业务的净资产为 1 万亿日元（资产 8 万亿日元 – 负债 7 万亿日元 = 净资产 1 万亿日元），1 万亿日元的净资产中增加了 7000 亿日元的营业额，最终增加了 900 亿日元的净利润。净资产的收益率是 9%。武富士的净资产利润率是 8.4%（净利润 750 亿日元 ÷ 净资产 8900 亿日元 = 8.4%）。如果只看这一点，那么丰田的生意比武富士做得好。

三、“索尼震撼”的原因

日本索尼公司（Sony Corporation）是一家全球知名的大型综合性跨国企业集团。索尼是世界视听、电子游戏、通信产品和信息技术等领域的先导者，是世界最早便携式数码产品的开创者，是世界最大的电子产品制造商之一、世界电子游戏业三大巨头之一。另外，索尼是由原好莱坞八大电影公司其中的三家：哥伦比亚影业公司、米高梅电影公司和联艺电影公司合并而成。索尼也是全世界最大的音乐公司，先后合并了哥伦比亚唱片公司和贝塔斯曼音乐公司并收购了百代的全部音乐版权业务，索尼还是世界十大专利公司之一，拥有超过 3000 项的专利技术发明。

2013 年 8 月 18 日夜间，有网友发布了疑似央视新闻频道的“截图”，称索尼申请破产，截图显示，新闻主标题是“索尼公司申请破产”，副标题则是“索尼电子业务全线溃败”，正在播出的字幕为“索尼的帝国已经瓦解，产品毫无亮点”，该截图一发出就引起了网友的热议，大多数网友对此将信将疑。后来，索尼中国通过官方微博对破产的新闻进行了否认，索尼表示，“索尼宣布破产”是谣言。然而，索尼近年来其业绩不佳却是不争的事实。早在 2003 年，索尼在公布财务报表时曾经冲击了当时的股票市场，被称为“索尼震撼”（Sony Shock）。索尼为什么状态低迷呢？

正如前文所述的那样，索尼是依靠电子、娱乐、金融这三个支柱产业组成的联合大企业。复合型企业的财务报表，是由差异很大的业务组成的，所以难以看出其特征。但是尽管如此，让我们从大的方面来展望。

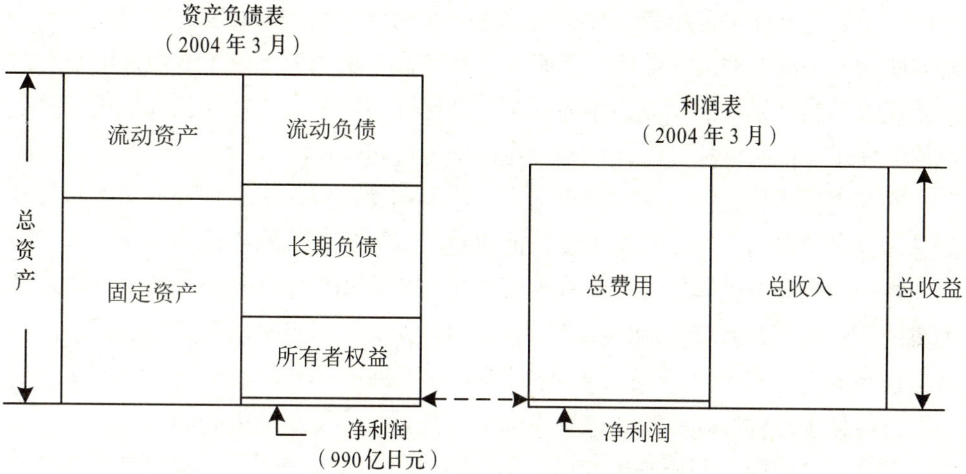

图 8－5　索尼公司的资产负债表和利润表的“金额比例尺”

图 8－5 显示了索尼的资产负债表与利润表的“金额比例尺”基本情况。仔细观察一下就可以看出索尼的严峻状况。总资产为 9 万亿日元，利润为 900 亿日元，所以其收益率（总资本利润率）仅为 1%，销售利润率也不过 1% 强。仅仅 1% 的利润，如果竞争严酷的话，那么这些利润简直马上可以被风吹走。

如果我们结合一下各业务部门利润表中的营业利润，可以看到占总营业额 60% 的电子业务时而亏损、时而盈利，摇摆不定。索尼的音乐业务也一样不稳定。另外，过去被称为最赚钱产业的游戏及电影产业，也衰退了很多。虽然感觉金融在盈利，而且在稳定地扩展，但是其他业务却一直是赤字。

所谓“其他业务”包括了多种内容，甚至可以说包括了除金融业务之外的所有业务。索尼集团利用互联网提供各种服务，如就业服务、医疗信息服务、以个性商品或是化妆品为首的商品销售业务、出版业务、系统解决方案等，简直不胜枚举。索尼的分公司数量（超过 1000 家）位居日本第一。虽然这样可以培育业务的多样性，但是有的观点认为索尼作为综合企业其业务过于分散。开展任何业务都需要先进行投资，但这正是现代综合企业的弱点。

索尼公司生产我们使用的产品，所以如果认真想一想周围发生的事情，就可以理解索尼的苦衷。譬如，其电影事业中，2002 年度全球热映的《蜘蛛侠》赚了大钱。但是每年电影的热映排名都在变化，很不稳定，电影事业是一种“流水般的”生意，因此电影生意有靠运气的成分在内。索尼产生问题的是游戏业务，游戏的利润下滑是非常显著的。年轻人曾有一段时期热衷于电子游戏，但是现在的年轻人迷恋手机。娱乐业中主业的宝座业已变更。索尼正在寻找可以代替游戏业的、娱乐业中的支柱产业，但是现在仍处于过渡期。

产品更新换代过快，有时甚至会让人感到困惑。但是对于年轻消费者而言，商品需要设计新潮，却不一定需要性能卓越，只要有充分的娱乐性，就可以卖得动。娱乐性产品被见异思迁的年轻人玩弄于掌心。如果不让年轻人认为“超级带劲”的话，就不会激起他们的购买欲。如果被认为“一点也不带劲”的话，产品就会被舍弃。正如 POP 音乐排行榜那样，每周热卖的品种都不一样。现在索尼公司已经处于这种极端困难的市场氛围中，需要持续不断地提高。

其实，在中国，即便是现在情况稍好的电子产业类公司，境遇也大同小异。除了已经构建了稳操胜券的模式的企业（如华为）之外，可以说电子产业已经成为结构不景气的行业。

第三节　风险投资类企业的商务模式

前文中我们主要看到了大企业的商务模式，本节将为大家分析风险投资类企业的商务模式情况。

一、软银的赤字业务模式

在 1994 年，软件银行公司上市，筹集到一亿四千万美元。从此，软银集团开始大步腾飞。2001 年，软银开通 Yahoo！ BB 业务，向日本用户提供宽带（ADSL）服务。软银在 2003 年的总收入超过 4000 亿日元。2004 年 5 月，软银收购了日本第三大固网运营商日本电信，成功地从不断增长的宽带和互联网业务中转型，从而正式进军传统的电信业务领域，成为日本电信市场中的领军企业。日本软银集团 2007 年 5 月 8 日发布公告称，中国著名企业阿里巴巴集团董事局主席兼 CEO 马云，将成为软银集团董事会成员。马云此次受邀成为软银集团的第 10 位董事，参与软银的重大事件决策。

如果我们看一下软银 2002 ～ 2004 年的利润表，就会发现，这家著名公司在营业利润、经常利润和本期净利润三个部分全部都是赤字（如表 8 －3 所示）。而且有 1000 亿日元左右的巨额赤字。产生赤字的最大原因是 Yahoo！ BB 业务，是免费配送宽带调制解调器，也就是先行投资导致的结果。如果将来用户持续缴纳使用费的话，可以收回投资，但是这都是未知数。这种巨额赤字持续了 3 年之久，软银为什么还可以继续经营呢？你是否觉得不可思议呢？

表 8 －3　软银 2002 ～ 2004 年的利润情况

单位：亿日元

年份	销售额	营业利润	经常利润	净利润
2002	4053	－239	－333	－888
2003	4069	－920	－1098	－1000
2004	5174	－549	－719	－1071

一般情况下这种业务模式是无法长期存在的。如果用家庭财务来比喻的话，就等于没有流动收入，却持续花大钱。但是软银却可以做到。究其原因，这是因为赤字家庭中有股票这样的“宝贝”，股票在大幅度升值。即使没有收入，软银也可以依靠资产的升值吃饭，就像是豪门家族一样。软银的“宝贝”中，雅虎占第一位。另外，这家公司也非常积极地收购新企业，如果被收购的企业飞速发展，则股票价值上升，资产增加。

软银集团的创始人孙正义先生说过：“我们要抛弃损益表。”对于孙先生的这种经营方式有两种截然不同的评价，但是其业务模式正是迎合当今社会而产生的。

二、乐天公司的业务模式

乐天株式会社是日本最大电子商店街“乐天市场”的经营者，2006 年使用者超过 1800 万人，此外也经营“Infoseek”等许多不同业务的网站。乐天株式会社自 2000 年开始便积极地进行并购，目前已经形成乐天集团，相关企业还包含证券公司、职业棒球队、旅游网站等。该公司是 JASDAQ 上市公司，也是日本经团连会员。

乐天公司在上市前都处于盈利状态，但是自从 2000 年上市以来的 3 年内一直为赤字。2003 年出现了 526 亿日元的赤字。乐天公司 2001 ~ 2003 年的利润情况如表 8 -4 所示。

表 8 －4　乐天公司 2001 ～ 2003 年的利润情况

单位：亿日元

年份	销售额	营业利润	经常利润	净利润
2001	68	16	14	－42
2002	99	26	22	－33
2003	181	48	44	－526

乐天公司在 2003 年度销售毛利增加 165 亿日元，营业利润增加 48 亿日元，经常利润增加 44 亿日元，但是本期净损失 526 亿日元。为什么经常项下的利润增加了 44 亿日元，最后却出现巨额赤字呢？如果我们查看一下利润表就会发现，其中有一项特别损失高达 602 亿日元。还有一个需要注意的地方，就是资产负债表 2003 年的总资产比 2002 年增加了 5 倍，如果用金额来说，就是增加了约 1500 亿日元。这和其特别损失是有关的。总资产之所以大幅度膨胀，是因为其收购了证券公司。乐天在 2003 年收购了几家公司，与软银采用了同样的做法。其中所收购的大宗商品，是旅之窗口（mytrip. net）股份公司及在线专业证券公司 DLJdirect SFG。前者是从日立造船公司手中用 323 亿日元收购的，后者是从住友集团等手中用 301 亿日元收购的。mytrip. net，是被称为“旅之窗口”的一流旅行预定网站，销售额为 32 亿日元，本期净利润为 5.5 亿日元，净资产为 13 亿日元。乐天收购“旅之窗口”的价格为 323 亿日元，如果用 2003 年这家公司的利润来计算的话，则这个价格是其 60 年的利润总和，投资收益率只有 1.7%。乐天公司可能考虑到收购之后的增效，所以提供这样的价格，但这实在是一个大胆的投资。至于 DLJ 证券，这是一家销售额为 60 亿日元，本期净损失为 3 亿日元，净资产为 40 亿日元的公司。乐天公司用 301 亿日元购买了一家只拥有约 40 亿日元净资产的公司，等于说额外支付了约 260 亿日元，这应该是考虑到将来可能产生的利润，但是这只是经营者的判断。“旅之窗口”是 310 亿日元，DLJ 是 260 亿日元，合计为 570 亿日元，这几乎是所有的特别损失。结果是产生了 526 亿日元的最终赤字。一般情况下，只要出现这么多的最终赤字，资本就会显著减少，即使陷入债务过重的状态也不足为奇。但是乐天却保留了 260 亿日元的资本，或许是因为人们对乐天这种干脆的折旧姿态抱有好感，聚拢了增加资金的结果。

实际上对于乐天的经营理念，人们的评价也不尽相同。以“旅之窗口”为开端，在以前的业务与收购业务之间是否产生了增效呢？对于这一点，有的评论家得出这样的结论：“不能产生增效。给出的只是加入了这种业绩水平下的利润。”

本章小结

◆ 财务报表的简易解读

○ **金额比例尺**

——可以把金额置换为每个项目上的长度，在表中体现，这就是“金额比例尺”。

——首先关注资产负债表与利润表的平衡问题，并且会把目光集中在大项的金额上。

——零头姑且不计，因为零头算不算都无所谓。

○ **武富士的低成本经营**

——2% 利息的借款，用 23% 的利息贷出，这就是赚钱的原因。

——如果债权确实无法回收，称为“坏账”。

——作为金融公司，肯定会发生坏账。

◆ 大企业的商务模式

○ **Seven -Eleven 的现金交易模式**

——销售额越是增加，现金储备量越多，销售时现金交易，进货却是赊购。

——便利店的有形固定资产在增加，以前其有形固定资产并不是那么多。

——第二代的业主多是训练有素、能干的创业者。

○ **丰田的金融业务模式**

——丰田公司早已实现了多元化发展，它已经不再仅仅是一家汽车公司。

——公司向金融业务投入了接近其汽车产业资产总额的金额。

——金融业务净资产的收益率是 9%，如果只看这一点，那么丰田的生意比武富士做得好。

○ **“索尼震撼”的原因**

——索尼在公布财务报表时曾经冲击了当时的股票市场，被称为“索尼震撼”（Sony Shock）。

——索尼是依靠电子、娱乐、金融这三个支柱产业组成的联合大企业。

——仅仅1%的利润，如果竞争严酷的话，那么这些利润简直马上可以被风吹走。

——占总营业额60%的电子业务时而亏损、时而盈利，摇摆不定。

——音乐业务也一样不稳定。

——过去被称为最赚钱产业的游戏及电影产业，也衰退了很多。

——虽然感觉到金融在盈利，而且在稳定地扩展，但是其他业务却一直是赤字。

——开展任何业务都需要先进行投资，但这正是现代综合企业的弱点。

——正在寻找可以代替游戏业的、娱乐业中的支柱产业，但是现在仍处于过渡期。

——在中国，即便是现在情况稍好的电子产业类公司，境遇也大同小异。

◆ 风险投资类企业的商务模式

○ **软银的赤字业务模式**

——2002～2004年在营业利润、经常利润和本期净利润三个部分全部是赤字。

——产生赤字的最大原因是Yahoo！ BB业务，是免费配送宽带调制解调器，也就是先行投资导致的结果。

——有股票这样的“宝贝”，股票在大幅度升值。

——即使没有收入，软银也可以依靠资产的升值吃饭。

——积极地收购新企业，如果被收购的企业飞速发展，则股票价值上升，资产增加。

○ **乐天公司的业务模式**

——在上市前都处于盈利状态，但是自从2000年上市以来的3年内一直为赤字。

——2003年有一项特别损失高达602亿日元。

——收购“旅之窗口”是310亿日元，DLJ是260亿日元，合计为570亿日元。这几乎是所有的特别损失。

第九章

资金的时间价值

笔者经常在上课的时候问学生一个问题：“今天的 100 元与明天的 100 元价值一样吗？”这个问题应该常被其他长辈或者老师用来教导学生，算是一个老问题了。这时候，几乎所有的学生都会回答：“不一样，今天的 100 元价值更大！”一般情况下，其他长辈或者老师在听到这一答案的时候，“应该珍惜时间”就成了接下来要发表的演讲。而笔者则会进一步问他们“为什么呢？”大部分同学会说是因为“通货膨胀”。的确，近年来的中国经济仍然饱受通货膨胀的困扰，10 年前 1 斤上好的羔羊肉只要 5 元，而现在却要 30 元。然而，这一定不是这个问题的标准答案，即使在今天，虽然大多数农产品的价格在上涨，但是很多工业品的价格都在下降，这是一个不可否认的现实。

那么，究竟为什么今天的 100 元比明天的 100 元的价值更高呢？这个问题涉及了一个财务方面的概念——“资金的时间价值”。让我们在这一章来了解一下这个概念以及它对创业者的重要意义。

第一节　今天的 100 元价值更大

劳动价值论认为只有劳动创造价值，资本获得的利息是由劳动者的剩余劳动创造的剩余价值的一部分。关于劳动创造价值这一问题，本书中不再赘述。

在以效用价值论为基础的西方经济学中，对于资本获得利息的原因有两种解释：

一、节欲论

一种西方经济学观点将资本获得利息解释为“节欲”的结果。这一观点在很大程度上同英国经济学家西尼耳（Nassau William Senior，1790 ～ 1864 年）的名字联系在一起。西尼尔在 1836 年发表的《政治经济学大纲》一书中，阐述了自己颇为得意的一个新发现——节欲论。他提出了利润产生于资本家节欲的理论。资本家本来可以把自己的资本用于消费，但是他放弃了，而采取了“节欲”。

假定有两个资本家，他们各有 100 万元货币资本，第一个资本家，比如说，把资本投入啤酒厂，他坐在办公室监督劳动，年终结算：获利 10 万元，或资本的 10% 的利润。第二个资本家不喜欢啤酒气味，也不爱在办公室瞎忙。同时，也不愿意把自己的钱用来造新房子和添置马车等。他向第一个资本家提出建议：“把我的 100 万元合并到你的资本中，扩大你的工厂，每年付给我 5% 的利润，即 5 万元。”第一个资本家同意了。显然，别人的资本给他产生的利润额同他自己的资本相等，因为常言说得好，资本是不管来路的。他把一半的利润付给了资金拥有者。

那么第二个资本家能不能把自己的资本用于上述消费或其他享乐呢？可以。但是，他节制自己，宁愿等待一年，得到自己的资本挣得利润，再等一年，又挣得利润（而且，如果资本仍然完整无损，愿意的话，照旧可以把它消耗掉）。一个人按其内在本性来说，如果眼前享受与未来享受两者择一，总是宁愿挑选未来享受。为了未来享受，资本家同意放弃眼前的享受，他做出了牺牲，因此，获得了取得报酬的权利。

第一个资本家呢？他同样可以卖掉自己的啤酒厂，把钱花掉。他没有这样做，因此，他也同样有因“节欲”而获得奖赏的权利。在获得好处方面，他跟他的同行不一样，他是“自己”酿酒。由于他付出了监督、管理和领导劳动，他应该得到自己的工资。这就是说，实际上，他从个人资本中得到的不是 10 万元的利润，而是两种不同的收入。由于“节欲”而得的利息是 5 万元，因此，管理工作所得的工资也是 5 万元。

二、时差利息论

时差利息论（又称利息时差论、时间偏好论）是由奥地利经济学家庞巴维克（E.V. BohmBawerk，1851 ～ 1914 年）提出的关于利息来自于价值时差的一种理论。

时差利息论将物品分为现在物品和未来物品，将物品利息分为借贷利息、企业利息和租金。

时差价值论建立在人们对现在物品的评价高于未来物品的评价上，原因主要表现在以下三个方面：

1. 需要和需要供应之间的差别

现在物品是从现在的需要和满足需要的物品之间获得价值，未来物品的价值则决定于未来的需要和满足需要的物品之间关系。一个人对现在物品评价会比对同样数量的未来物品评价要高一些，可以分为两种情况：目前有困难和急需的人；有理由相信经济情况会好转但目前经济情况十分恶劣的人。

2. 低估未来

庞巴维克认为人们习惯于低估未来的需要，低估未来满足需要的物品。造成这种情况的原因有三种：人们设想自己未来需要的物品不够完善；意志上的缺陷，人们往往容易改变预定计划；人生短暂的考虑，人们可能活不到获得未来物品的时候，所以更注重现在物品。

3. 现在物质技术上的优越性

现在生产资料比未来生产资料能够生产更对的产品，现在消费品能促成生产工具的生产，从而创造更对的消费品。

庞巴维克的利息概念是广泛的，庞巴维克把剩余价值的各种形态都称为利息，根据时差利息论庞巴维克把利息分为三种形态：借贷利息，利息的一般形态；企业利润，利息的特殊形态；耐久物品的利息，也即租金。

庞巴维克认为借贷利息是原始的利息形式，债权人出售的资本是现在物品，债务人归还的是现在物品。由于现在物品高于未来物品。为了使双方的交换是等价的，债务人在归还本金时，要加上一笔“贴水”，也就是借贷利息。

企业利息是利息的主要形式，庞巴维克将生产分为“直接生产”和“迂回生产”。不经过任何工具徒手加工的生产是直接生产；利用工具、原料等进行的生产是迂回生产。资本生产属于迂回生产，在这个时间间隔存在价值的时差。

资本家购买原料工具、机器和劳动进行生产，工具和劳动在物质上虽然是现在物品，但在经济上是未来物品，因为它们不能直接满足现在的欲望。资本家的活动就是以现在的消费品换取生产资料和劳动，并让这些生产资料和劳动通过生产过程，变成成熟的消费品。资本家在购买生产资料和劳动的价值与生产出来的产品之间的差额构成时差，企业利润就是这个时差的“贴水”。

耐久物品的（包括土地、工具等）利息就是租金。这些物品不是一次使用完毕，而是能提供多次连续服务，价值是由一连串服务的各个价值所构成，在这些服务中，远期效用总是低于近期效用。庞巴维克认为土地是一种特殊的耐久物品，能提供无数次服务。每年服务的价值就是土地的净收入，土地“最后”的年效用等于零，对土地的现在价值几乎没有影响，从而土地的全部价值地租都是租金，即利息。

在中国，我们始终坚持马克思主义的劳动价值论，要消灭剥削，消除两极分化。虽然不认为资本可以创造价值，但是承认资本在价值创造过程中不可或缺，同样是可以获得报酬的。也可以这样理解，即使不借贷资本给别人，只是把钱存入银行，在一般情况下也会获得利息（实际上可以看作由银行帮你转贷出去了）。所以，理解“今天的 100 元价值更大！”的原因在于：与明天的 100 元相比，今天的 100 元还应该获得借贷一天的利息。

第二节　投资多少钱合理

如果要想投资创办一家企业，肯定会对市场有过调查，对投资多少、回报多少有一个大概的预测。可是，经常听见有人说，“我开了一家 ×× 店，本来打算一年赚 ×× 钱”，结果很多情况下都是事与愿违，并不能达到预期的收益。这又是为什么呢？要解释这个问题，得先说明一下投资是如何决定的。

一、利率与投资

英国著名的经济学家、宏观经济学的创立者凯恩斯（John Maynard Keynes，1883 ～ 1946 年）认为，是否要对新的实物资本如机器、设备、厂房、仓库等进行投资，取决于这些新投资的预期利润率与为购买这些资产而必须借进的款项（借款筹资的方式可多种多样）所要求的利率的比较。如果前者大于后者时，投资是值得的；前者小于后者时，投资就不值得。因此，在决定投资的诸因素中，利率是首要因素。这里的利率是指实际利率。实际利率大致上等于名义利率减通货膨胀率。假定某年名义利率（货币利率）为 8%，通货膨胀率为 3%，则实际利率等于 5%。

因为在一般情况下，投资的预期利润率不容易发生改变（这个主要取决于行业的平均收益），所以是否进行投资，首先就决定于实际利率的高低。假定初始状况下，投资的预期利润率与实际利率相等，那么不管是自己投资还是给别人借贷资金以收取利息就没有了差别。如果自己投资的预期利润率不变，当实际利率上升时，借款给别人收取利息（或者存入银行）更有利可图，这时投资的需求量就会减少；同理，当利率下降时，投资需求量就会增加。简而言之，投资是利率的减函数。

企业用于投资的资金多半是借来的，利息是投资的成本。即使投资的资金是自有的，投资者也会把利息看作是投资的机会成本，从而把利息当作投资的成本。因此，利率上升时，投资者自然就会减少对投资物品（如机器设备等）的购买。投资与利率之间的这种反方向变动关系称为投资函数，可以写作：

$$i = i(r)$$

其中，i 表示投资数，r 表示实际利率。

例如，可假定 $i = i(r) = 1250 - 250r$。这里，1250 表示即使利率 r 为零时也有的投资量，称为自发投资。250 是系数，表示利率每上升或下降 1%，投资会减少或增加的数量，可称为投资对利率的敏感度。一般地，如果把投资函数写成 $i = i(r) = e - dr$，则式中 e 即自发投资，dr 即投资与利率有关的部分，可称为引致投资。投资与利率之间的这种函数关系可用图 9－1 表示。

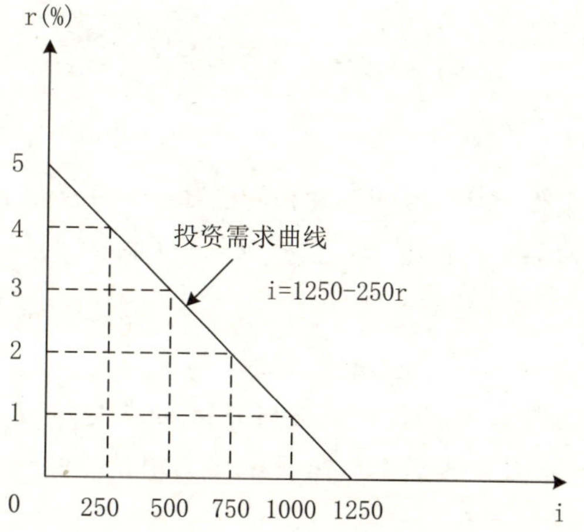

图 9－1　投资函数

图 9－1 中的投资需求曲线，又称投资的边际效率曲线，投资的边际效率是从资本的边际效率这一概念引申而来的。

二、贴现率

今天的钱比明天同等数量钱的价值更大的道理之前已经简单阐述过了。但是究竟大多少呢？因为今天的钱与明天的钱不在一个时间点上，也就没办法直接进行比较，这需要把不同时间点上的钱换算到同一个时间点上。把未来的钱换算为现在的钱称为“贴现”，采用的换算比率称为“贴现率”。我们可以以一个例子来说明什么是贴现率。

假定进行存款，本金为 100 元，年利率为 5%，则：

第一年本利和为：$100\times(1+5\%)=105$（元）

第二年本利和为：$105\times(1+5\%)=100\times(1+5\%)^2$

$=110.25$（元）

第三年本利和为：$110.25\times(1+5\%)=100\times(1+5\%)^3$

$=115.76$（元）

依次类推，现在以 r 表示利率，R_0 表示本金，R_1、R_2、R_3 分别表示第一年、第二年、第三年的本利和，则各年本利和为：

$R_1=R_0(1+r)$

$R_2=R_1(1+r)=R_0(1+r)^2$

$R_3=R_2(1+r)=R_0(1+r)^3$

……

$R_n=R_0(1+r)^n$

现在把问题倒过来，设利率和本利和为已知，利用公式求本金。假定利率为 5%，1 年后本利和为 105 元，则利用公式 $R_n=R_0(1+r)^n$ 或 $R_1=R_0(1+r)$ 可求得本金：

$R_0=R_1\div(1+r)=105\div(1+5\%)=100$（元）

这就是说，在利率为 5% 时，1 年后 105 元的现值是 100 元，在同样的利率下，2 年后 110.25 元以及 3 年后 115.76 元的现值也是 100 元。一般来说，n 年 R_n 的现值是：

$R_0=R_n\div(1+r)^n$

其中，R_0 称为现值，R_n 称为未来值，r 称为贴现率。

三、资本边际效率

再来说说投资问题。假定某企业投资 30000 元购买 1 台机器，这台机器的使用期限是 3 年，3 年后全部耗损。再假定把人工、原材料以及其他所有成本（如能源、灯光等，但利息和机器成本除外）扣除以后，各年的预期收益是 11000 元、12100 元和 13310 元，这也是这笔投资在各年的预期毛收益，3 年合计为 36410 元。

如果贴现率是 10%，那么 3 年内全部预期收益 36410 元的现值正好是 30000 元，即

$$R_0 = 11000 \div (1+10\%) + 12100 \div (1+10\%)^2 + 13310 \div (1+10\%)^3$$
$$= 10000 + 10000 + 10000$$
$$= 30000（元）$$

由于这一贴现率（10%）使 3 年的全部预期收益（36410 元）的现值（30000 元）正好等于这项资本品（1 台机器）的供给价格（30000 元），因此，这一贴现率就是资本边际效率，它表明一个投资项目的收益应按何种比例增长才能达到预期的收益，因此，它也代表该投资项目的预期利润率。大家千万别认为这项投资没有钱赚，实际上这是一个很好的投资项目，3 年赚了 36410 - 30000 = 6410（元），每年有 10% 的收益率啊！

假定资本物品（如上述机器）不是在 3 年中而是在 n 年中报废，并且在使用终了时还有残值，则资本边际效率的公式就是：

$$R = R_1 \div (1+r) + R_2 \div (1+r)^2 + R_3 \div (1+r)^3 + \cdots + R_n \div (1+r)^n + J \div (1+r)^n$$

其中，R 为资本物品的供给价格；价格 R_1，R_2，R_3，…，R_n 为不同年份（或时期）的预期收益；J 代表该资本品在 n 年年末时的报废残值；r 代表资本边际效率。

如果 R、J 和各年预期收益都能估算出来，就能算出资本边际效率，如果资本边际效率大于市场利率，则此投资就值得，否则，就不值得。r 的数值取决于资本物品供给价格和预期收益：预期收益既定时，供给价格越大，r 越小；而供给价格既定时，预期收益越大，r 越大。在实际生活中，每一个投资项目的资本边际效率是不一样的，每一个企业都会面临一些可供选择的投资项目，假定这些项目的资本边际效率如图 9-2 所示。

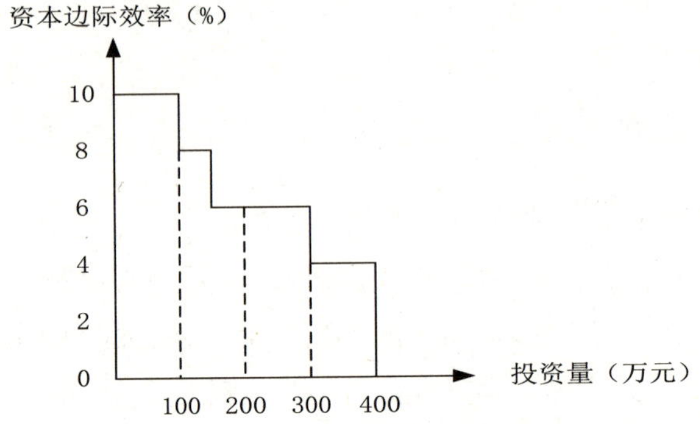

图 9－2　某企业可供选择的投资项目

图 9－2 表示某企业有可供选择的 4 个投资项目：项目 A 的投资量为 100 美元，资本边际效率为 10%；项目 B 的投资量为 50 万元，资本边际效率为 8%；项目 C 的投资量为 150 元，资本边际效率为 6%；项目 D 的投资量为 100 万元，资本边际效率为 4%。显然，如果市场利率为 10%，只有 A 项目值得投资，如果市场利率为 8% 或稍低些，则 A 和 B 都值得投资，投资总额可达 150 万元，如果市场利率降到 4% 或 4% 以下，则 C 和 D 也值得投资，投资总额可达 400 万元。可见，对这个企业来说，利率越低，投资需求量会越大。图中各个长方形顶端所形成的折线就是该企业的资本边际效率曲线。一个企业的资本边际效率曲线是阶梯形的，但经济社会中所有企业的资本边际效率曲线如果加总在一起，分阶梯的折线就会逐渐变成一条连续的曲线，因为总和过程中所有起伏不平会彼此抵消而转为平滑，这条曲线就是资本边际效率曲线。如图 9－3 中的 MEC 曲线。这条资本边际效率曲线表明，投资量（i）与利息率（r）之间存在反方向变动关系：利率越高，投资量越小；利率越低，投资量越大。

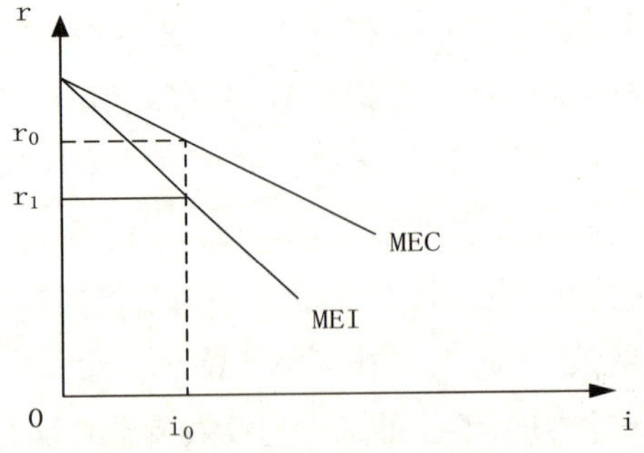

图 9－3　资本边际效率曲线（MEC）和投资边际效率曲线（MEI）

四、投资边际效率

为什么很多项目在投资完成之后的实际收益都存在与之前的预期收益有一定差距呢？西方一些经济学家认为，这是因为MEC曲线还不能准确代表企业的投资需求曲线。因为当利率下降时，如果每个企业都增加投资，这时候会导致资本物品的稀缺性增加，其价格会上涨，也就是说上面公式中的R（资本物品供给价格）要增加，在相同的预期收益情况下，r必然缩小，否则，公式两边无法相等，即这一贴现率（资本边际效率）无法使未来收益折合成等于资本供给价格的现值。这样，由于R上升而被缩小了的r的数值被称为投资的边际效率（MEI）。因此，在相同的预期收益下，投资的边际效率小于资本的边际效率。例如，在图9-3中，一笔投资i_0所带来的预期收益量，其资本边际效率为r_0，但投资的边际效率只为r_1，$r_1<r_0$。因此按资本的边际效率，市场利率为r_0时就可以有i_0的投资量，但按投资的边际效率，市场利率要降为r_1时才可以有i_0的投资量。

由于投资的边际效率小于资本的边际效率，因此，投资边际效率曲线较资本边际效率曲线更为陡峭。尽管如此，MEI曲线和MEC曲线一样也能表示利率和投资量之间存在的反方向变动的关系，只是在使用投资的边际效率曲线情况下，利率变动对投资量变动的影响较小而已。西方学者认为，更精确地表示投资和利率间关系的曲线是投资的边际效率曲线。因此，西方经济学著作一般都用MEI曲线来表示利率与投资量的关系，投资需求曲线指的是MEI曲线，这条曲线即上文所说的投资需求函数。

如果用通俗的话来解释，当一个创业者开始做投资决策的时候，其只是在当前市场情况下估计了自己的投资可能带来的收益，如同在MEC曲线情况下进行决策。而如果有多个创业者都看到了这个投资机会，当投资完成以后，这些新创企业间也就形成了新的竞争关系，此时的市场容量比之前单独一个创业者的预期要小。更为激烈的市场竞争，使每个创业者投资的真实收益均低于之前的预期收益。就像以前，笔者家周围有好几个小区，但只有两家牛肉面馆，他们的生意一直很好，每天下午3点就停止营业了，晚上吃碗面的想法一直实现不了。今年周围的牛肉面馆一下新开张了5家，这些牛肉面馆在开业之前一定都有较好的市场预期，可是等大家开张以后才发现市场竞争一下子激烈了很多，有几家面馆在晚上7点以后还在营业。不过这对于消费者倒是一件好事。

第三节 其他影响投资的因素

实际利率水平会影响投资，其实是从投资使用的资金成本角度来考虑的。除此之外，影响投资需求的另外两个重要方面是预期收益和风险。

一、预期收益与投资

预期收益，即一个投资项目在未来各个时期估计可得到的收益。影响这种预期收益的因素也是多方面的，这里可指出如下三点：

1. 对投资项目产出的需求预期

企业决定对某项目是否投资及投资多少时，首先会考虑市场对该项目的产品在未来的需求情况，因为这种需求状况不但会决定产品能否销售出去，还会影响产品价格的走势。如果企业认为投资项目产品的市场需求在未来会增加，就会增加投资。

2. 产品成本

投资的预期收益在很大程度上也取决于投资项目的产品生产成本，尤其是劳动者的工资成本。因为工资成本是产品成本中最重要的构成部分，在其他条件不变时工资成本上升会降低企业利润，减少投资预期收益，尤其是对那些劳动密集型产品的投资项目而言，工资成本上升显然会降低投资。然而，对于那些可以用机器设备代替劳动力的投资项目，工资上升又意味着多用设备比多用劳动力更有利可图，因而实际工资的上升又等于是投资的预期收益增加从而会增加投资需求。可见，工资成本的变动对投资需求的影响具有不确定性。但就多数情况来说，随着劳动成本的上升，企业会越来越多地考虑采用新的机器设备，从而使投资需求增加。

3. 税收政策

影响投资预期收益的还有政府的税收政策，因为税收直接影响收益。在一些国家，政府为鼓励企业投资，会采用一种投资税抵免的政策，即政府规定，企业可从他们的所得税单中扣除其投资总值的一定百分比。例如，假定某企业在某一年投资 1 亿元，若规定投资抵免率是 10%，则该企业就可少缴所得税 1000 万元，这1000万元等于是政府为企业支付的投资项目的成本。如果该企业在这一年的所得税不足1000万元，只有600万元，则所余400万元还可到来年甚至第三年再抵扣。再如，国家目前对大学生创业给予的税收减免政策等，对于投资创业同样会带来积极影响。

二、风险与投资

投资还与企业对投资的风险考虑密切相关。这是因为，投资是现在的事，收益是未来的事，未来的结果究竟如何，总有不确定性。人们对未来的结局会有一个预测，企业正是根据这种预测进行投资决策的。然而，即使是最精明的企业家，也不可能完全准确无误地预测到将来的结果。因此，投资总有风险，并且高的投资收益往往伴随着高的投资风险，如果收益不足以补偿风险可能带来的损失，企业就不愿意投资。这里所谓的风险，包括未来的市场走势、产品价格变化、生产成本的变动、实际利率的变化、政府宏观经济政策变化等，都具有不确定性。一般来说，整个经济趋于繁荣时，企业对未来会看好，从而会认为投资风险较小；而经济呈下降趋势时，企业对未来看法会悲观，从而会感觉投资风险较大。投资需求与创业者的乐观和悲观情绪大有关系，实际上，这说明投资需求会随创业者承担风险的意愿和能力变化而变动。

本章小结

◆ 今天的100元价值更高

○ 节欲论

——一种西方经济学观点将资本获得利息解释为“节欲”的结果。

——资本家本来可以把自己的资本用于消费，但是他放弃了，而采取了“节欲”。

——为了未来享受，资本家同意放弃眼前的享受，他做出了牺牲，因此，获得了取得报酬的权利。

○ 时差利息论

——利息来自于价值时差。

——需要和需要供应之间的差别。

——低估未来。

——现在物质技术上的优越性。

——虽然不认为资本可以创造价值，但是承认资本在价值创造过程中不可或缺，同样是可以获得报酬的。

——即使不借贷资本给别人，只是把钱存入银行，在一般情况下也会获得利息。

——与明天的100元相比，今天的100元还应该获得借贷一天的利息。

◆ 投资多少钱合理

○ **利率与投资**

——在决定投资的诸因素中，利率是首要因素。

——实际利率大致上等于名义利率减通货膨胀率。

——投资是利率的减函数。

——投资的边际效率曲线。

○ **贴现率**

——因为今天的钱与明天的钱不在一个时间点上，也就没办法直接进行比较，这需要把不同时间点上的钱换算到同一个时间点上。

——把未来的钱换算为现在的钱称为“贴现”，采用的换算比率称为“贴现率”。

——$R_0 = R_n \div (1+r)^n$

○ **资本边际效率**

——如果资本边际效率大于市场利率，则此投资就值得，否则，就不值得。

——经济社会中所有企业的资本边际效率曲线如果加总在一起，分阶梯的折线就会逐渐变成一条连续的曲线，这条曲线就是资本边际效率曲线。

——利率越高，投资量越小；利率越低，投资量越大。

○ **投资边际效率**

——投资边际效率曲线较资本边际效率曲线更为陡峭。

——更为激烈的市场竞争，使每个创业者投资的真实收益均低于之前的预期收益。

◆ 其他影响投资的因素

○ **预期收益与投资**

—— 一个投资项目在未来各个时期估计可得到的收益。

——对投资项目产出的需求预期。

——产品成本。

——税收政策。

○ 风险与投资

——投资是现在的事，收益是未来的事，未来的结果究竟如何，总有不确定性。

——所谓的风险，包括未来的市场走势、产品价格变化、生产成本的变动、实际利率的变化、政府宏观经济政策变化等，都具有不确定性。

——投资需求会随创业者承担风险的意愿和能力变化而变动。

第十章

ERP 沙盘实训

“沙盘”一词，起源于战争模拟推演，它采用各种模型来模拟战场的地形及武器的部署情况，通过模拟推演敌我双方战场的对抗与较量，发现对方战略战术的弱点，从而制定有效的作战方案。目前，沙盘推演已经得到普遍推广，利用沙盘学习财务知识是非财经专业的创业者掌握财务知识的一种理想的实训方法。

第一节 ERP 沙盘原理

自从 1987 年瑞士皇家工学院的克劳斯梅兰（Klas Mellan）开发 ERP（企业资源计划）沙盘之后，ERP 沙盘模拟演练就迅速风靡全球。现在国际上许多知名的商学院（如哈佛商学院、瑞士皇家工学院）和一些管理咨询机构都在用 ERP 沙盘模拟对职业经理人、MBA、经济管理类学生进行培训，以期提高他们在实际经营环境中决策和运作的能力。20 世纪 80 年代初期，“ERP 沙盘模拟”被引入我国，率先在企业的中高层管理培训中使用并快速推广到高等院校的实验教学中。现在，越来越多的高等院校为学生开设了 ERP 沙盘实训课程，并且都取得了很好的效果。

一、沙盘简介

从理论上讲，ERP 沙盘实训就是将实物沙盘和 ERP 管理理念相结合，通过构建仿真企业环境，模仿真实企业的生产经营活动，集成企业的所有资源（涉及厂房、设备、物料，还包括人力资源、资金、信息等，甚至包括企业上下游的供应商及客户），通过计划、决策、控制与经营业绩评估等手段对这些资源进行全方位和系统化的管理，以实现资源的优化配置，使企业流畅运转，从而达到商业上的成功。

在实际操作中，ERP 沙盘实训课程的背景设定为 6 个基础状况完全相同的生产型企业。参加训练的学员分为 6 个组，各自代表不同的虚拟公司，每组 4 ～ 5 人，分别担任公司的总经理（CEO）、市场总监（CMO）、生产总监（COO）、采购总监 (CPO)、财务总监 (CFO) 角色。每个组都将面临来自其他企业（其他学员小组）的严峻挑战。例如，在企业的整个运营过程中，如何分析外部环境、如何制定战略规划、需要开发哪些市场、何时进行产品研发、如何组织生产、如何控制成本等，学员们必须做出众多的决策，以在激烈的市场竞争中将企业向前推进，每个独立的决策似乎容易做出，然而当它们综合在一起时，许多不同的方案自然产生，要想做出正确的决策就不是一件轻而易举的事了。

总的来说，ERP 沙盘实训强调学生的积极投入，目的在于培养学生亲自动手解决问题的能力，核心价值就在于让参与者感悟正确的经营思路和经营理念；动态管理、实时控制，从而实现企业财务、业务一体化，实现信息、物流和资金流的协调统一。

二、角色与职责

ERP 沙盘实训是融角色扮演、案例分析和专家诊断于一体，让参与者能够“互动学习，在过程中学习”的一项课程。该课程一般选择 6 个经营年度作为模拟期。在模拟过程中，组内的 5 人将进入场景，如置身真实的企业，各自肩负不同的职能，支撑相互独立又相互联系的部门。例如，总经理（CEO）主要负责整个企业的策划和规划；财务总监（CFO）负责资金运作的管理，负责记录每期现金的收支情况及每年财务报表的制作。各个角色在完成自身岗位工作的同时，还要保证相互之间的信息畅通，及时沟通与协作。

表 10 - 1 显示了 ERP 沙盘模拟中各角色的基本职责。这些职责与现实中企业的岗位职责相比，更加具有竞赛特点，也符合在短期实训当中体会企业运营的基本思想。我们可以比较一下总经理（CEO）的职责。

表 10－1　ERP 沙盘模拟的角色

编号	岗位名称	英文缩写	岗位职责
1	总经理	CEO	挑选能够胜任相关职位的人员，建立起相互信任、相互支持、技能互补的一种有默契和效率的团队 召集各职位人员，共同出谋划策、制定企业发展战略、选择执行方案、分配运营任务并组织实施 密切关注其他小组的情况，为本组赢得最有利的竞争环境
2	财务总监	CFO	参与企业总体发展规划的制定，并依据这一发展战略，估计各年及各经营时期现金总量的需求，制定出相应长、短期贷款方案 对各年的财务进行全面预算，保证现金流的通畅，并实施对成本的全面控制，以降低企业的经营风险和经营成本 进行现金流经营流程的登记工作 填制五大表（订单明细表、品种明细表、综合费用明细表、资产负债表、利润表）
3	市场总监	CMO	做好各市场总需求及产品价格走势的分析、研究，估计出企业各年的销售量 参与制定企业的总策略 参与制定与市场需求相应，且与企业能力相应的投资策略 制定企业的销售策略
4	生产总监	COO	按照企业的战略规划，安排产能大、效率高的生产线来生产企业决策中的主打产品 使生产线的建成与产品的研发同步，合理安排生产线，尽量减少维护费和折旧费 协助采购总监计算原材料采购数据 结合原材料的库存和在途物资情况以及生产线结构分析下一财年的产出情况，向市场总监提供准确的产能数据，以便于选择订单，并向财务总监提供生产所需的原材料采购费用、加工费用、维护费、折旧费等数据，为财务预算做准备
5	采购总监	CPO	根据生产线的情况计算原材料的采购情况 由于存在柔性生产线，采购总监往往要有几套采购方案，同时原材料的库存状况会影响到生产总监对生产线的安排 在紧要关头，企业可能会靠贴现来购买原材料

1. 总经理的一般职责

（1）组织实施公司年度经营计划和投资方案。

（2）主持公司的日常生产经营管理，组织实施并反馈董事会决议。

（3）拟订设置、调整或撤销公司的内部管理机构的具体方案。

（4）拟订公司的基本管理制度和具体规章制度。

（5）聘请或解聘应由董事会聘请或解聘以外的管理人员和工作人员。

（6）依有关规章制度决定对公司的职工的奖惩、升级、加薪及辞退。

（7）在职责范围内，对外代表公司处理业务。

2. 沙盘对抗赛中总经理的职责

ERP 沙盘是从现实企业中抽象出来的理想化、具体化和简单化的模拟对抗，它和《公司法》规定的各职位职责不完全相同。总经理是总顾问（指导老师）和各职位人员的联络员，是团队各项工作的组织者和领导者。

首先，对于团队建设，总经理需要知人善任，选择能够胜任相关职位的专业人才，建立目标、相互信任、相互支持、技能互补的一种有默契和效率的团队。在整个运营过程中，总经理应该及时纠正团队内的错误，在团队压力大时缓解气氛，必要时发起“建设性”的争吵。团队团结的关键就在于总经理的组织能力和沟通能力。

其次，在实战对抗中，总经理要召集各职位人员，共同出谋划策、制定企业发展战略、选择执行方案、分配运营任务并组织实施。例如，总经理并不具体负责某个职能部门的运营，但是他又完全参与各部门的运营管理工作。他与市场总监合作，分析市场，在不同的市场安排不同的产品组合，制定不同的广告策略；与财务总监共同制定企业的长、短期贷款策略；同时，还需要同生产总监、采购总监一起，共同保证企业的正常生产，给市场和财务提供更多的灵活度。当然，沙盘对抗赛是脑力和体力的对抗，总经理的职责远不止这些，在比赛的紧要关头，总经理还要充当救火队员，还要与对手、裁判沟通……总经理还要起监督管理的作用，总经理的这些工作都能有效提高团队的绩效。

此外，在比赛过程中，总经理还起到观察其他组的作用，为本组赢得最有利的竞争环境。

总之，总经理是企业团队的建立者和激励者，是企业整体发展战略的制定者，是企业资产投资的决策者，是企业生产经营的设计者，是企业其他职能部门决策的参与者和制定者。

第二节　沙盘盘面介绍

沙盘的盘面（如图 10－1 所示）象征着一个公司的物质基础，相当于公司的现实表现形式，让人一目了然。一个公司的好坏、经营的结果都可以在这个台面用“物质”表现出来，而不是用空洞乏味的数字形式。因此，沙盘学习就从过去的理论化教学发展到现在的实践教学，让同学们用已经学过的知识来“经营”自己的“企业”。

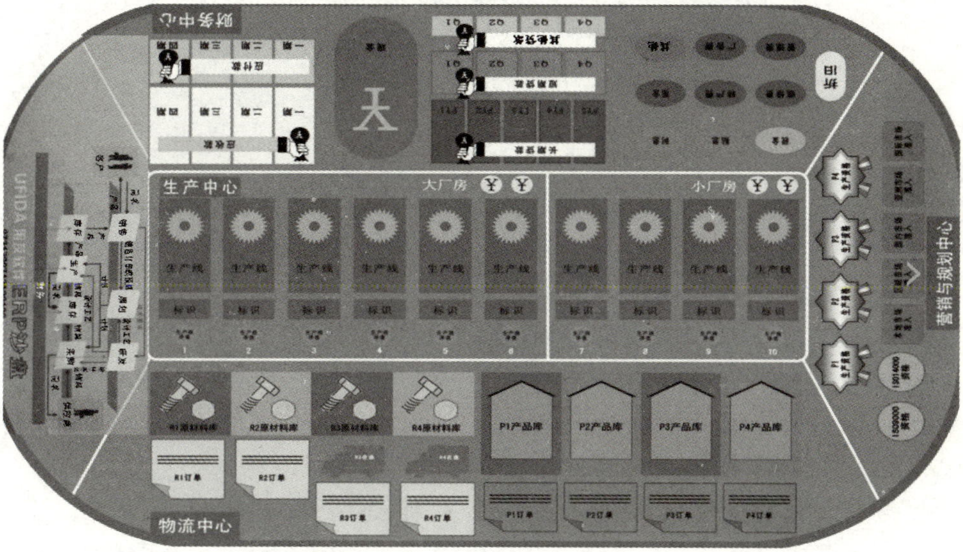

图 10－1 用友 ERP 沙盘

用友 ERP 沙盘设计了营销与规划中心、财务中心、生产中心、物流中心以及信息中心。相应的岗位可以配备总裁（CEO）、市场总监（CMO）、财务总监（CFO）、采购总监（CPO）、生产总监（COO）。

一、财务部门

财务部门在盘面上表现为财务中心和综合费用中心，如图 10－2 和图 10－3 所示。

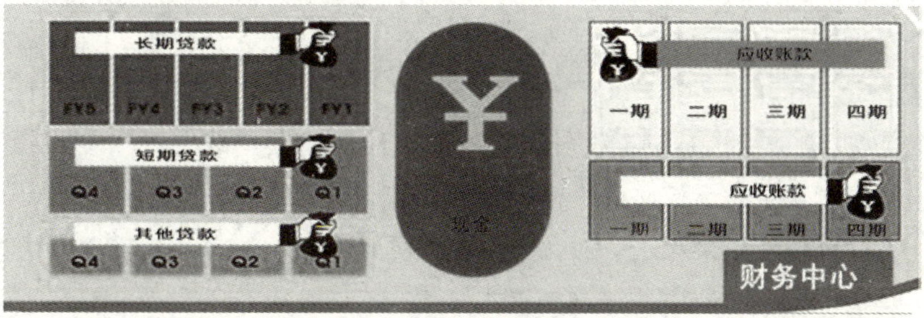

图 10－2 财务中心

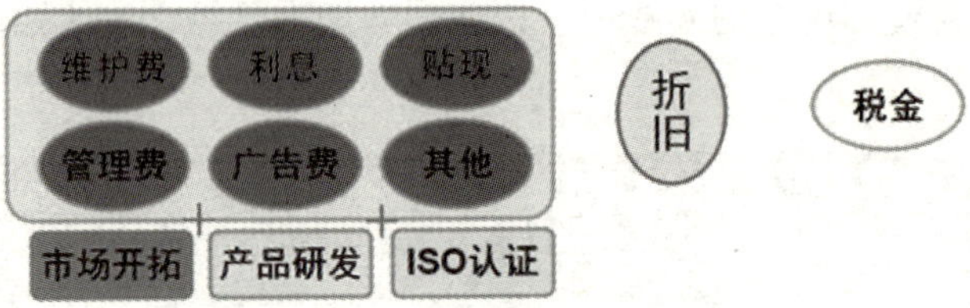

图 10－3　综合费用中心

1. 财务中心

财务中心主要包括现金、长期贷款（长贷）、短期贷款（短贷）、其他贷款（包括高利贷等）、应收账款及应付账款（一般不涉及）。

（1）现金。代表公司现金货币，每一个现金货币代表 100 万元，记为 1M，放在图中现金的位置用于公司的日常运作。此处只能放置由应收账款、贷款和贴现得到的现金以及销售现金订单得到的现金收入。

（2）应收账款。公司销售出去的产品很多时候没有立刻收到现金，而是有一定的账期，当公司按照销售订单交货时，要根据订单上面的账期将销售订单放在相应的账期位置上，如图 10－2“应收账款”处，公司每运营完一个周期，就将应收账款向前移动一个账期，等到账期为零时就拿着应收账款登记单去领取现金。

（3）短期贷款（短贷）。短期贷款的最高额与公司的上一年度的所有者权益挂钩，一般为所有者权益的 2 倍（具体情况以规则为准）。在沙盘训练中，此项只起到记录作用，不必要把现金放在图 10－2 中短贷的位置。例如，某公司借了 40M 的短期贷款，则财务总监应该把借来的钱放在现金的位置，然后写一张 40 M 的纸条放在短贷第四个账期（Q4）的位置，与应收账款的操作一样，每运营完一个周期，将此带有数据的纸条向前移动一个账期，直到账期为零时，也就是该还贷款和利息之时，财务总监就拿相应的现金去银行还短贷，并将利息费放在盘面相应的位置。

（4）长期贷款（长贷）。长期贷款的最高额与公司的上一年度的所有者权益挂钩，一般为所有者权益的 2 倍，有时会变动，具体情况以规则为准。与短贷相同，长贷只起到记录作用，操作方法也与短贷一样，唯一不同的是每一格代表一年，因此，纸条的位置是每过一年才移动一次。

（5）高利贷。高利贷是一种融资方式，一般不采用，因为成本非常高，只有公司现金短缺且贷款额度已满又有应收账款可以贴现时，公司才会考虑此种方式融资。与短贷不同的是高利贷在每一季度任何时候都可以贷款还，其他操作均相同。

2. 综合费用中心

除了财务中心，财务部门还表示为台面上的综合费用中心，企业在经营过程中，包括产生维护费、转产费、厂房出租费用、贴现利息、管理费用、广告费用、贷款利息、生产折旧及其他费用。费用必须在综合费用中心对应的区域放入相应费用数额，如图 10－3 所示。此外，在销售盈利的情况下，还有税金。

（1）广告费。公司为了得到更好的销售业绩都会为本公司的产品打广告做宣传，这时应把每年打的广告费放在图 10－3 中“广告费”的位置。

（2）折旧。每年年末公司都要按照会计准则，为生产线计提折旧，将计提的折旧放在图 10－3 中“折旧”的位置。

（3）利息。每年年末应偿还长贷和短贷的利息，如果有高利贷，还应包括高利贷利息，将利息都放在图 10－3 中“利息”的位置。

（4）管理费。每季公司都要交的行政管理费放在图 10－3 中“管理费”处。

（5）维护费。只要建设完成的生产线都需要交维护费，放在图 10－3 中“维护费”处。

（6）贴现。当公司为了获得现金将应收款贴现时，需要缴纳相应的贴现费，此项费用就放在图 10－3 中“贴现费”的位置处。

（7）其他。当公司由于特殊情况产生费用时，则放在“其他”费用的位置。例如，公司变卖生产线，且该生产线的净值大于其残值时，公司应将残值放到现金的位置，将超过残值的部分作为其他费用（依规则）。

（8）税金。如果公司盈利并且弥补亏损之后，每年年初缴纳的上年所得税放入图 10－3 中“税金”的位置处。

二、市场部门

市场部门在盘面上表现为营销与规划中心，主要包括产品研发、市场开拓和质量认证等工作内容。

1. 产品研发

在生产经营过程中，生产线可生产 4 种产品，即 P1、P2、P3、P4。一般除了 P1 产品外，其余 3 种产品需要模拟公司自己研发，且需要一定的研发周期和研发费用。研发期间，应将研发费用放在对应的产品生产资格位置，研发完成并取得生产资格认证后，将生产资格认证标识放入相应的位置，如图 10-4 所示。

图 10-4　产品研发资格认证

P1 为最初级的产品，不需要研发周期和研发费用，可以直接生产，所需的原材料简单，但需求量大，价格相对便宜。

P2 为企业在运营过程中视本组的情况而定是否研发的产品，它的需求量比较大，研发价格相对便宜，销售价格较 P1 高。

P3 是高级产品的一种，研发费用较大，所需原材料复杂，市场需求较少，质量要求较高，但利润也颇为丰厚。

P4 为终极产品，研发困难，所需的研发费用较高，所需的原材料较多，市场的需求不多，利润和 P3 相比不是很大。

2. 市场开拓

市场的分类相对简单，共分为 5 种市场，每种市场均可销售以上 4 种产品，但价格、需求量各不相同，质量要求也不相同。除了本地市场外，区域市场、国内市场、亚洲市场、国际市场都要求模拟公司自己开发，并且每高一级市场的开发都要比低一级市场所需的开发费用多 1M, 所需的时间也多一年。具体表述如图 10-5 所示。

图 10-5　市场准入开拓

（1）本地市场。本地市场不需要研发周期，直接获得本地市场准入资格，从生产第一年开始便可以直接在本地市场进行广告宣传、争取客户订单、销售产品。

（2）区域市场 。区域市场需要 1 年的研发周期，研发第二年可获得区域市场准入资格，并将资格证放置在区域市场准入资格相应区域，此后可以在区域市场进行广告宣传、争取客户的订单、销售产品。

（3）国内市场。国内市场需要 2 年的研发周期，累计研发 2 年后可获得国内市场准入资格，并将资格证放置在国内市场准入资格相应区域，此后可以在国内市场进行广告宣传、争取客户的订单、销售产品。

（4）亚洲市场。亚洲市场需要 3 年的研发周期，累计研发 3 年后可获得亚洲市场准入资格，并将资格证放置在亚洲市场准入资格相应区域，此后可以在亚洲市场进行广告宣传、争取客户的订单、销售产品。

（5）国际市场。国际市场需要 4 年的研发周期，累计研发 4 年后可获得国际市场准入资格，并将资格证放置在国际市场准入资格相应区域，此后可以在国际市场进行广告宣传、争取客户的订单、销售产品。

3. 质量认证

和现实较为相近，随着市场的占领和开拓，广大消费者也对质量的要求越来越高，因此，要想获得更好的经营效果，每家公司必须在产品的质量上做文章以便占领更多市场份额。在沙盘模拟中表现为“ISO 认证”。“ISO 认证”需要经过一段时间花费一定的费用，如图 10－6 所示。

图 10－6　ISO 资格认证

ISO9000 认证资格需要 2 年研发周期，当研发完成后放置在 ISO9000 资格认证相应的位置，可以争取 ISO9000 资格认证的产品，在实训的相关表格中 ISO9000 记为 9K。

ISO14000 认证资格需要 3 年研发周期，当研发完成后放置在 ISO14000 资格认证相应的位置，可以争取 ISO14000 资格认证的产品，在实训的相关表格中 ISO14000 记为 14K。

三、采购部门

采购部门在盘面上表现为物流中心，如图 10－7 所示，主要包括原材料订单和原材料库存两个部分。

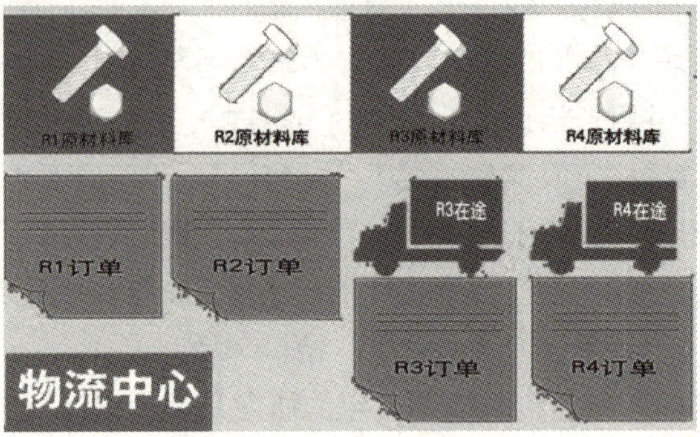

图 10－7　物流中心

1. 原材料种类

沙盘训练中一共有 4 种原材料，分别是 R1（红色）、R2（橙色）、R3（蓝色）、R4（绿色），如图 10－8 所示。

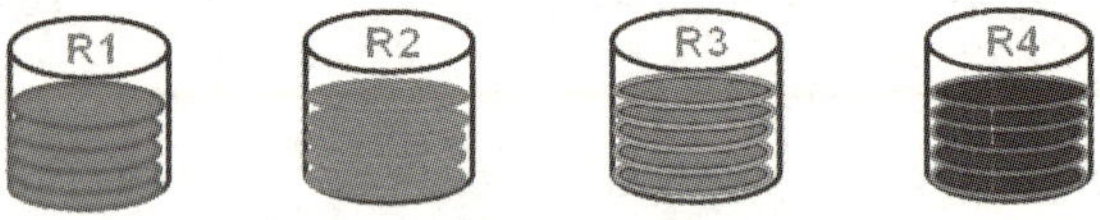

图 10－8　原材料代币

2. 原材料订单

放置本公司预定的购买原材料的订购单。

（1）R1、R2 原材料订单。R1、R2 原材料订单直接放置在图 10－7 中 R1、R2 的相应位置，一个季度后可以直接购回订购的原材料，并移动至 R1、R2 原材料库待用。

（2）R3、R4 原材料订单。R3、R4 原材料订单直接放置在图 10－7 中 R3、R4 的相应位置，一个季度后向上推进放置在在途小汽车上，第二季度购回订购的原材料，并移动至 R3、R4 原材料库待用。

3. 原材料库存

放置原材料，R1、R2、R3 和 R4 分别放置在图 10－8 中对应的位置。

四、生产部门

生产部门在盘面上表现为生产中心，如图 10－9 所示。主要包括大厂房和小厂房及各类生产线。

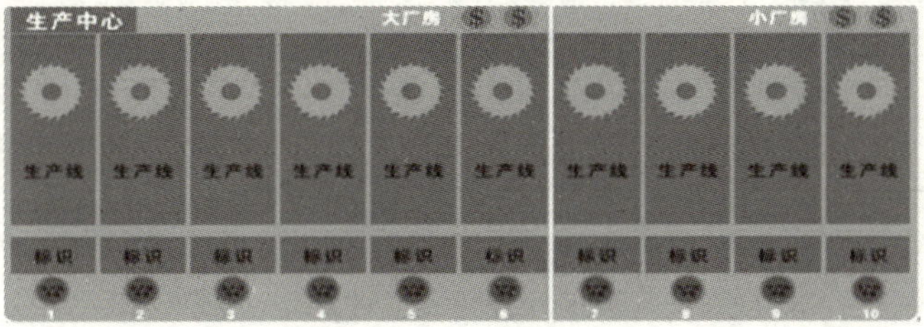

图 10－9　生产中心

1. 大厂房

购买大厂房所用的资金应当放在图中“大厂房”旁边相应的位置，如图 10-9 所示，作为固定资产，且不可随意移动固定资产的资金。如果需要，则通过买卖厂房的步骤，然后将所得现金放在应收账款 4 期位置。

大厂房可安装 6 条生产线，一般价格为 40M。

2. 小厂房

购买小厂房所用资金应放置在图 10－9 中“小厂房”旁边相应的位置。

小厂房有 4 条生产线的安装位置，一般价格为 30M。

3. 各类生产线

大、小厂房可安装的生产线包括手工生产线、半自动生产线、全自动生产线以及柔性生产线。模拟公司可根据本企业需要，任意选取并进行投资和安装，一旦安装则不可以随意移动位置，如图 10－10 所示。

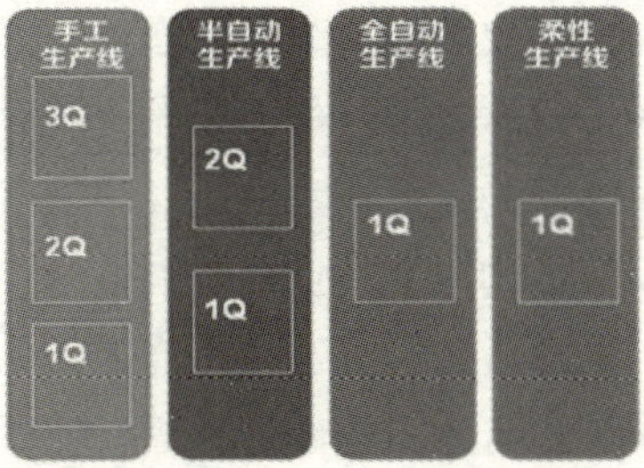

图 10－10　各类生产线

（1）手工生产线。手工生产线可生产任意产品，生产周期为 3 期，无转产费用，无安装周期。

（2）半自动生产线。半自动生产线可生产任意产品，生产周期为 2 期，有转产费用，有安装周期。

（3）全自动生产线。全自动生产线可生产任意产品，生产周期为 1 期，有转产费用，有安装周期。

（4）柔性生产线。柔性生产线可生产任意产品，生产周期为 1 期，无转产费用，有安装周期。

第三节　初始状态

ERP 沙盘模拟可以根据实训的侧重点不同，自由设计规则。如果我们仅是利用沙盘学习财务知识，可以先从接手一个已经运营了 3 年的企业开始，这样做的好处在于有前期的数据资料可供使用。虽然学员已经从基本情况描述中获得了企业运营的基本信息，但还需要把这些枯燥的数字活生生地再现到沙盘盘面上，由此为下一步的企业运营做好铺垫。通过初始状态设定，使学员深刻地感受财务数据与企业业务的直接相关性，理解财务数据是对企业运营情况的一种总结及提炼，为今后“透过财务看经营”做好观念上的准备。

一、公司的发展现状与股东预期

该企业长期以来一直专注于某行业 P 产品的生产与经营，目前生产的 P1 产品在本地市场知名度很高，客户也很满意。同时企业拥有自己的厂房，其中安装了 3 条手工生产线和 1 条半自动生产线，运行状态良好。但从历年盈利来看，增长已经放缓，上年度盈利仅为 300 万元。生产设备陈旧，产品、市场单一，企业管理层长期以来墨守成规地经营等，导致企业已经缺乏活力。

不仅如此，最近一家权威机构对该行业的发展前景进行了预测，认为 P 产品将会从目前的相对低技术水平发展为一个高技术产品。为此，公司董事会及全体股东决定将企业交给一批优秀的新人去发展，希望新的管理层能完成以下工作：

第一，投资新产品的开发，使公司的市场地位进一步得到提升。

第二，开发本地市场以外的其他新市场，进一步拓展市场领域。

第三，扩大生产规模，采用现代化生产手段，努力提高生产效率。

总而言之，随着 P 产品所在行业从一个相对低水平发展为高技术水平，新的管理层必须要创新经营、专注经营，才能完成公司董事会及全体股东的期望，实现良好的经营业绩。

二、企业财务现状描述

学员将接手经营的企业总资产为 1.05 亿元（模拟货币单位 105M，M 代表百万元，下同），其中流动资产 52M、固定资产 53M、负债 41M、所有者权益 64M。

1. 流动资产

流动资产包括现金、应收账款、存货等，其中存货分为在制品、成品和原材料。

该企业现有现金 20M，3 个账期（3Q，Q 表示季度，下同）的应收款 15M，在制品价值 8M，成品价值 6M，原材料价值 3M。

2. 固定资产

固定资产 53M，包括土地及厂房、生产设施、在建工程等，其中土地及厂房在此试训中专指厂房，生产设施指生产线，在建工程指未建设完工的生产线。

该企业现有一个价值 40M 的大厂房和价值 13M 的生产设备，包括 3 条手工生产线和 1 条半自动生产线，目前没有在建工程。

3. 负债

负债 41M，包括短期负债、长期负债和各项应付款，其中短期负债主要指短期贷款、高利贷等，长期负债主要指长期贷款，各项应付款包括应付税金、应付账款等。

该企业现有长期贷款 40M，应付税金 1M，目前没有短期负债等。

4. 所有者权益

所有者权益 64M，包括股东资本、利润留存、年度净利润等。股东资本指股东的投资，利润留存指历年积累下来的年度利润，而年度利润指当年的净利润。

该企业股东资本为 50M，利润留存为 11M，年度净利润为 3M。

三、初始状态设定

将新接手的企业当前情况反映在沙盘盘面上，即为初始状态。

1. 生产中心初始状态

拥有大厂房 1 座，价值 40M；拥有手工生产线 3 条、设备净值为 3M，半自动生产线 1 条，设备净值为 4M；4 条生产线上各有 1 件 P1 的在制品，分别位于手工生产线的第一期、第二期、第三期和半自动生产线的第二期（如图 10－11 所示）。

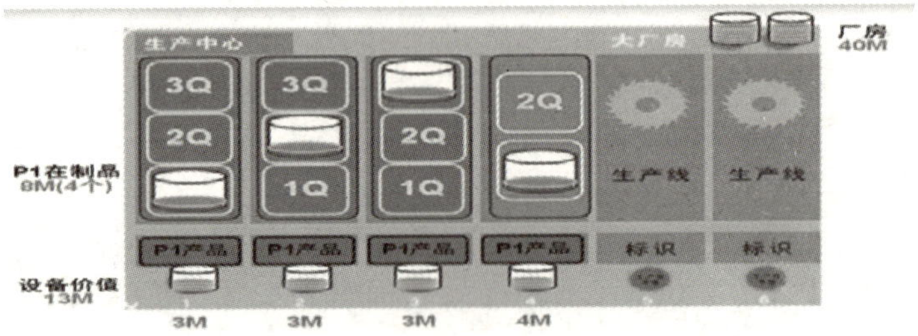

图 10－11　生产中心初始状态

2. 物流中心初始状态

企业原材料仓库中现有 R1 原材料 3 个；在产成品仓库中现有 P1 产成品 3 个；已订购 2 个原材料 R1，尚未到货（如图 10－12 所示）。

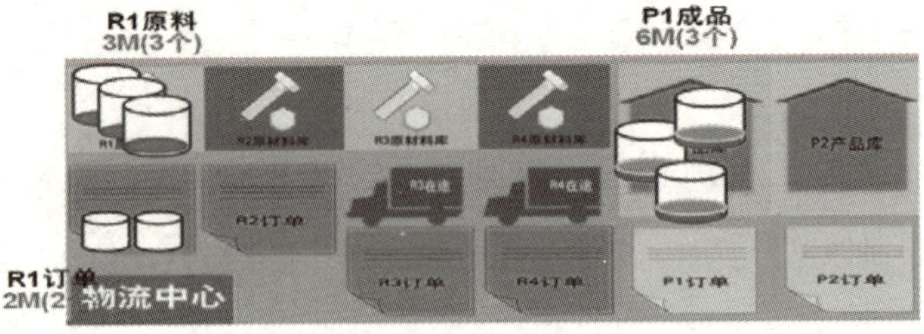

图 10－12　物流中心初始状态

3. 财务中心初始状态

企业现有现金 20M；3 期应收账款 15M；4 年长期贷款 20M、5 年长期贷款 20M（如图 10－13 所示）。图 10－14 所示为上期末的利润表和资产负债表情况。

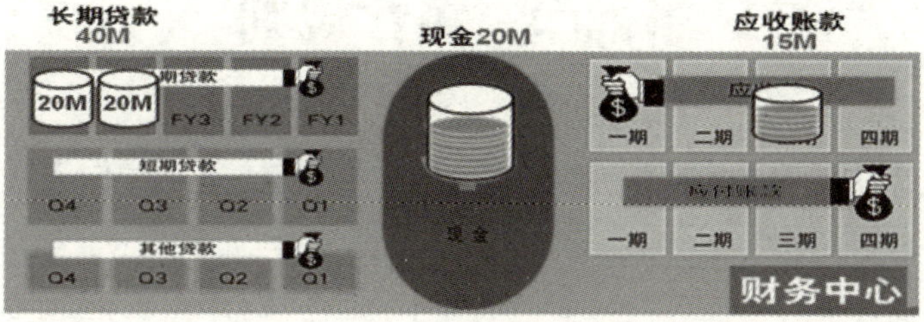

图 10－13　财务中心初始状态

利润表

单位：百万

		金额
销售收入	+	35
直接成本	-	12
毛利	=	23
综合费用	-	11
折旧前利润	=	12
折旧	-	4
支付利息前利润	=	8
财务收入 / 支出	+/-	4
额外收入 / 支出	+/-	
税前利润	=	4
所得税	-	1
净利润	=	3

资产负债表

单位：百万

资产		金额	负债 + 权益		金额
现金	+	20	长期负债	+	40
应收款	+	15	短期负债	+	0
在制品	+	8	应付账款	+	0
成品	+	6	应交税	+	1
原料	+	3	一年到期的长贷	+	0
流动资产合计	=	52	负债合计	=	41
固定资产			权益		
土地和建筑	+	40	股东资本	+	50
机器和设备	+	13	利润留存	+	11
在建工程	+	0	年度净利	+	3
固定资产合计	=	53	所有者权益合计	=	64
总资产	=	105	负债 + 权益	=	105

图 10－14　上期末的利润表和资产负债表

4. 营销与规划中心初始状态

企业已取得了 P1 产品的生产资格和本地市场准入资格（如图 10－15 所示）。

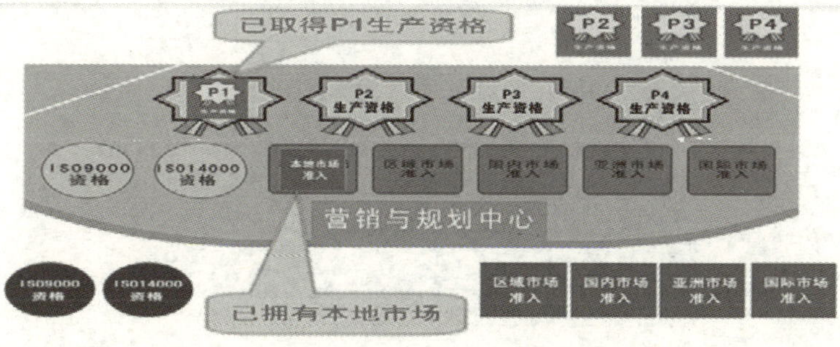

图 10－15　营销与规划中心初始状态

第四节　运营规则

ERP 沙盘规则可以根据实训对象和侧重自由规定。本例中向大家介绍一个用友物理沙盘的常见规则。

一、产品的原材料、加工费规则

产品 P1、P2、P3、P4 的原材料构成和生产成本如表 10－2 所示，其中的原材料 R1、R2、R3、R4 单价均为 1M，每单位产品的加工费用均为 1M。

表 10－2　　产品的原材料、加工费规则

产品	原材料构成	原材料价格	产品原材料总价	加工费	直接生产成本
P1	R1	均为 1M	1M	均为 1M	2M
P2	R1、R2		2M		3M
P3	2R2、R3		3M		4M
P4	R2、R3、R4		4M		5M

二、市场划分与准入规则

各市场投入费用规则如图 10－16 所示。不同的市场投入的费用及时间不同，资金短缺时可以随时中断或者终止投入，只有市场投入全部完成后方可接单。资金短缺可以中断投资，但是不能加速投资。所有已进入的市场每年至少投入 1M 维持，否则视为放弃该市场。

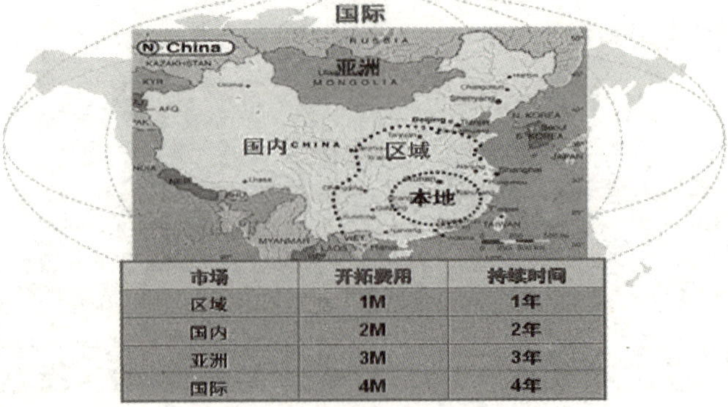

图 10－16　　市场投入费用规则

三、订单争取规则

每年年初各企业的销售总监参加销售会议并与客户见面。根据市场地位、产品广告投入、市场广告投入和市场需求及竞争态势，按以下顺序订单：

首先，由上年在该市场的订单销售额决定市场领导者，并由市场领导者（也称“市场老大”）最先选单，前提是在想要接单的市场上至少投入超过 1M 的广告费，如果上一年的“市场老大”未按订单交货或者破产等原因，被取消“市场老大”资格，则此市场该年无“老大”，订单选取按无“市场老大”的情况进行。

其次，按该市场产品广告投入量的多少依次选择订单；若在同一产品上有多家企业投入广告相同，则按照该市场上全部产品的广告投入量决定选单顺序；若该市场的广告投入量也相同，则按照上年订单销售额的排名决定先后顺序；如果订单销售额也相同，则按照投放广告的时间先后顺序决定由谁选择订单。

四、厂房购买、租赁与出售规则

厂房购买、租赁与出售规则如图 10－17 所示。年底将决定厂房是购买、租赁，还是出售。购买厂房后，将购买价款放在厂房价值处，表明该厂房的价值，厂房不提折旧；租赁厂房的租金，放在综合费用区的租金项；出售厂房收入计入 4Q 应收账款，不是马上可以使用的现金。

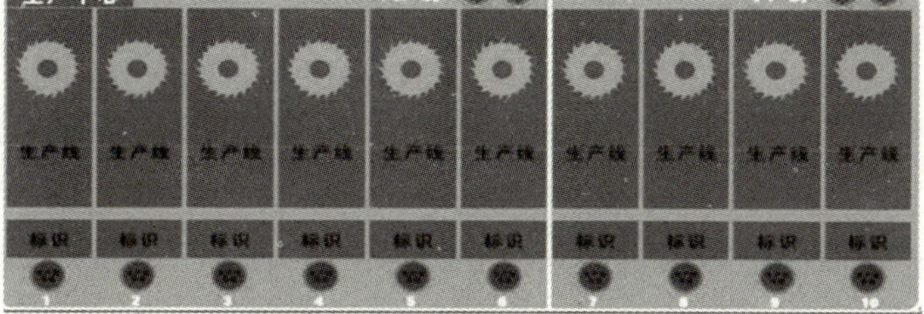

厂房	买价	租金	售价	容量
大厂房	40M	5M/年	40M（4Q）	6条生产线
小厂房	30M	3M/年	30M（4Q）	4条生产线

图 10－17　厂房购买、租赁与出售规则

五、生产线购买、转产与维护、出售规则

生产线购买、转产与维护、出售规则如图 10－18 所示。

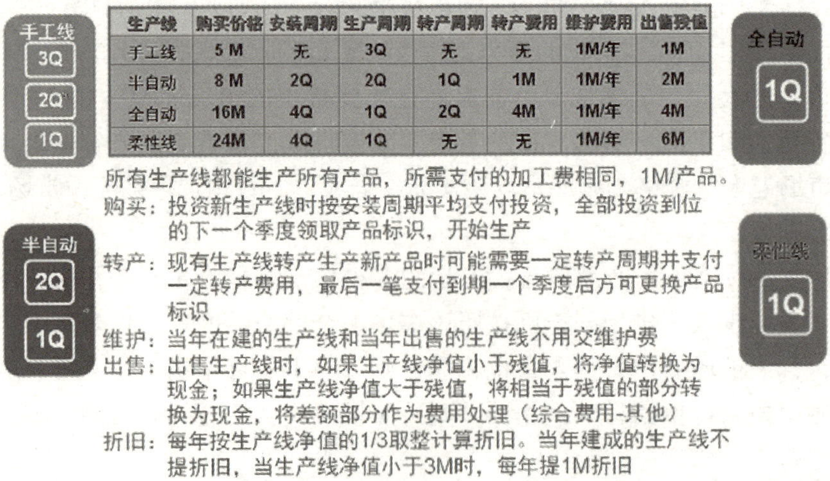

生产线	购买价格	安装周期	生产周期	转产周期	转产费用	维护费用	出售残值
手工线	5 M	无	3Q	无	无	1M/年	1M
半自动	8 M	2Q	2Q	1Q	1M	1M/年	2M
全自动	16M	4Q	1Q	2Q	4M	1M/年	4M
柔性线	24M	4Q	1Q	无	无	1M/年	6M

所有生产线都能生产所有产品，所需支付的加工费相同，1M/产品。
购买：投资新生产线时按安装周期平均支付投资，全部投资到位的下一个季度领取产品标识，开始生产
转产：现有生产线转产生产新产品时可能需要一定转产周期并支付一定转产费用，最后一笔支付到期一个季度后方可更换产品标识
维护：当年在建的生产线和当年出售的生产线不用交维护费
出售：出售生产线时，如果生产线净值小于残值，将净值转换为现金；如果生产线净值大于残值，将相当于残值的部分转换为现金，将差额部分作为费用处理（综合费用-其他）
折旧：每年按生产线净值的1/3取整计算折旧。当年建成的生产线不提折旧，当生产线净值小于3M时，每年提1M折旧

图 10－18　生产线购买、转产与维护、出售规则

六、原材料采购与产品生产规则

用空桶表示原材料订货，并将其放在相应的订单上。R1、R2 订货必须提前一个季度；R3、R4 订货必须提前两个季度。根据所下采购订单接受相应原材料入库，并按规定付款或计入应付账款。

开始生产时，按产品结构要求将原材料放在生产线上并支付加工费，各种生产线生产所有产品的加工费均为 1M。空生产线才能上线生产，1 条生产线在同一时刻只能生产一个产品。上线生产必须有材料，否则必须停工待料。

七、产品研发规则

新产品研究规则如图 10－19 所示。几种新产品研发投资可以同时进行，按季度平均支付。资金短缺时，可以随时中断或者终止投入研发资金，不可追加投资，必须完成全部投资后方可追加研发投资，但可提前接单。例如，P2 产品研发周期为 6 期，企业从第一年 1Q 开始研发 P2，最快要到第二年 2Q 才能完成研发投资，

因此，最快要到第三年 3Q 方可开始生产 P2 产品。但是企业参加第二年 2Q 的销售订货会时，已经可以接 P2 产品订单，虽然此时 P2 产品研发尚未完成。研发投资计入综合费用，研发投资完成后，持全部投资到裁判台换取产品生产资格证。

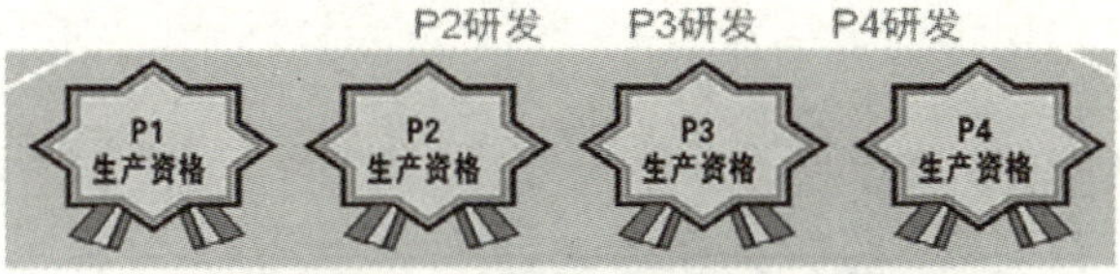

产品	P2	P3	P4
研发时间	6Q	6Q	6Q
研发投资	6M	12M	18M

图 10－19　新产品研发规则

八、市场开拓和 ISO 认证规则

市场开拓和 ISO 认证规则如图 10－20 所示。市场开拓投资按年度支付，允许同时开拓多个市场，但每个市场每年最多投资为 1M，不允许加速投资，但允许中断。某一个市场开拓完成后，持开发费用到裁判台领取市场准入证，之后才允许进入该市场竞单。ISO9000 和 ISO14000 两项认证投资可同时进行或先后进行，但不可加速投资，相应投资完成后，持投资费用到裁判台领取 ISO 资格证。当年市场开拓投资与 ISO 认证投资计入当年综合费用。

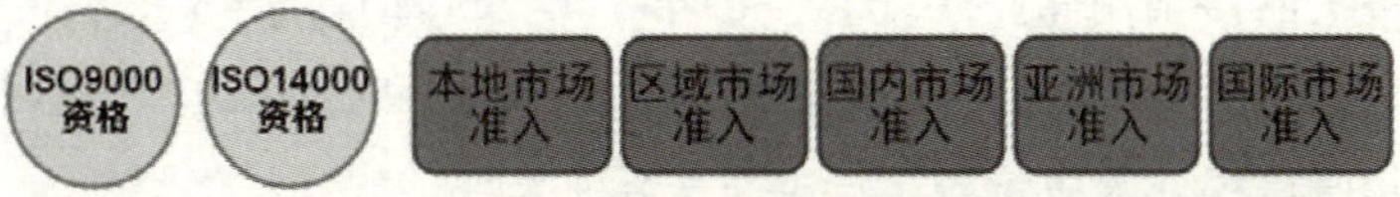

管理体系	ISO9000	ISO14000
建立时间	>=2年	>=3年
所需投资	1M/年	1M/年

市场	区　域	国　内	亚　洲	国　际
完成时间	>=1年	>=2年	>=3年	>=4年
投资规则	1M/年	1M/年	1M/年	1M/年

图 10－20　市场开拓和 ISO 认证规则

九、融资贷款与资金贴现规则

融资贷款与资金贴现规则如图 10－21 所示。长期贷款最长期限为 5 年，短期贷款及高利贷期限为 1 年，不足 1 年的按 1 年计算。长期贷款每年需还利息，新贷长贷次年开始交利息，当年还的长贷该年也要交利息；短期贷款到期时还本付息（贷款只能是 20 的倍数）。资金贴现在有应收账款时随时可以进行，金额是 7 的倍数，不论应收账款期限长短，从每 7M 中拿出 1M 交贴现费。

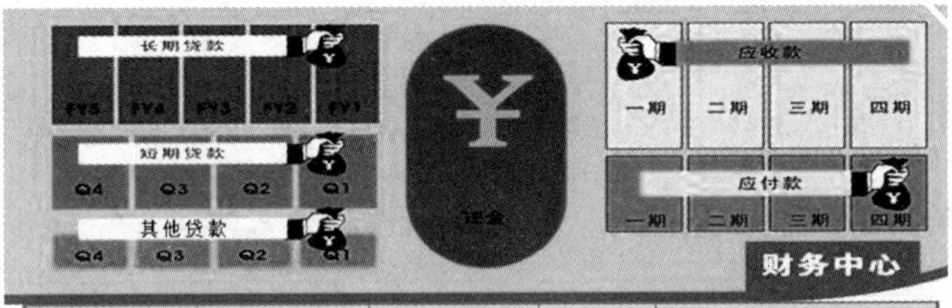

贷款类型	贷款时间	贷款额度	年息	还款方式
长期贷款	每年年末	权益的2倍	10%	年底付息，到期还本
短期贷款	每季度初	权益的2倍	5%	到期一次还本、付息
高 利 贷	任何时间		20%	到期一次还本、付息
资金贴现	任何时间	视应收款额	1:6	变现时贴息

图 10－21　融资贷款与资金贴现规则

十、综合费用与折旧、税金、利息规则

行政管理费用（每季度 1M）、市场开拓费用、产品研发费用、ISO 认证费用、广告费、生产线转产费用、设备维护费用、厂房租金等计入综合费用。

设备折旧按余额递减法计算，每年按生产线净值的 1/3 取整计算折旧。当年建成的生产线不提折旧，当年生产线净值小于 3M 时，每年提 1M 折旧。

每年所得税计入应付税金，在下一年初缴纳。

利息、贴现等在计算利润表中单列为财务支出，不计入综合费用。

第五节　市场预测

市场预测主要包括两部分内容：一是从市场角度；二是从产品角度。编制企业战略与财务预算的前提是要有较为准确的市场预测，在 ERP 沙盘实训中可以先向学员给出不同时期的市场预测，如图 10－22 所示。

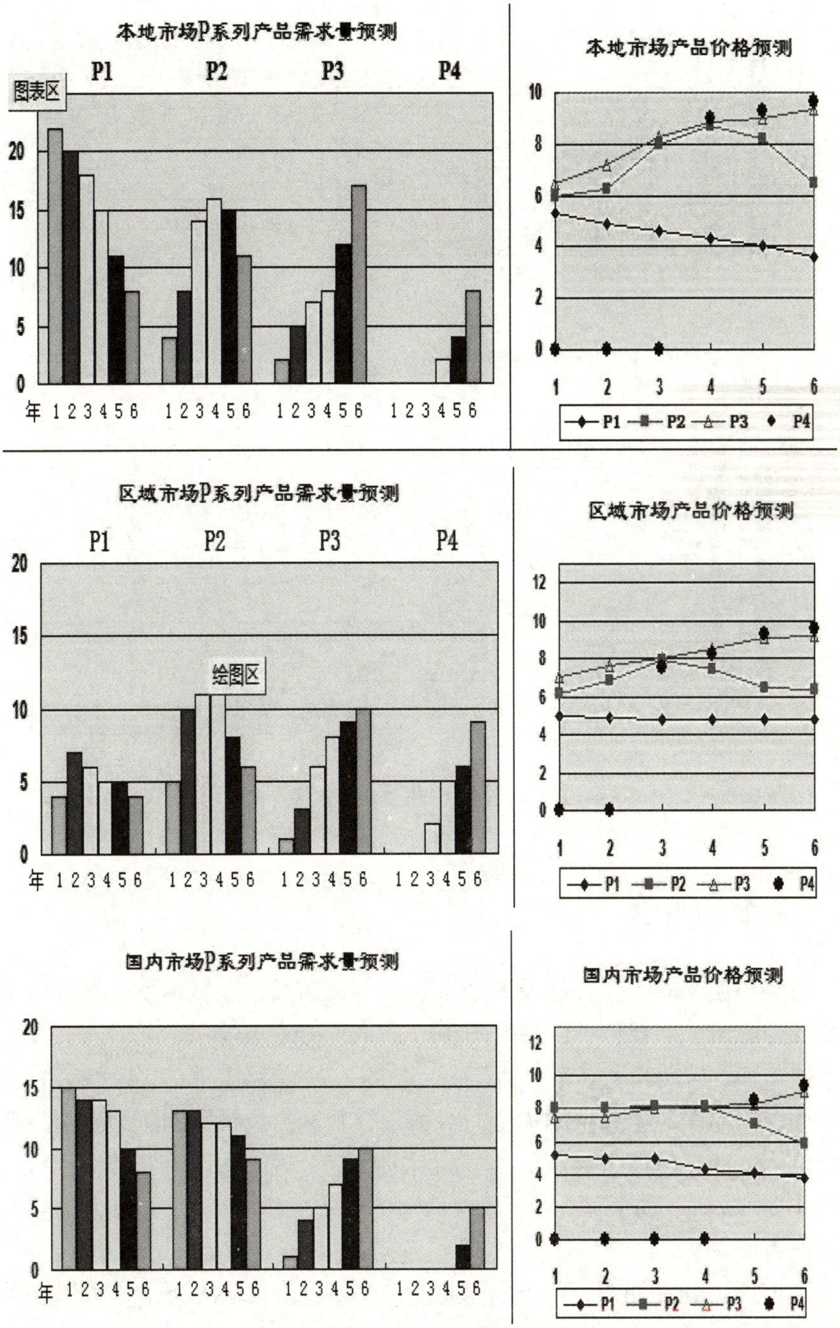

图 10－22　市场预测

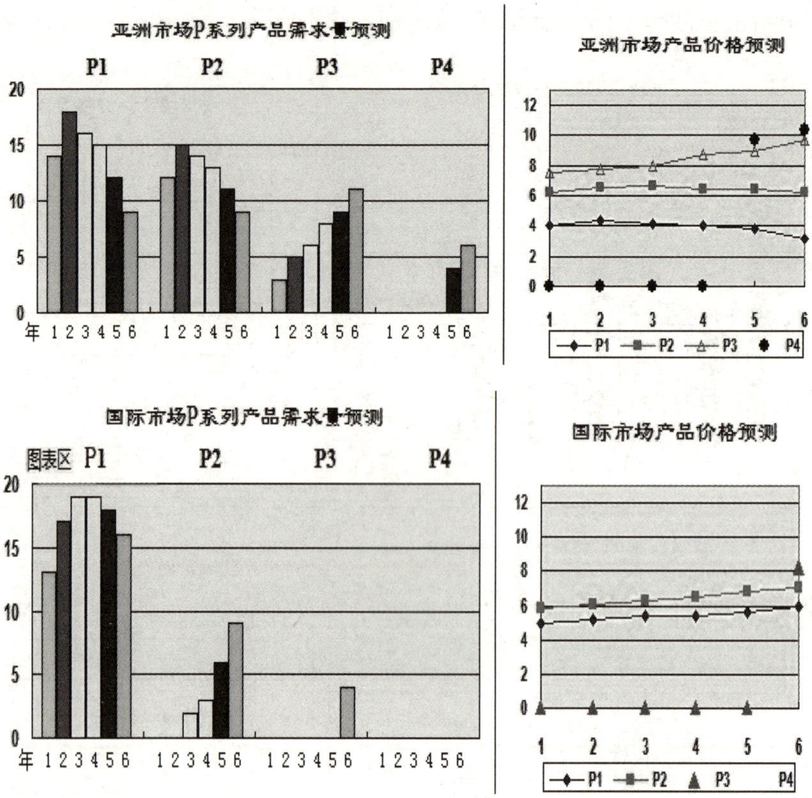

图 10－22　市场预测（续）

一、市场角度

从市场角度来看，主要涉及 5 个市场：本地市场、区域市场、国内市场、亚洲市场、国际市场。我们可以根据图 10－22 做一个简单分析：

本地市场，兵家开局必争之地。前 3 年 P1、P2 价格上涨，4 年之后价格下滑。前 3 年可以为后期积累大量的资金，缓解贷款及利息所带来的压力。中后期可以持续的经济资源，建议争夺。积压产品对前期资金短缺的改善非常不利，“市场老大”不是“1=1”的关系，是“1=1+1”的关系，一次广告争夺成功等于两次主动占据市场龙头。

区域市场，开发期短，市场需求量大，3 年后价格明显下滑，可以在前 3 年赚取足够利润后第 4 年退出。

国内市场，该市场的成型时期与 P3 产品的生产开始期极其接近，也正是 P2 产品的成熟期，此市场利润很大（相对 P2 与 P3 来说）。

亚洲市场，开发期长，其成型期也正是 P3 的成熟期，有 ISO 认证要求，但是利润远远大于申请认证所花费的资金。此年可以放弃区域市场的争夺而转向亚洲市场。

国际市场，P2、P3、P4 的价格平凡，但是 P1 的价格极大限度地回升，要想争夺此市场，至少要留 1 条 P1 生产线。

二、产品角度

P1 产品，成本低，前期需求大。因为无须研制，所以前两年无疑就是 P1 的争夺战。主要销往 3 个市场：本地、区域、国际。

P2 产品，成本不高，需求量稳定，材料补充快，研制周期短，倘若第一年本地“市场老大”位置没争夺到，可以利用提前开拓 P2 来争取区域“市场老大”位置。在第三年之后，可以由 P2 向 P3 转移继而争夺国内甚至亚洲“市场老大”位置。

P3 产品，利润高，研发成本高，可以作为后期压制对手与翻盘的一把利剑，建议在第三年后主要生产 P3 来压制科技水平低的企业。可以说谁控制了 P3 市场谁就能控制国内与亚洲市场。

P4 产品，研发成本高，研发周期长，虽然说利润不菲，但是要求高，可销售时间不长，只有 2 ~ 3 年销售期，一般不建议研制 P4。

第六节　沙盘起始年操作

在沙盘实训中，为了让学员能够更快地掌握沙盘的操作方法，可以设置沙盘起始年。起始年的主要目的是让新的管理团队进行磨合以及进一步熟悉并掌握运营规则，明晰企业的运营流程。

一、起始年运营规则说明

为了降低沙盘起始年的操作难度，可以适当简化操作流程。例如：

- 不进行任何贷款。
- 不投资任何生产线。
- 不进行产品研发。
- 不购买厂房。
- 不开拓新市场。
- 不进行 ISO 认证。
- 每季度订购下一批 R1 原材料。

……

二、起始年运营流程

按流程逐步运行，在沙盘盘面作相应操作，并填写各项运营记录：

1. 登记订单

销售会议完成后，登记市场订单，如表 10－3 所示。

表 10－3　订单登记表

订单号	****									合计
市场	本地									
产品	P1									
数量	6									
账期	2Q									
销售额										
成本	交货时填写									
毛利										
未售										

2. 填写现金流量表

按企业运营流程，填写现金流量表，如表 10－4 所示。

表 10－4　现金流量表（操作记录）

新年规划会议	★	
参加订货会 / 登记销售订单	1	
制订新年度计划	★	
支付应付税	1	

续表

季初盘点（请填数量）	18	14	10	22
更新短期贷款 / 长期贷款 / 还本付息	★	★	★	★
更新应付账款 / 归还应付账款	/	/	/	/
原材料入库 / 更新原材料订单	2	1	1	1
下原料订单	★	★	★	★
更新生产 / 完工入库	★	★	★	★
新建 / 在建 / 转产 / 变卖——生产线	★	★	★	★
开始下一批生产	1	2	1	2
更新应收账款 / 应收账款收现	★	★	15	32
厂房—出售（买转租转买）/ 退租 / 租转买	/	/	/	/
向其他企业购买成品 / 出售成品	/	/	/	/
按订单交货	/	★	/	/
产品研发投资	/	/	/	/
支付行政管理费	1	1	1	1
其他现金收支情况登记	/	/	/	/
支付利息 / 更新长期贷款 / 申请短期贷款				4
支付设备维护费				4
支付租金 / 购买厂房				★
计提折旧				（4）
新市场开拓 /ISO 认证				★
现金收入合计	0	0	15	32
现金支出合计	4	4	3	12
期末现金对账	14	10	22	42
结账				★

3. 填写产品核算统计表

填写产品核算统计表，如表 10－5 所示。

表 10－5　产品核算统计表

单位：百万元

	P1	P2	P3	P4	合计
数量	6	0	0	0	6
销售额	32	0	0	0	32
成本	12	0	0	0	12
毛利	20	0	0	0	20

4. 填写综合管理费用明细表

填写综合管理费用明细表，如表 10－6 所示。

表 10－6　综合管理费用明细表

单位：百万元

项 目	金 额	备 注
管理费	4	
广告费	1	
保养费	4	
租 金	0	
转产费	0	
市场准入开拓	0	□区域 □国内 □亚洲 □国际
ISO 资格认证	0	□ ISO9000 □ 1SO14000
产品研发	0	P2（ ） P3（ ） P4（ ）
其他	0	
合计	9	

5. 编制利润表

编制利润表，如表 10－7 所示。

表 10－7　利润表

单位：百万元

项目	上年数	本年数
销售收入	35	32
直接成本	12	12
毛利	23	20
综合费用	11	9
折旧前利润	12	11
折旧	4	4
支付利息前利润	8	7
财务收入 / 支出	4	4
其他收入 / 支出		
税前利润	4	3
所得税	1	1
净利润	3	2

6. 编制资产负债表

编制资产负债表，如表 10-8 所示。

表 10-8 资产负债表

单位：百万元

资产	期初数	期末数	负债和所有者权益	期初数	期末数
流动资产：			负债：		
现金	20	42	长期负债	40	40
应收账款	15	0	短期负债	0	0
在制品	8	8	应付账款	0	0
成品	6	6	应交税金	1	1
原料	3	2	一年内到期的长期负债		
流动资产合计	52	58	负债合计	41	41
固定资产：			所有者权益：		
土地和建筑	40	40	股东资本	50	50
机器与设备	13	9	利润留存	11	14
在建工程			年度净利	3	2
固定资产合计	53	49	所有者权益合计	64	66
资产总计	105	107	负债和所有者权益总计	105	107

本章小结

◆ ERP 沙盘原理

○ 沙盘简介

——ERP 沙盘实训就是将实物沙盘和 ERP 管理理念相结合，通过构建仿真企业环境，模仿真实企业的生产经营活动。

——在实际操作中，ERP 沙盘实训课程的背景设定为 6 个基础状况完全相同的 生产型企业。

○ 角色与职责

——角色分为总经理、财务总监、生产总监、市场总监和采购总监 5 种。

——一般选择6个经营年度作为模拟期。

——组内的5人将进入场景，如置身真实的企业，各自肩负不同的职能，支撑相互独立又相互联系的部门。

◆ 沙盘盘面介绍

○ 财务部门

○ 市场部门

○ 采购部门

○ 生产部门

◆ 初始状态

○ 公司的发展现状与股东预期

○ 企业财务现状描述

○ 初始状态设定

——生产中心初始状态。

——物流中心初始状态。

——财务中心初始状态。

——营销与规划中心初始状态。

◆ 运营规则

○ 产品的原材料、加工费规则

○ 市场划分与准入规则

○ 订单争取规则

○ 生产线购买、转产与维护、出售规则

○ 原材料采购与产品生产规则

○ 产品研发规则

○ 市场开拓和ISO认证规则

○ 融资贷款与资金贴现规则

○ 综合费用与折旧、税金、利息规则

◆ 市场预测

○ 市场角度

——主要涉及5个市场：本地市场、区域市场、国内市场、亚洲市场、国际市场。

○ 产品角度

——主要涉及 4 种产品：P1、P2、P3、P4。

◆ 沙盘起始年操作

○ **起始年运营规则说明**

○ **起始年运营流程**

——登记市场订单。

——填写现金流量表（操作流程）。

——填写产品核算统计表。

——填写综合费用明细表。

——编制利润表。

——编制资产负债表。

附　　录

附录一　创业计划书模板

第四届全国大学生创业大赛

全国总决赛创业计划书

项目名称：甘肃省大学生信息服务平台

创业团队：企航创业团队

时　　间：2012年6月

所在院校：西北民族大学

联系电话：18794792622

E-MAIL：627306870@qq.com

P&K

目　录

摘 要

拟建立的“甘肃省大学生信息服务平台（拼拼网）”项目计划书包括服务介绍、行业及市场分析、营销策略、组织与管理、经营计划、融资说明、财务计划、风险评估与防范、项目实施进度及附件，共九章。

第1章，服务介绍。本章首先简单介绍了“拼客”的由来、现状、优越性及甘肃省大学生信息服务平台与中国拼客网的优缺点比较，重点介绍了“甘肃省大学生信息服务平台（拼拼网）”及其提供的12种服务。

第2章，行业及市场分析。本章通过行业现状、市场状况及“甘肃省大学生信息服务平台（拼拼网）”的优劣势等10个方面对“甘肃省大学生信息服务平台（拼拼网）”进行了详细分析，分析结果表明“甘肃省大学生信息服务平台（拼拼网）”具有很强的市场竞争优势及可行性。

第3章，营销策略。本章根据行业及市场分析，从市场细分（目标市场选择、市场定位、市场战略）入手，分析了企业的营销策略，分别通过市场策略、产品或服务策略、定价策略、促销策略进行阐述，得出结论：销售促进将会成为本网站主要的促销策略，因为对于本网站而言活动营销效果最为明显，更重要的是活动营销很多时候可以发挥“一箭双雕”的效果，从而降低网站的推广成本。

第4章，组织与管理。本章介绍了基于项目成立公司的内部运营和管理模式。主要包括以下内容：①企业基本情况。“甘肃省大学生信息服务平台（拼拼网）”是以网络为服务基础，专为大学生服务的平台。公司以“拼客”为经营出发点、以服务甘肃省大学生为立足点，给大学生们提供学习、生活、娱乐、就业、创业等各方面的信息。②公司的组织结构。组织结构包括各驻校代理、信息部、市场部、财务部、技术部、总经理、董事会、股东大会，同时列出了各部和岗位的职责。③公司的管理。包括人力资源管理、营销管理、技术管理、财务管理4个部分，通过这4部分促进企业内部合理运营，完善管理模式。④其他说明。简单地介绍了企业名称、注册时间、股东出资情况、注册地点以及组织机构负责人详细资料。

第5章，经营计划。本章主要介绍本企业运营、管理系统和企业核心竞争力构建，包括企业的业务流程以及企业核心竞争力的构建等相关内容。详细分析了本企业主要业务的商业流程以及工作流程，针对企业核心竞争力的构建提出了诸多具有现实意义的设想。

第6章，融资说明。本章主要内容：①项目启动和运营资金需求15万元人民币，理想融资额为25万元人民币，主要用于固定资产投资、技术升级、人员工资、服务平台推广。②可供投资者选择的投资形式可以是优先股、普通股、可转换债权、普通债权、混合投资等。③新建企业的资本构成包括企业现有资产折股、投资方资金折股、项目折股、管理层个人顶身股。④投资者介入企业管理的内容包括参与股东大会、加入董事会、日常运营监督、财务监督等。⑤投资者收益和退出的方式随投资形式不同包括本金和利息、股票上市、股权转让、股权回购、管理层收购、股利、股息等。⑥企业运营的风险包括政策风险、技术风险、市场风险、内部管理风险、成本控制风险、竞争风险、财务风险等，本章在这些风险分析的基础上列示了相应的预防和规避措施。

第7章，财务计划。对大学生信息服务的经营状况作预测。内容：①企业收入来源主要是广告、拼客活动、其他收益（包括高级会员管理费、信息销售、新闻有偿发布等）。②尽管项目正常运营后第一个年度亏损，但是从第二年度开始好转，项目大约在第三年度进入稳定盈利期。③项目投资收益率第一年约为15.26%，第二年约为34.14%，第三年约为35.31%，项目投资回收期为3年。并在此基础上编制了企业未来3年的财务报表，并计算了一些关键的财务指标，论证了实施该项目在财务上的可行性。

第8章，风险评估与防范。本章宏观地介绍了企业发展期（1～2年）以及成熟期（3～5年）风险分析，在此基础上发现了限制发展的因素，再对防范措施进行分析，采取积极、有效的措施，最大限度地降低风险。

第9章，项目实施进度。本章详细分析了项目启动和正常运营的资源需求状况，包括人力、财力、物力、时间和项目启动的周期和工作分解及其流程等内容，得出如下结论：①项目启动资金需求7万～12万元人民币。②项目启动周期约为3个月。③项目正常运营费用为每季度4万～5万元。④正常运营全职人员4名以上。⑤正常运营期（是指从公司创立到“甘肃省大学生信息服务平台（拼拼网）”成熟后进行大规模扩张之前这一段时期）为半年到一年时间。⑥在企业盈利之前将尽量采取低成本运营模式。

附件附加了兰州拼客网介绍。

第 1 章　服务介绍

1.1　背景介绍

近年来，在人们的生活中越来越流行一个“拼”字，“拼饭”“拼车”“拼房”……而常参与这类“拼”活动的人便被称为“拼客”。“拼客”是随着网络的出现而出现的一种新型的人际关系。它象征着一种通过协作来实现节约经济的“生活新形态”。这是一种为了现实利益而连接起来的虚拟关系，也是我们这个社会的网络乐趣之一。在百度上搜索“拼客”一词，出现的相关内容高达近 800 万条，不愧为流行的热门词汇，这里的“拼”是拼凑，拼合；“客”代表人。狭义的拼客指为某件事或某种行为素不相识的人通过互联网自发组织的一个群体，如旅游、购物。因此，“拼客”指的就是集中在一起共同完成一件事或活动，实行“AA 制”消费的一群人。实行“拼客”消费，既可以分摊成本、共享优惠，又能享受快乐并从中交友。“拼客”消费倡导的是一种“节约、时尚、快乐、共赢”的新型生活方式，常言道“爱拼才会赢”，展示的是一种精明节俭的生活理念，追求的是足金足量的生活品位。

自 2008 年金融次贷危机之后，全球仍笼罩在金融危机的阴影下，对我国的大学生而言，“拼客”精神在于用最少的财力构筑最丰富的生活。因此，我们需要且有必要建立一个专属于大学生的“拼客”网站，以便更好地将这种精神贯彻到底！

“拼客”在我们的生活中由来已久。荷兰和意大利是海上商品贸易和早期资源共享主义的发迹之地，早在 16 ~ 17 世纪，终日奔波的意大利商人和荷兰商人已衍生出“聚时交流信息，散时各付资费”的习俗。因为商人的流动性很强，如果一个人请客，被请的人说不定这辈子再也碰不到了，为了大家不吃亏，彼此分摊便是最好的选择了。而荷兰人因其精明，凡事都要分清楚，逐渐形成了 let's go dutch（让我们做荷兰人）的俗语。而幽默的美国人将这句话引申成为“AA 制”[①]，

① AA 制，即为 Acting Appointment 的缩写，也有人认为是 All Apart 的缩写。

“AA 制”消费在美国、荷兰等发达国家非常盛行。只要我们曾经与人“拼”过或以“AA 制”消费过，其实就已经成为“拼客”中的一员了，只是我们以前不知道这一类群体叫作“拼客”而已。随着互联网等媒体的不断普及，越来越多的人不知不觉地加入到了“拼客”行列中。

1.2 “甘肃省大学生信息服务平台（拼拼网）”简介

“甘肃省大学生信息服务平台（拼拼网）”是服务于大学生的“拼客”平台，在“甘肃省大学生信息服务平台（拼拼网）”上你可以查询、发布拼游（拼团或自助游）、拼学、拼房（合租）、拼餐、拼玩、拼卡、拼购（团购）、拼车、拼公益等各种的“拼客”信息。“甘肃省大学生信息服务平台（拼拼网）”是为大学生提供分摊成本、共享优惠、享受快乐、交友识友的网络平台。

“甘肃省大学生信息服务平台（拼拼网）”在甘肃省设置总部，各个高校设置驻校代理，总部统筹管理一切网上“拼客”活动，驻校代理主要负责在本校的“拼客”活动宣传以及提供各种咨询服务，是本校“拼客”与信息服务平台的纽带。“甘肃省大学生信息服务平台（拼拼网）”初期主要借鉴 C2C(Consumer to Consumer)模式为主，开展中介服务；后期，“甘肃省大学生信息服务平台（拼拼网）”可以借鉴 B2C（ Business to Consumer）模式，直接面向大学生“拼客”销售产品和服务；当“甘肃省大学生信息服务平台（拼拼网）”发展成熟时，可以采用 sp 自消费，通过与通信公司、电视台、杂志社等合作赚取分成。

1.3 “甘肃省大学生信息服务平台（拼拼网）”与“中国拼客网”

林雄波于 2007 年 2 月创建拼客网（www.PinKeWang.com），现在已发展到全国 34 个省、市、自治区，影响力强，深得广大拼客族的追捧。

拼客网的服务范围是全体大众，定性范围太广，而且各个阶层的文化水平、经济基础以及“拼”的潜在目的各不相同，很难将普通大众组织起来“拼”，组织管理的难度较大，更重要的一方面就是安全问题，俗话说“林子大了，什么鸟都有”，其中不乏钻空者。

根据相关调查显示，青年在“拼游”中占 67.8%，而“甘肃省大学生信息服务平台（拼拼网）”服务对象集中瞄准的是广大的甘肃省大学生青年，大学生文化素养较高，接受、理解新事物的能力强，且大学生的经济基础几乎处于同一起跑线，更容易追求“节约、时尚、快乐、共赢”的新型生活方式。

拼客网依托于信任机制，是无形的心理契约，“拼”出的是实惠，由于信任的维系又主要依靠虚拟的网络，在第一次接触“拼客”时往往会缺乏深入的了解，难免会“拼”出烦恼。因此，开始“拼”之前，需要了解对方的身份、背景、生活习惯，还要事先签订好合同，写清楚条款，避免纠纷，这些因素限制了“拼客”网的发展，而我们“甘肃省大学生信息服务平台（拼拼网）”服务的群体是各个高校的大学生，每个“拼客”都有身份认证、背景档案，可以很好地防止安全、信任危机的出现。

1.4 “甘肃省大学生信息服务平台（拼拼网）”的优越性

“甘肃省大学生信息服务平台（拼拼网）”相对于传统的B2C、C2C等商业模式具有很强的优越性，其优越性如附图1－1－1所示。

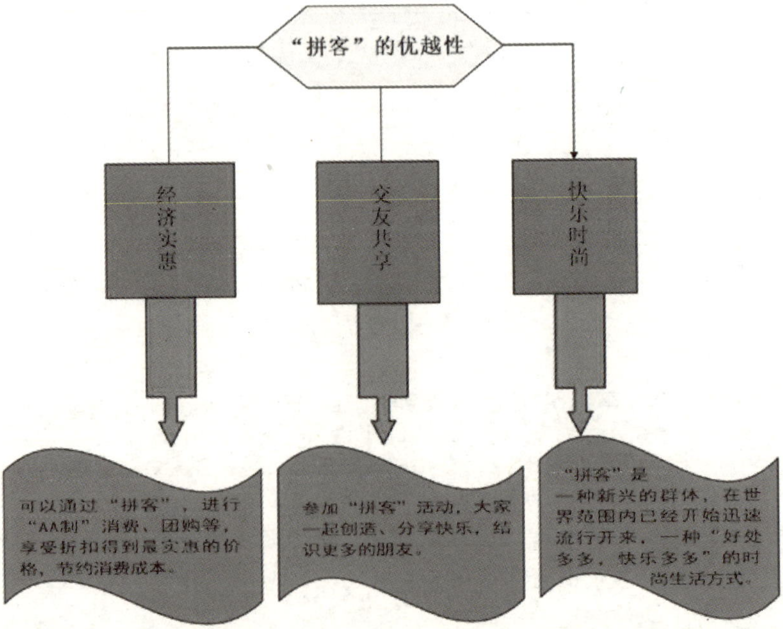

附图1－1－1　甘肃省大学生信息服务平台与传统电子商务模式对比

1.5 “甘肃省大学生信息服务平台（拼拼网）”服务项目介绍

以省钱、节约为宗旨的“拼客”消费引领了一股新的时尚。如今，越来越多的青年加盟这一类似于“AA制”的消费行列，且衍生出众多的“拼”法。“甘肃省大学生信息服务平台（拼拼网）”主要服务项目如附表1－1－1所示。

附表1－1－1 “甘肃省大学生信息服务平台（拼拼网）”服务项目表

服务项目	具体内容	优越性
拼游	通过网络、各高校代理组织需要旅游的学生进行拼游，如国庆旅游等	“AA制”的方式拼车、拼餐，减少旅途开销
拼学	一起结伴考研、学英语、上培训班等	互相分享学习资料，交流学习心得，既省钱，又可避免学习枯燥
拼房	大学生寒暑假留校，考研、考公务员等需租房时，只需平台上发帖子，就可以找到合适的“拼房”伙伴	节省开支，告别孤独。费用共担，舒适共享
拼餐	节日拼餐、老乡会、同学聚会	花更少的钱吃更美味的饭，既节省钱，又增进感情
拼卡	拼购物卡、KTV优惠卡、健身卡、美容护肤VIP卡等	发挥卡的最大价值，降低消费成本
拼购	集体采购、一起砍价购物	可以大幅降低成本，享受优惠
拼车	学生平时往来市区拼车、周末自助郊游拼车、长假回家拼车等	车费均摊，方便快捷，经济实惠
拼书碟	拼学习资料、拼杂志、拼光碟、拼图书等	可以省钱、丰富谈资、合理配置资源、深交朋友
拼二手	拼二手手机、二手电脑、二手书籍、生活用品、体育器材等	可以资源重复利用，方便学弟学妹、节省花费
拼兼职	为时间充裕有志于做兼职的同学提供一个平台发布求职信息、发布招工信息、就业信息以及招聘会信息	可以寻求实习机会、体验生活、锻炼自己，增加收入，积累社会实践经验
拼公益	将不需要的学习用品、书本、衣物拼起来捐赠给贫困地区的孩子们	该平台有国家公证机构进行公证和监督，保障捐赠者的合法权益，既帮助别人又快乐自己
“拼客”空间	每位注册会员都会拥有自己的“拼客”空间，并拥有博客、文章和心情，增加最新流行的Digg模式	彰显个性，拥有公开和隐藏的两重属性，可有效保护个人隐私

第2章 行业及市场分析

2.1 行业分析

“甘肃省大学生信息服务平台（拼拼网）”主要以网络为载体，以“拼”为经营理念，给甘肃省大学生提供高质量的信息服务。目前，国内此类的商业运作模式主要是“中国拼客网”。按照“中国拼客网”创始人林雄波的定义，“拼”表示集合、集中一起，“客”代表人，“拼客”指的是几个人甚至上百上千人集中在一起共同完成一件事或活动，这若干人既可以是熟人朋友，也可以是陌生人，实行“AA制”消费，目的是分摊成本、共享优惠、享受快乐并可以从中交友识友。①国外并没有“拼客”这一概念，“拼”是完全中国本土化的叫法。“拼客一族”在2006年成长并逐渐壮大起来，于是有好事者一发而不可收拾，逐渐办起了一系列的专业“拼客”网站，如“中国拼客网”“北京拼客俱乐部”“都拼客网”等。

“甘肃省大学生信息服务平台(拼拼网)”关于“拼”的理念总体概述为节约成本、共享资源。针对大学生的“拼”，具体表现形式主要有拼房(如假期留校学习租房等)、拼卡（健身卡、美容卡、购物卡等商业优惠卡）、拼游（拼团或自助游）、拼学（考研组团、学习资料购买、资格考试等）、拼玩（体育竞技、电子竞技等）、拼友（交友娱乐）、拼车（回家组队坐车等）、拼餐（老乡会聚餐、同学聚会等）、拼公益（开展社会公益活动，如捐资助学等）。

目前，甘肃省内已有一些大学生依托网络开展了电子商务方面的探索，如“享乐网”。此外，甘肃省兰州市已于2010年6月注册 “兰州拼客网”。纵观全国“拼”文化影响下产生的新型商业运作模式，甘肃地区的发展还处于起步阶段，类似的企业或商业形式寥寥无几。同时，现在甘肃省内的电子商务运行模式还存在诸如经营管理、信誉与责任、费用纠纷等问题。“甘肃省大学生信息服务平台（拼拼网）”在充分借鉴我国国内电子商务模式、“中国拼客网”的成功经验及克服不足的基础上，将以提高信息服务质量、重视与商家的合作、完善商业服务功能与运作模式、创新营销方式与策略入手，以新的运营模式进军甘肃省大学生消费市场。

综观国内发展形势，“拼”文化将出现以下三大发展趋势。一是“大而全vs

① 卓艳.浅析“拼客”现象[J].安徽文学，2008，2：313.

小而精”。以“中国拼客网”为例，其目标是做成全国最大的综合信息服务平台。目前已覆盖全国各个大中城市。从招募版主到吸收“拼友”都实施本土化。该网站分类比较齐备，很有影响力，前景可观。与“中国拼客网”的“大而全”的战略不同，“e拼客网”则专注“小而精”，把目标锁定在“拼购”上，以采集商家的促销信息为主导内容。这样反而能聚拢注意力，培养受众的忠诚度，进而吸引商家的支持。与此类似的专业性拼客网站还有“搜饭”等。二是形成同城网络社区。“拼客”既具备网络社区形成的基本要素，又具有很强的地域性，这足以把“拼客”发展和完善成为一个完全创新型的同城网社区。在这个社区中，信息的发布少了“把关人”，摆脱了中间的角色，更有利于观点和意见的自由交流。同时也有利于整合城市社会资源，更好地组织和管理现实社区的生活。三是诞生专业“拼客”。专业“拼客”目前还仅限于“拼购”，指的是代替买主去购物，帮买主节省很多花销和精力，并从中收取一定的“代购”费。这特别适合工作繁忙或不善于自己购物的人群。这种现象并不普遍，只在北京、上海等大城市出现过，但这也不失为一种发展趋势。“拼”文化本着“节约也时尚”的原则，展示着一种精明节俭的全新时尚生活方式，具有独特的吸引力和感召力。虽然还存在很多不足，但其潜藏的巨大商机和蕴含的社会意义不容忽视。未来“拼”文化的发展，除了明晰目标、找准定位、做精做强之外，还必须填补相关方面的法律空白。“拼”文化的发展前景是光明的，它必将引发一场关于都市生活方式和消费观念的变革，进一步促进城市文明的发展和进步。

2.2　行业竞争者分析

2.2.1　B2C 商务运行模式的竞争分析

B2C 业务本质上属于零售行业，所有面向相同消费群体经营同种产品（目前主要是数码类产品）的零售商都是这一业务的竞争者。B2C 模式的网上直销零售商和 C2C 模式的网上虚拟零售商，这两类零售商都属于网上零售商。B2C 就是企业通过互联网向消费者直接销售产品和提供服务的经营方式，也称作网上零售，代表性企业是当当网和卓越亚马逊等。C2C 就是消费者通过互联网与消费者之间进行的交易活动，也被称作网上拍卖，代表性企业是淘宝网。传统的网上零售商，无论是 B2C 模式的直销零售商还是 C2C 模式的虚拟零售商，其服务都具有广域性的特点，所谓广域和局域是从交易双方的距离远近程度来划分的。广域服务就是只能实现远程交易，无法实现面对面交易的网上销售模式，现有的网上销售绝大多数是广域服务模式，一些大型B2C电子商务服务商在部分核心城市市场也提供面对面交易的服务，如当当网在北京、上海和深圳提供送货上门、货到付款服务，但目前这种服务存在着服务成本高、服务范围狭小的问题，由于中国物流体系不发达，要在大范围内实现这种服务困难太大。而局域性B2C电子商务的交易双方距离很近，本身就不存在以上这些问题。“甘肃省大学生信息服务平台（拼拼网）”与传统的B2C、C2C运行模式相比，具有不可替代的优势，其表现在以下几个方面：

（1）支付方式安全。广域性B2C电子商务一般采用网上支付、银行或邮局汇款3种支付方式，且必须在发货前付款，这样就会产生预付款和账号密码被盗的风险，增加了顾客的心理成本，而“甘肃省大学生信息服务平台（拼拼网）”采用局域性服务与现金结账的方式，完全可以做到货到付款、现金支付的方式，降低支付环节的顾客心理成本。此外，大学生的信誉度都比较高，一般很少出现延期支付、拖欠购物款等现象，企业能够快速地回笼资金，加速资金的流通速度和价值增值。

（2）节约配送成本。广域性服务在配送货物方面一般借助邮政物流系统或与专业的物流公司合作，相应的配送方式是邮寄和快递，费用一般在5元/单左右（加急快递适用范围很小，且成本高，特快专递EMS成本太高，故这两种方式均不常用），这两种方式存在的最大问题主要是货物在途时间太长，少则四五天，多则十天半个月。在局域性服务中一律采用快递送货上门，24小时内完成，成本在1～2元/单，费用可由网站来承担，对顾客承诺免费送货上门。这样在降低顾客时间成本和资金成本方面做出了贡献。而且，“甘肃省大学生信息服务平台（拼拼网）”采用各高校业务代理或分销网点的方式，使大学生朋友的消费更加便捷，同时也提高了商业交易的频率和效率，并大大降低了配送方面的成本。

（3）售后服务质量提高。售后服务是广域性B2C等电子商务模式最难解决的问题之一。售后服务主要包括退货、换货和维修三个方面，广域性服务网对于处理退、换货的方法是顾客将要退换的产品邮寄到电子商务公司或办事处，货到后再将货款返还给顾客或将更换后的产品邮寄给顾客，退货处理时间7～14天，换货处理时间15～30天，费用由公司和顾客共同承担或由顾客单方承担。涉及维修的产品处理方法通常有两种：一种是寄回电子商务公司处理；另一种是到顾客所在地产品生产商的维修点处理。前者邮寄费的处理方法与退换货处理方法相同，后者涉及的费用由顾客自负。“甘肃省大学生信息服务平台（拼拼网）”在处理这些问题时具有明显的地理优势，由于销售体系完善，物流的路程很短，完全可以采取上门售后服务，退货在24小时内完成，换货在36小时内完成，维修的货物在途时间不超过48小时，全程物流成本不超过5元，甚至可以承诺免费服务。这样就降低了顾客的时间成本、资金成本和体力成本，同时提高了顾客的认知价值。

此外，“甘肃省大学生信息服务平台（拼拼网）”在各高校设有完善的销售网点，对顾客而言缩短了与商家的距离感，减少了不确定性，降低了心理成本。

“甘肃省大学生信息服务平台（拼拼网）”尽管在降低顾客成本方面有诸多先天的优势，但这种运作模式不可避免地存在一些不足之处，主要表现在以下两个方面：①市场空间有限。这是“甘肃省大学生信息服务平台（拼拼网）”面临的最大问题，由于传统购物习惯的影响，网上购物方式目前还有一部分大学生不能很好地接受，如果再加上服务范围只限定于某一个区域，在经营初期，顾客空间就会相当狭小，则同种产品基本上不可能实现持续大量销售，要想扩大销售，必须拓宽产品线。②供货成本高。由于产品线较宽，且同种产品销售量较小，所以供货渠道很难实现厂家供货，一般是通过一级代理商甚至是二级代理商供货，供货成本相对较高，同时产品线越宽，供货的管理成本相应上升。

2.2.2　“兰州拼客网”的竞争分析

甘肃省已于2010年6月注册了“兰州拼客网”。首先，“兰州拼客网”创立时间不长，还没有形成一定的市场影响力，绝大多数的社会大众并不知道其存在；其次，“兰州拼客网”将目标消费群体定位于甘肃省的社会大众，没有进行明确的市场定位与消费市场细分，企业运营过程会出现市场决策的盲目性；再次，“兰州拼客网”将目标群体锁定为有较好的收入条件的城市白领、蓝领阶层，没有将大学生消费群体单独列入它们的目标消费群体；最后，“兰州拼客网”由于没有把大学生列为目标消费群体，自然也就不会去关注和了解大学生的消费需求及其特点。由于“兰州拼客网”和“甘肃省大学生信息服务平台（拼拼网）”都是在“拼”文化的背景下应运而生的，大学生消费者有可能会因为甘肃省拼客网的一些质量不高的服务项目而产生类推的思维习惯，也把“甘肃省大学生信息服务平台（拼拼网）”的高质量服务项目无形中降低印象档次，这是甘肃省拼客网对“甘肃省大学生信息服务平台（拼拼网）”可能会产生的负面影响。但是，“甘肃省大学生信息服务平台（拼拼网）”有自身的优势来克服“兰州拼客网”的不足，提高企业的知名度和打造一个知名的品牌。“甘肃省大学生信息服务平台（拼拼网）”相对于甘肃省拼客网的巨大优势表现为：第一，创办者为大学生，能充分了解和掌握大学生群体的消费需求；第二，服务项目的提供种类和价格都能很好地被大学生群体所接受；第三，拥有共同的大学生背景，可以获得大学生消费群体的认可与信赖；第四，地缘上占有很大的优势，可以“零距离”与大学生消费群体进行沟通与协调。

2.2.3 店面零售模式的竞争分析

店面零售模式是指通过店面陈列产品，吸引顾客上门购买，并通过店面的人员销售实现店面销售的零售模式，这种模式是最传统的零售模式，也是目前最成熟、大学生消费者最习惯的一种销售模式。目前，甘肃省内大部分的高校校园内都有很多的店面零售商店及餐饮饭店，他们主要以提供相对便宜的零售商品及服务来满足大学生的消费需求。由于零售商的经营者文化程度不高，对于商品的供应种类及大学生的消费需要了解不到位,不能更好地满足当今大学生的消费需求。在信息化突飞猛进的今天，依托快捷便利的互联网在更好地满足大学生的消费需求和进行商业交流的商业运作模式方面已经逐渐被人们所接受并具有更大的优势（如附表1－2－1所示）。

附表1－2－1　局域性网上销售模式与实体店面销售模式对比

模式 / 对比项目	店面销售模式	局域性网上销售模式
经营场所	实体店铺	网站
客户服务人员	店员	在线客服、配送人员
经营产品种类	较少	较多
附加服务	店面人员销售	客服介绍、免费配送
产品价格	较高	较低
存货	陈列产品、库存	无
促销模式	被动营销、待客上门	主动营销、在线沟通
企业展示模式	实体店铺	网上虚拟店铺
产品展示模式	铺面实体陈列	网上图片信息展示
顾客消费习惯	非常习惯	逐步习惯
顾客购买总成本	高	低
顾客认知价值	低	高

2.2.4　潜在竞争者分析

（1）高校校内外的零售商店。甘肃省内大多数高校为了方便学生学习生活，纷纷以合同的形式与一些个体工商户和小企业进行合作，不断提高学校的生活服务水平，完善学校内部的生活设施。以兰州大学榆中校区为例，校园内就拥有数十家个体工商户，包括餐馆、百货零售店、复印店等。这些校园内个体工商户及小企业在内部开设的便民超市，极大地方便了师生的生活，弥补了学校在生活服务上的某些欠缺。校园内部的商家主要有以下特点：家庭经营为主、从业人员比较少，商品种类比较少、价格便宜，以实体店面服务为主，服务质量、水平相对较低，售后服务差等。

由于经营时间相对比较长，师生对小企业和个体工商户开设的商店、餐馆、复印店等商业场所已熟知和认可，进行商品贸易比较容易。但是，由于其具有的一些缺点（如售货服务差等问题）也制约了其在师生群体中的信誉度与美誉度。“甘肃省大学生信息服务平台（拼拼网）”尽管属于出现在高校校园内的一个新鲜事物，开始时会由于师生的不够信任而出现消费群体不稳定的问题，但随着高信誉、高服务水平、售后高回报的广泛传播，必将使消费群体对其的认可度及美誉度上升，也将使顾客群体不断扩大和稳固。

（2）高校学生创办的大学生专业服务机构。近年来，由于大学生就业难的形势变得越来越严峻，国家及学校都采取了相应的措施来鼓励大学生进行创业，这让大学生群体的创业热情高涨、创业之风刮遍校园，大学生们纷纷走上创业之路。如兰州大学的“创新创业计划”“之德基金”及兰州交通大学“大学生创业基地”吸收大学生进入国家创业园进行创业实践等，都有力推动了大学生的创业探索。在国家及学校的大力支持、鼓励下，大学生创办了一些规模比较小的商业店铺及利用互联网进行的创业。如兰州大学学生创办了一些实体商店及网上商店，西北民族大学榆中校区大学生还在校园内外创办了一些餐馆、文体用品店及电脑维修店、花店等。这些学生创办的商店，都是根据创办学生的个人兴趣爱好而创立的，他们能够从学生的角度来了解大学生群体的消费需求，所销售的产品都比较好地满足了大学生的消费需要。但是，由于大学生创办的商店与创立人的兴趣爱好关系密切，又加之大学生创办的实体商店、网上店铺及信息服务提供商之间没有形成一个很好的整合机制，在经营过程中容易受到虚假信息的误导而出现经营决策失误。“甘肃省大学生信息服务平台（拼拼网）”将依靠一个专业化比较强的商业信息团队进行市场调研并进行信息加工处理，然后利用便捷的互联网及校园网等给高校校园内外的大学生创办商店提供高质量信息服务，以不断满足大学生朋友创业时对信息服务的需求。

（3）商业信息平台业务提供者。网站的商业信息平台主要是在甘肃省内的大学校园内实现以下一些功能：局域型商业新闻发布、局域性供求信息发布、局域性服务商企业和“拼客”产品展示、大学师生与局域性服务商的在线沟通等。凡能实现以上这些功能的企业、途径或方式都应列入商业信息平台竞争者的行列。归纳起来，商业信息平台的竞争者（包括渠道和方式）有以下几类：①户外公告栏和宿舍楼下的公告张贴版。②可移动的校园展板和企业经许可后放置的展板。③上门投递的广告单、宣传册和海报。④校园论坛网站。⑤校园消费杂志。

高校校园内的各种信息传播渠道优势与弊端并存，“甘肃省大学生信息服务平台（拼拼网）”在信息传递方面具有无可替代的优势，如附表1－2－2所示。

附表1－2－2　“甘肃省大学生信息服务平台（拼拼网）”与校园信息传播渠道对比

优点 项目	受众面广	收视率高	成本低	信息容量大	双向互动强	无政策限制	关注需求	有商务专业性
公告栏等		☺	☺					
校内展板			☺					
校内横幅			☺					
广告传单等	☺			☺		☺		☺
校园交流网站	☺	☺	☺	☺	☺	☺	☺	
校园消费杂志	☺	☺	☺			☺	☺	☺
甘肃省大学生信息服务平台（拼拼网）	☺	☺	☺	☺	☺	☺	☺	☺

2.3　商业合作模式及合作者情况分析

2.3.1　技术服务商

目前，甘肃省内大部分的高校都拥有专业性比较强的大学生信息技术团队，这些团队人员构成主要以技术比较好、兴趣一致的实践操作能力强的大二、大三、大四学生为主，而且有些团队人员还在全国性的大学生电子设计方面获得大奖，具有较高的技术水平和丰富的实战经验。

“甘肃省大学生信息服务平台（拼拼网）”一旦建成，技术维护工作可充分利用甘肃省高校内现有的网络技术资源，以合同的形式将技术工作包括平台建立和维护等技术工作外包给专业的网站技术服务商或外包给专业学生技术团队（如西北民族大学大学生实践创新基地系统设计工作室），无须高薪聘请大量的专职网络技术人员或寻找费用昂贵的专业信息网络维护公司合作，节约成本，提高效益。

2.3.2 广告制作商

网站在初期运作时，广告制作业务以合同的形式外包给专业的学生广告设计组织（如西北民族大学大学生实践创新基地广告设计工作室、平面设计工作室等）或专业广告公司，本公司无须聘请专业的广告制作人员和组建广告制作组织而使经营成本下降。同时，本公司将与学生专业组织和广告公司建立长期合作机制，促进本公司与专业广告设计公司及学生组织的互利共赢。

2.3.3 信息供应商

信息服务商是指专门收集局域性商业信息的企业，网站的部分信息可以从信息服务商处购买，但目前还没有专业的局域性信息服务商，所以这类信息的供应商可能比较分散，合作起来存在一定的困难，但随着网站的发展，会有更多的信息服务商愿意合作。同时，目前甘肃省内高校已经成立了一些比较专业的大学生市场调查组织，可以充分利用这些学生专业调查机构进行市场信息的收集与整理，为“甘肃省大学生信息服务平台（拼拼网）”提供信息支持。

2.4 市场分析

甘肃省大学生信息服务平台的 PEST 分析，如附图 1－2－1 所示。

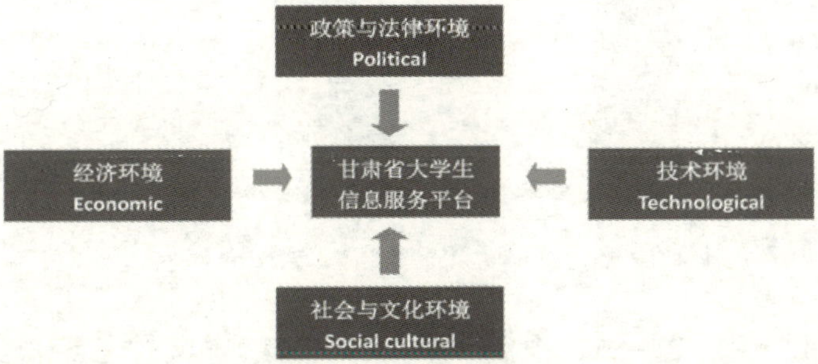

附图 1－2－1 甘肃省大学生信息服务平台的 PEST 分析

2.4.1 政治与法律环境

近年来，大学生就业形势变得越来越严峻，国家和甘肃省都出台了相应的鼓励措施来促进大学生的顺利就业。在国内，国家大力鼓励和提倡大学生以创业的形式带动就业。甘肃省自2009年开始，从大学生创业的银行贷款免息减息、专家的技术支持与咨询服务、国家创业园区创业鼓励机制、大学生创业培训等方面入手，不断加强和完善甘肃省内大学生创业的相关配套机制。良好的政策环境铺平了大学生创业过程中的政策支持、资金扶助、专家辅导等多个发展桥梁。“甘肃省大学生信息服务平台（拼拼网）”将在国家及甘肃省大学生创业相关配套政策的帮助下，实现从创业梦想向创业实践、创业发展的巨大转变。

2.4.2 经济环境

随着国家西部大开发战略的深入实施，甘肃省的社会经济得到了快速的发展。2008年是甘肃经济发展最为困难的一年，面临着“5•12”大地震和雨雪冻害以及全球金融危机所带来的国内国际经济发展形势的巨大挑战。但是，随着“工业强省”战略的深入实施，甘肃的社会经济仍保持平稳较快的发展。据甘肃统计局公布的《2008年甘肃省国民经济和社会发展统计公报》显示，2008年，甘肃省实现了生产总值3176.11亿元，其中第三产业附加值为1242.41亿元，甘肃省社会生产总值及第三产业生产总值的同比增长率均超过10%（如附图1－2－2所示）。按常住人口计算，全省人均生产总值为12110元，比上年增长9.7%。

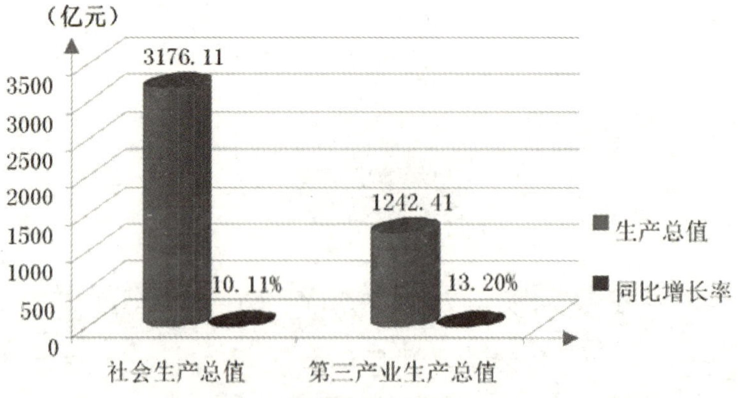

附图1－2－2　2008年甘肃省社会生产经济发展与第三产业发展对比

随着甘肃经济社会的发展，居民人均收入在提高，居民人均消费性支出也在增长。2008年，甘肃城镇居民人均可支配收入为10969.41元，比上年增长9.56%；城镇居民消费性支出为8308.62元，比上年增长5.5%；城镇居民家庭恩格尔系数为38.32%。农民人均纯收入为2723.8元，增长16.95%；农村居民人均生活消费性支出为2400.95元，增长19.02%（如附图1－2－3所示）。农村居民家庭恩格尔系数为47.17%。随着收入的增加，人们的消费支出也在相应的增长，整个社会的市场消费需求也在不断扩大。2008年年末，甘肃省互联网上网用户达到88.42万户，增长11.84%；互联网宽带接入用户66.46万户，增长8.4%。

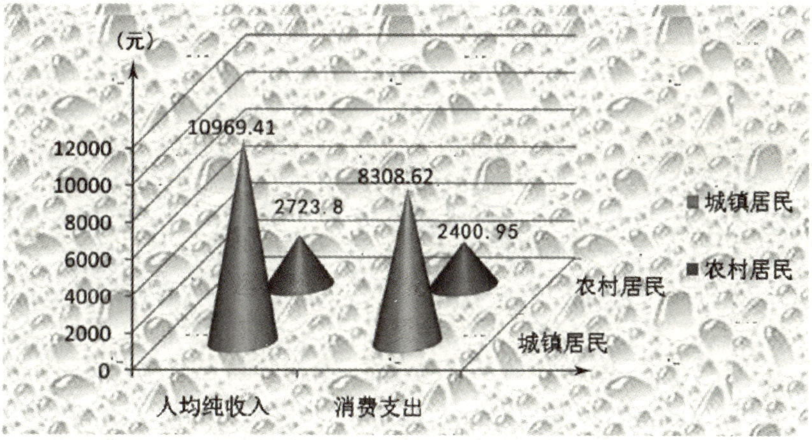

附图1－2－3　2008年甘肃省城镇居民与农村居民的收入、消费状况

2008年后，经过甘肃省人民的不断奋斗，克服了重重困难，2009年甘肃省各项事业取得了巨大成就。以甘肃省高校数字化服务建设为例，甘肃省兰州市的大部分高校已经实现了互联网宽带的全覆盖，而且截至2010年10月兰州市内高校已经有部分院校实现了无线宽带的全覆盖，大部分高校的局部覆盖。甘肃经济社会的快速发展，创造了巨大的市场消费需求。

2.4.3　社会与文化环境

甘肃省兰州市是西北的一个工业基地，同时还是西北地区一个重要的信息交流中心。兰州拥有各类高等院校30余所，有如中科院兰州研究所等国家科研机构和甘肃省科研机构几十所。据兰州市统计局、国家统计局兰州调查队公布的《2009年兰州市国民经济和社会发展统计公报》显示，全市拥有图书馆9个，文化馆10个，文化基础设施比较完善。“甘肃省大学生信息服务平台（拼拼网）”是一种新兴的电子商务背景下的商业模式，它的商业文化既有传统电子商务方面的优秀因素，也有自己本身的创新因素。在文化底蕴深厚、信息交流便捷的兰州市求学的全国各地的大学生，会随着学习时间的迁移及城市文化、校园文化的熏陶而变得思想观念开明与开放。

思想观念对人们接受一个新事物有重要的影响作用，这一点对“甘肃省大学生信息服务平台（拼拼网）”也不例外。目前，大学生的年龄分布一般为18～25岁，他们正处于求知欲旺盛，好奇心比较强的年龄阶段，对新鲜事物能保持持续的了解兴趣与热情。此外，大学校园里消费群体的素质比较高，容易接受新生事物，是“甘肃省大学生信息服务平台（拼拼网）”的消费主力军。

2.4.4 技术环境

“甘肃省大学生信息服务平台（拼拼网）”具有优良的网络环境。高校既是知识密集的地方，也是电脑普及率最高的地方之一，大部分学校为了便利学生的学习与生活大都建有内部的局域网，校园网站可以24小时全天候开放服务，而且网络使用费用均低于社会使用的价格。局域网将高校内大部分部门、机构、宿舍等联结起来，以达到信息资源传输与共享、提高效率、优化组合的目的。

“甘肃省大学生信息服务平台（拼拼网）”的网络安全和支付风险是其发展过程中的两大技术难题。但是，校园网通常采用防火墙系统与互联网和外联网链接，从而保证了网络系统的安全。校园电子商务的支付系统通常采用校园“一卡通”进行小额支付，从而避免或降低了在互联网上用银行信用卡被盗风险。此外，“甘肃省大学生信息服务平台（拼拼网）”所在院校西北民族大学还拥有技术研究实力比较强的中国民族信息技术研究院，可以充分依托学校科研院所的优质技术资源提供技术支撑。

2.5 “甘肃省大学生信息服务平台（拼拼网）”的SWOT分析

在电子商务发展初期，C2C平台很容易扩展规模，先声夺人。但是，C2C平台企业庞大的交易规模却并不能给在平台上进行商品交易的企业带来竞争优势。C2C平台上的电子商务企业不具备规模优势，无法在品牌、价格和促销等方面与B2C企业进行竞争。电子商务市场不断发展与成熟，B2C模式将会因企业的规模经济优势挤占C2C平台上的电子商务企业的发展空间。但是，由于市场上专业的B2C模式、C2C模式都很少去关注高校大学生消费群体的内部差异性，而甘肃省各高校大学生创办的一系列B2C模式类型的企业又只是去关注大学生群体的消费需求的某一个方面，没有从整体的角度来考虑大学生们的消费需要，且所提供的信息服务都收取昂贵的信息中介服务费用。"甘肃省大学生信息服务平台（拼拼网）"在看到目前大学生B2C模式、C2C模式的不足后，将充分考虑大学生群体的消费特点及需求，并进行信息服务的公益化和免费化。"甘肃省大学生信息服务平台（拼拼网）"的SWOT分析如附表1－2－3所示。

2.6 市场需求的地区分布状况

"甘肃省大学生信息服务平台（拼拼网）"的消费者市场为高校大学生消费市场。甘肃省高校的分布决定了甘肃省大学生消费市场的结构。

从本科院校数量的地区分布来看，兰州市的本科高等院校共有11所，占甘肃省本科高等院校的79%，而西峰市、天水市和张掖市3个地级市的本科院校数量占全省本科高等院校的比例都很低，均为7%（如附图1－2－4所示）。

附表1－2－3　"甘肃省大学生信息服务平台（拼拼网）"SWOT分析

优势	劣势	机会	威胁
（1）提供高质量、公益性的信息服务，对大学生信息消费者具有巨大的吸引力 （2）对消费等信息进行收集、整理和加工，按照信息的类别进行细分，能够更好地满足大学生群体的个性化消费需求 （3）实施信息服务提供的多元化战略，有很强的市场竞争力 （4）坚持以顾客为本、消费者与企业共赢的经营方针	由于实施的开拓市场的方式及经营理念的超前，初期阶段会出现因大学生消费者不了解而消费欲望较小的现象，但随着时间的推移，这一劣势会逐渐被扭转过来	甘肃省内的大学生B2C、C2C模式存在：提供的信息服务单一、信息服务分类简单粗放、信息质量不高、信息服务价格高等缺陷，而本平台则会对上述问题进行克服，提供全面而高质量的信息	B2C、C2C模式已经在甘肃发展了一定的时间，拥有一定的客户群体，而本平台的固定消费群体尚未确立，大学生消费者会因不了解情况、消费习惯等因素选择传统的大学生B2C、C2C商务模式，这对于本平台初期发展阶段具有很大的威胁

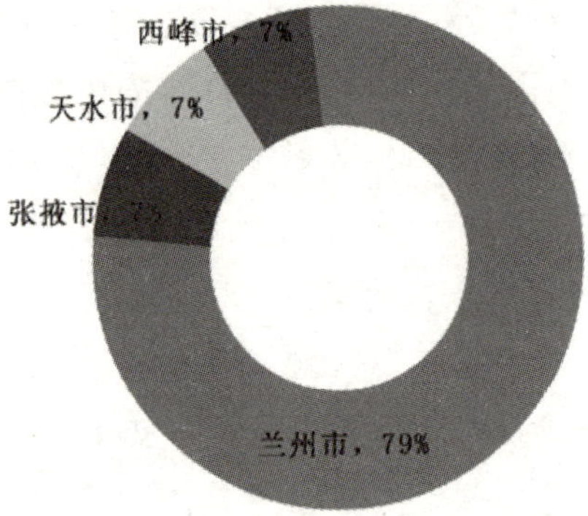

附图 1－2－4　甘肃省本科院校数量的地区分布状况

从高职院校数量的地区分布分析，高职院校主要分布在兰州市，兰州市的高职院校占甘肃省的半壁江山。兰州市高职院校数量占甘肃省高职院校总数的 56%，其他有高职院校的地级市中比例最高的为天水市，比例也只占到 9%（如附图 1－2－5 所示）。

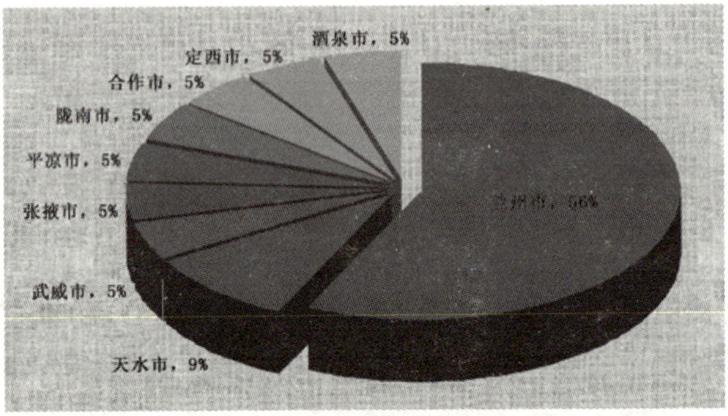

附图 1－2－5　甘肃省高职院校数量的地区分布状况

总体而言，甘肃省的高校大部分在兰州市内，兰州市大学生消费市场是甘肃省大学生消费市场的最主要构成部分。

2.7　市场需求总量

2008 年，甘肃省高校招生为 11.09 万人，同比增长 12.47%；在校学生为 33.19 万人，同比增长 12.13%。随着高校扩招，2009 年甘肃省高校在校学生估计已经达到40万人左右。甘肃省大部分高校分布在兰州市，兰州市2009年的在校大学生数已经达到34万人， 2009年甘肃省大学生数量的地区分布如附图1－2－6所示。兰州市大学生总数占到甘肃省大学生总数的85%，甘肃高校大学生消费市场基本在兰州市。2012年，甘肃省的高校在校生人数还会继续增长，甘肃高校大学生消费市场的总量也会相应增长。

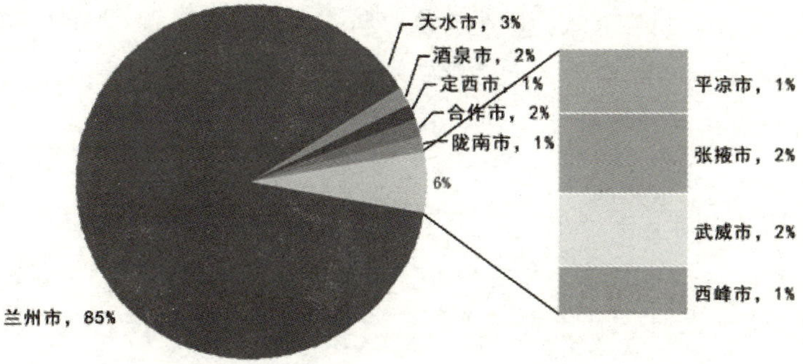

附图1－2－6 甘肃省高职院校数量的地区分布

2.8 市场细分

现阶段我国的C2C平台处于一种初级的状态，类似于20世纪80年代的百货商店，什么都卖，却少有特色专业产品，没有专业的市场细分。随着市场的成熟，综合性的C2C平台将会面临的消费者偏好分散、需求差异加剧的问题。[①]消费的市场细分既能避免传统C2C平台上产品鱼目混杂、对细分市场缺乏针对性的情况，又能解决网络社区营销缺乏监管的瓶颈问题。

市场细分是1956年由美国营销学者温德尔·斯密于《产品差异和市场细分——可供选择的两种市场营销战略》一文中，在总结企业营销实践经验的基础上提出的。市场细分实质是将整体市场分为若干子市场，每一子市场的消费者具有相同或相似的需求或行为特点，不同子市场的消费者在需求和行为上有较大差异。市场细分是“以消费者为中心”的营销观念的根本标志，它对企业具有以下积极的作用：首先，有利于企业发现市场机会；其次，有利于企业掌握目标市场

① 李航.C2C市场问题及对策探讨[J].价格月刊，2010，2.

的特点；再次，有利于企业制定科学的市场营销组合策略；最后，还有利于提高企业的市场竞争力。

要正确地进行消费者市场细分，首先必须合理地确定细分市场的标准。消费者市场细分的标准可以归纳为四大类：地理环境因素、人口因素、消费心理和消费行为因素。

按照体现市场细分标准的地理环境因素、人口因素、消费心理和消费行为因素的综合指标“高校所在城市大学生密度”和“大学生消费能力”的高低进行消费者细分，可以将甘肃省内的大学生消费群体分为4种类型（如附图1－2－7所示）。

拥有高校的甘肃省地级市，其分属的市场类型如附图1－2－8所示。从附图1－2－8的数据分析，兰州市属于甘肃省高校大学生消费市场的明星市场类型，大学生数量多而且消费能力最高，拥有占甘肃省85%的大学生消费市场；张掖市、酒泉市和天水市属于幼童市场类型，其大学生数量比较少，但消费能力比较高；合作市、平凉市、陇南市与武威市4个市属于金牛市场类型，其总的大学生人数不少，但大学生的消费能力比较弱；而定西市、西峰市则属于瘦狗型，其不仅大学生总数少，而且大学生消费能力还比较低。

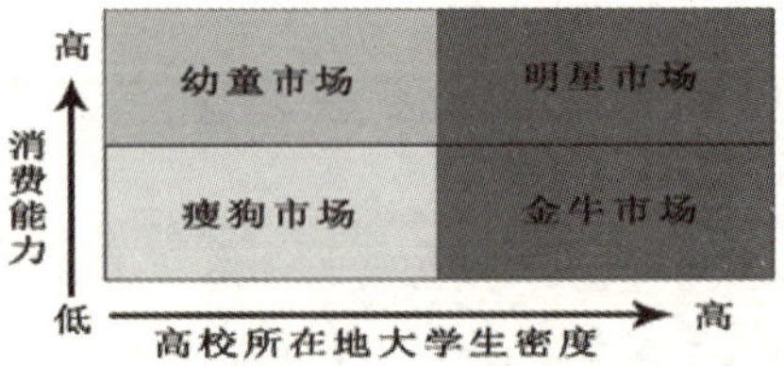

附图1－2－7　按综合因素进行大学生消费者的市场细分

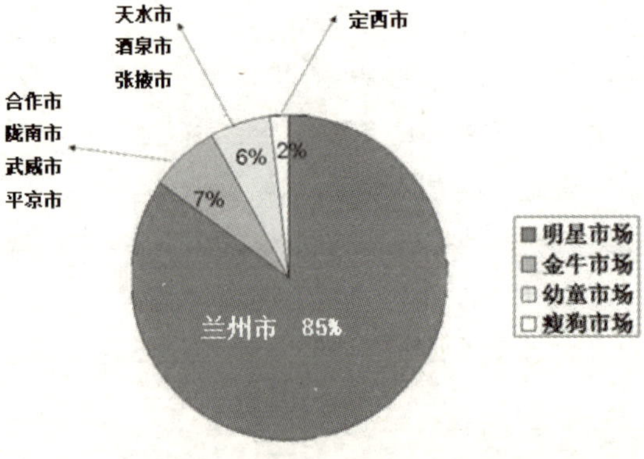

附图1－2－8　甘肃省地级市分属的市场类型

此外，还可以根据“甘肃省大学生信息服务平台（拼拼网）”信息服务在甘肃各高校的提供时间长短，将消费者市场分为引入期消费者市场（1年以下）、发育期消费者市场（1～2年）、成长期消费者市场（3～4年）、成熟期消费者市场（4年以上）。显然，市场细分有利于“甘肃省大学生信息服务平台（拼拼网）”识别不同阶段消费者市场的特征，根据不同的细分市场进行相应的营销策略组合和定价策略的制定与调整来提高企业的市场占有率和市场竞争力。

2.9 市场定位

“甘肃省大学生信息服务平台（拼拼网）”的各类服务项目的消费对象为甘肃高校大学生群体。这一群体数量大而且对于信息的消费能力比较强。由于“甘肃省大学生信息服务平台（拼拼网）”对于信息服务将实行公益化、便捷化及免费化提供，必然会迅速地打开甘肃高校的大学生消费者市场。在详细了解和分析高校校园内现有的竞争者、潜在竞争者的优劣势后，“甘肃省大学生信息服务平台（拼拼网）”将目标消费市场定位为明星市场、幼童市场和金牛市场3个消费市场。“甘肃省大学生信息服务平台（拼拼网）”根据企业不同的发展阶段，对企业的目标市场进行了明确的定位，具体的市场定位情况如附表1－2－4所示。

附表1－2－4 “甘肃省大学生信息服务平台（拼拼网）”目标市场选择

企业发展阶段	目标市场	选择理由
消费者市场开拓期	明星市场	市场需求大，打开消费市场，提高市场占有率
消费者市场成长期	明星市场、幼童市场	企业实力增长，扩大市场可获得高市场占有率、增加销售额和利润，为企业发展壮大积累基础
消费者市场成熟期	明星市场、幼童市场、金牛市场	后期，明星市场的竞争者必然会增多，市场竞争压力巨大，进军幼童市场和瘦狗市场可以提高市场占有份额，维持企业盈利和市场占有率

在打开高校的大学生消费者市场后，“甘肃省大学生信息服务平台（拼拼网）”采用服务差别化战略、人员差别化战略和形象差别化战略三种市场定位战略。在市场定位方式上，“甘肃省大学生信息服务平台（拼拼网）”分为起步阶段的避强定位，进入快速发展阶段后迎头定位，成熟阶段重新对市场定位。

目前，甘肃省高校内学生创办的B2C、C2C模式没有细分市场，对于市场的定位也比较模糊，并且没有进行消费者市场的细分。“甘肃省大学生信息服务平台（拼拼网）”在进行市场细分后，根据目前甘肃省高校消费市场的客观条件进行市场定位，这必然会使得“甘肃省大学生信息服务平台（拼拼网）”具有很大的市场竞争优势。

第3章　营销策略

“甘肃省大学生信息服务平台（拼拼网）”的营销策略分为4个部分：市场策略、产品或服务策略、定价方法与定价策略和促销策略。

3.1　市场策略

由于在甘肃地区高校局域性大学生信息服务平台这一模式属本企业首创，是甘肃大学生市场上采用这一模式的市场领先者，而保持市场领先者战略则是本公司的主要市场战略构想。因此，在这一战略构想的指导下，市场开拓策略主要包括以下方面：

第一，在本省的大学生市场中不断渗透，提高现有市场的关注率。

第二，不断拓展市场，在市场渗透的基础上不断扩大总的市场规模。

第三，维持和扩大市场份额，在竞争对手出现后保护已有的市场份额，突出本公司的优势地位。

在市场细分的基础上，公司想要迅速在大学生市场中扎根立足，实现公司既定的战略目标，需要采取必要的市场策略——市场推广策略。市场推广策略分为三个层面：企业推广（网站推广）、业务推广和活动宣传。

3.1.1　企业推广

企业推广是市场推广的最高层面，是把企业作为一个整体向市场推出。企业推广有以下两个目的：①提高媒体客户和潜在合作商对本企业的认知度和美誉度，促进本企业与其他企业的合作。②提高个人客户对本企业的认知度和美誉度，促进该信息服务平台人气的增长。

企业推广的方式主要采取广告、公关、网络以及口碑等传播方式。由于本企业的主营业务就是网站本身，所以企业推广与网站推广具有一致性。

3.1.2　业务推广

本公司开展的业务包括“拼客”信息发布、网络广告、网上活动和网上论坛，其各自的推广对象和推广方式如附表1－3－1所示。

附表1－3－1　业务推广策略

业务	推广对象	推广方式
“拼客”信息发布	个人会员	广告
网络广告	个人会员、媒体会员	网上促销、拍卖
网上活动	个人会员、媒体会员	活动营销
网上论坛	个人会员	借势推广

3.1.3　活动宣传

企业开展各类活动的最终目的在于推广企业的相关业务或整个信息服务平台，活动推广的对象主要涉及个人会员，这些活动的推广一般是在活动开展前一段时间通过网上广告、公告栏、传单等形式进行宣传。

3.2　产品或服务策略

企业为顾客提供的产品或服务本质上就是企业创造的顾客认知价值，“甘肃省大学生信息服务平台（拼拼网）”为顾客提供的服务项目顾客认知价值如附表1－3－2所示。

附表1－3－2　各类业务的顾客价值

业　务	个人会员顾客认知价值	媒体会员顾客认知价值
“拼客”信息发布	供应近期的“拼客”信息	
网络广告	浏览网络信息，关注“拼客”信息	通过此平台间接与“拼客”双向沟通、进行广告宣传
网上活动	享受超出常规“拼客”服务	获得超出常规的关注、散布媒体信息、间接与“拼客”互动
网上论坛	会员之间的交流	

网站的这些业务和顾客价值从不同的角度满足顾客商业信息搜索和发布的需求，然而顾客需求的满足程度和满意度决定于这些服务的数量和质量以及更新的速度或及时性。同时顾客需求也在不断发展，网站必须及时把握顾客的需求，不断进行服务创新。

另外，这些顾客价值也正是网站及企业业务推广的利益诉求点，是各类推广活动的核心推广内容，是其他营销策略的基础。

3.3 定价方法与定价策略

3.3.1 定价方法

“甘肃省大学生信息服务平台（拼拼网）”的定价方法主要采用成本导向定价法和需求定价两种方法。选择这两种定价方法的原因在于“甘肃省大学生信息服务平台（拼拼网）”在开拓市场阶段，既要迅速打开消费者市场，又要进行一定的后续发展的资金积累。成本导向定价法可以保证企业完成资金积累的目标，需求导向定价法又能实现打开消费市场的现实需要。

3.3.2 定价策略

“甘肃省大学生信息服务平台（拼拼网）”采用建立在多种定价策略上的综合定价策略。具体来说，就是建立在地区定价策略、差别化定价策略基础上，综合折扣定价策略和心理定价策略、新产品定价策略而进行定价，其具体的定价策略运用如附表 1 －3－3 所示。

附表 1－3－3　定价策略说明

产品（服务）阶段	定价策略组合	采用目的
市场开拓阶段	渗透定价＋尾数定价＋招徕定价＋便利定价法＋数量折扣定价	打开消费市场，迅速提高市场占有率，塑造企业知名度
市场成长阶段	分区定价＋运费免费定价＋尾数定价＋便利定价＋数量折扣定价＋渗透定价	继续扩大产品（服务）销售量，促进市场占有率高增长，提高企业市场竞争力
市场成熟阶段	分区定价＋运费免费定价＋尾数定价＋便利定价＋声望定价＋习惯定价法＋产品（服务）形式差别定价＋产品（服务）大类定价	占领消费者市场，与竞争者展开竞争，扩大企业知名度，保持和扩大市场占有率，实现企业利润最大化
市场衰退阶段	招徕定价＋尾数定价＋中间价格定价法＋便利定价法＋顾客差别定价	维持销售量，维护企业声誉和保持盈利

拟建立的“甘肃省大学生信息服务平台（拼拼网）”旨在为大学生提供信息服务，其服务项目具体收费情况如附表 1 －3－4 所示。

附表 1-3-4 “甘肃大学生信息服务平台（拼拼网）”服务项目具体定价情况

收益途径	定价策略
“拼客”信息发布	从供应商获得中介费
网络广告的发布	按广告位、时间定价
“拼客”活动	从供应商获得中介费
高级会员管理费	会费 10 元 / 月
媒体会员管理费	从媒体会员收取友情链接费用
其他信息有偿发布	根据信息量和信息获得的难易度定价

信息平台开通的第一季度“拼客”信息发布采取免费策略，从第二季度开始收费，普通会员注册实行免费注册，高级会员收取相应的会费。

3.3.3 价格调整机制

（1）一般企业的价格调整机制。企业为了生存和发展，有时需要主动进行价格调整（降低价格、维持价格和提高价格），有时又要对竞争者的变价做出及时而合适的价格反映。企业对于竞争者价格变动的反映类型主要有相反式反应、逆向式反应、交叉式反应 3 种，具体采用什么类型应对竞争者变价则因企而异。一般企业进行价格调整时，其价格调整的机制如附表 1-3-5 所示。

附表 1-3-5 价格调整的机制

价格调整类型	适 用 情 况
提高价格	通货膨胀、物价上涨，成本费用提高；产品供不应求，需求过旺
维持价格	降价会减少企业收入和利润，提价会降低企业的市场占有率
降低价格	生产能力过剩，需要扩大销售，而不能通过产品（服务）改进、加强销售等扩大市场；市场竞争压力巨大，产品（服务）市场占有率下降；企业的产品（服务）成本低于竞争者，企图通过降价掌握市场或提高市场占有率，进一步扩大销售量，降价成本费用

（2）“甘肃省大学生信息服务平台（拼拼网）”价格调整机制。“甘肃省大学生信息服务平台（拼拼网）”将建立一个综合的价格调整机制来提高自身价格变动的灵活性和有效性，促进企业的健康快速发展。首先，“甘肃省大学生信息服务平台（拼拼网）”将充分利用传统的建立在定性研究基础上的价格调整机制的优点，同时采用先进的定量研究方法对价格调整与销售量及销售额的变动影响进行测度，将两种方法的价格变动预测结果进行综合后，再做出价格调整策略。这样，依靠综合价格调整机制进行的价格调整更具有科学性和可行性，对企业的

发展有重要的积极促进作用。

帕氏综合指数体系进行价格预测与调整主要是通过编制指数体系，然后利用质量指标指数和数量指标指数来对价格变动与销售量、销售额变动的关系进行预测，预测的公式如下：

$$质量指标指数：K_p = \frac{\sum p_1 q_1}{\sum p_0 q_1}$$

$$数量指标指数：K_q = \frac{\sum p_0 q_1}{\sum p_0 q_0}$$

假设，已知“甘肃省大学生信息服务平台（拼拼网）”2012年、2013年的服务项目单价、销售量及销售额数据资料，就可以利用帕氏加权综合指数体系对服务项目价格变动对销售额变动、销售量变动的影响系数测度出来（如附表1－3－6所示）。于是，企业就可以对服务项目价格进行科学的调整。

附表1－3－6　帕氏综合指数模型预测价格

服务名称	计量单位	销售量		服务项目单价（元）		销售额（元）			
		2012 Q_0	2013 Q_1	2012 P_0	2013 P_1	2012 P_0Q_0	2013 P_1Q_1	P_0Q_1	P_1Q_0
项目X1		Q_{01}	Q_{11}	P_{01}	P_{11}	P_{01Q01}	$P_{11}Q_{11}$	$P01Q_{11}$	$P_{11}Q_{01}$
项目X2	项数	Q_{02}	Q_{12}	P_{02}	P_{12}	$P_{02}Q_{02}$	$P_{12}Q_{12}$	$P_{02}Q_{12}$	$P_{12}Q_{02}$
项目X3		Q_{03}	Q_{13}	P_{03}	P_{13}	$P_{03}Q_{03}$	$P_{13}Q_{13}$	$P_{03}Q_{13}$	$P_{03}Q_{03}$

在综合的定价方法、定价策略上，采用定量方法与定性方法相结合的价格调整预测机制，有利于了解和掌握各种定价策略、定价方法的效用，可以提高本企业产品（服务）定价的灵活性和准确性，实现企业市场占有率的增长及企业市场竞争力的不断提高，最终实现企业的盈利。

3.4　促销策略

促销策略主要包括广告、公关和销售促进3种方式。

3.4.1　广告促销

广告促销主要是针对个人会员进行推广的策略。具体的方式包括海报、校内横幅、展板、各校论坛、网络广告等，在网站成立初期尽量采取低成本的广告方式，降低运营风险。关于信息服务平台的营销渠道主要是通过网站推广，结合各院校的实际情况，还可以通过现有信息流通渠道进行营销。主要的渠道有如下几类：

（1）户外公告栏和宿舍楼的公告张贴板。这类公告张贴位都是由校方提供，它有以下一些优点：①免费。这些张贴位都由校方免费提供。②效率较高。公告张贴位都位于人流量较大的路口。③信息的制作和发布成本低。在这些张贴位需要数量较少的海报，其发布方式是人工张贴，所以海报制作的数量较少，张贴需要的人工费用也很少。但是这种信息发布方式也存在以下缺点：容量有限，户外公告栏数量很少。

（2）校园展板。经校方许可后放置的展板要经校方严格审批后方可，除了要向校方交一些费用之外，其内容也有一定的限制，即商业性不能太强。除此之外，这种方式也存在数量少、容量小的缺点。

（3）校内横幅。校内横幅一般只限于企业以某校园活动赞助商的身份出现。

（4）上门投递或拦截发放传单、宣传册或海报。这种方式是企业向学生传递信息的主要方式之一。这种方式具有以下一些优点：①不受校方管制。企业一般采取学生兼职的形式上门投递或拦截发放。②传播面积广。只要宣传资料印制数量足够大，这种方式可以覆盖整个校园市场。③形式多样化。这种方式只要是文本资料，可以采取任何形式，如显示效果、制作样式等没有任何限制。④容量没有限制。在成本允许的情况下，每一份宣传资料内容容量可以无限大。

（5）校园论坛。校园论坛网站是由学生发起成立和管理的一个公益性网站，它主要是为学生提供了一个网上信息流通的渠道，其形式是论坛的形式，信息流通基本不受任何限制。

（6）校园杂志。赞助发行校园杂志，利用有效的空间进行广告宣传。

（7）各类校园活动。校园活动按商业化程度可分为三大类：纯商业化活动、半商业化活动、纯公益性活动。纯商业化活动是指活动的形式、内容和目的完全是商业性的活动，如校内的促销活动、企业形象或品牌推广活动等；半商业化活动是指活动的内容以公益性为主，但其形式有商家参与（一般以赞助的形式），活动目的除公益性目的外还有商家提升企业形象或产品品牌形象的商业目的，如各类体育竞技活动、文艺竞技活动以及一些学术活动等都可能成为商家赞助的活动；纯公益活动是指没有任何商家参与，活动的内容、形式和目的均不含任何商业性，如各类慈善活动、学生社团活动以及学科竞技活动等。

从信息流通角度来看校园活动在商业信息流通方面有如下优势：①视活动大

小不同，活动的覆盖面可达到多所高校。②宣传效果好。只要活动内容合适，会吸引众多学生关注和深度参与，这类活动在提升企业品牌知名度和美誉度方面效果非常明显。但是，校园活动的缺陷主要在于成本高。

3.4.2 公关促销

公关促销主要是为了提高企业或网站的知名度和美誉度，具体的方式是主办或赞助校内公益性活动，如赞助高校举办学生文艺活动、体育类竞技活动等。

3.4.3 销售促进

销售促进包括两类活动：一类是活动营销，主要是通过网上促销活动和网上其他有奖活动进行；另一类是网站收费项目的优惠活动，包括广告发布优惠、各类信息发布优惠、高级会员特殊优惠活动、媒体会员优惠活动等。

销售促进将会成为本网站主要的促销策略，因为对于本网站而言活动营销效果最为明显，更重要的是活动营销很多时候可以发挥“一箭双雕”的效果，从而降低网站的推广成本。

第4章　组织与管理

4.1 企业基本情况

4.1.1 基本说明

（1）拟定的企业名称。名称：甘肃省大学生信息服务平台——拼拼网。

（2）预期成立时间。成立时间：2012年11月。

（3）预期注册资本。注册资本：40万～60万元人民币。

（4）预期注册地点。企业注册地点：甘肃省兰州市工商管理局。

4.1.2 公司的宗旨、愿景和使命

（1）企业的宗旨及愿景。企业的宗旨及愿景包含以下内容：

1）公司的宗旨。服务领先、学生满意，持久“双赢”。

2）实现甘肃地区高校商务、信息数字化，把甘肃各高校的相关信息数字化

和网络化形成一个集成的高校信息库。

3）打造高校学生服务平台，借助网站的信息资源为在校大学生提供交流学习心得和实现资源共享的捷径，最终实现甘肃高校文化的集约化。

（2）企业的使命。企业的使命有以下两点：

1）弥补商务数字化和信息数字化在高校市场上的空白，推进高校商务数字化和信息数字化的变革。

2）为高校局域性信息服务平台运作模式树立楷模。

4.1.3　公司的发展战略

本公司是以高校市场为圆心，以网络平台为舞台、以信息数字化为边界提供服务和开展业务的服务商。

本企业的发展战略是集中多元化战略，即企业是集中于高校市场、集中于打造网络服务平台、集中于信息服务领域、提供包括 C2C、B2C、SP 自消费等多种服务模式的多元化信息服务商。

4.2　公司的组织结构

本公司采取如附图 1－4－1 所示的组织结构。

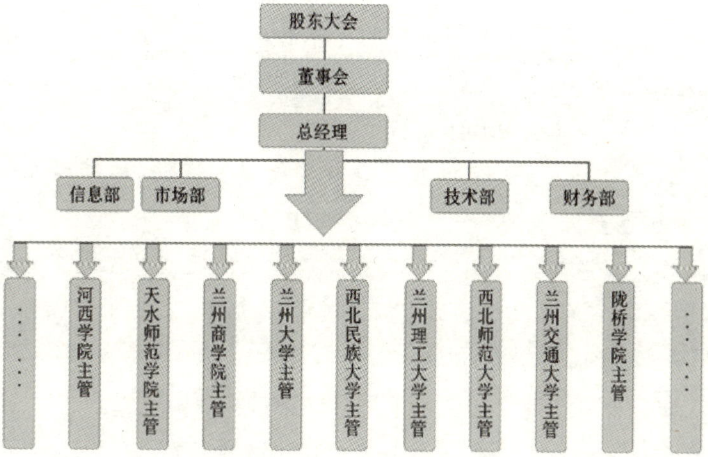

附图 1－4－1　公司组织结构

各部门的职责如附表 1－4－1 所示。

附表 1－4－1　公司各部门职责

部门	职责
各驻校代理	负责在本校的活动宣传及其他琐事
信息部	负责服务信息的采集、编辑和发布等
市场部	负责公司市场的开拓、战略发展、业务创新、营销策划等
财务部	负责公司的资金管理和财务核算，包括投融资和财务会计等
技术部	负责信息服务平台的技术维护和升级等
总经理	负责公司的总体运营管理和公司重大决策的方案制订等
董事会	负责公司重大决策的制定，对总经理进行监督、考核和任免等
股东大会	公司的最高决策机构，选举董事会和董事长及重大事宜的决策

说明：以上组织结构是完整的企业运作模式，在企业创立初期，考虑到运营成本公司部分职能部门暂时不设立，由其他部门暂代，随着公司业务的扩展将逐步健全。

4.3　公司的管理

4.3.1　人力资源管理

（1）公司人员配置原则。业务流程标准化、模块化；人力资源管理制度化。

（2）招聘。人员招聘方面实行“能力考试→面试→试用”的程序。

（3）员工培训。对新员工而言，培训主要包括公司总体状况、各部门基本状况、员工所在业务部门或职能部门的基本状况、岗位基本状况等内容；对老员工也进行定期培训，以实现业务能力的提升和知识的更新。

（4）考核。考核内容有如下几方面：

1）业务人员考核。业务人员主要是驻校代理、兼职人员，一般主要考核完成工作的数量和质量。

2）部门负责人考核。部门负责人一般是公司的正式员工，考核指标主要是该部门完成的总业务量和完成的质量以及其管理绩效等，同时各部门负责人的绩效还与该业务部的整体绩效挂钩。

（5）激励。公司在建立初期主要采取以下措施激励员工。

1）股权激励。对核心人员采取股权或期权激励方式。

2）薪酬激励。正式员工薪酬划分为基本工资和绩效工资，绩效工资与企业绩效、部门绩效和个人绩效挂钩，同时员工的薪酬水平随着公司的发展和盈利的增加不断提升。

3）晋升激励。公司高速发展会为员工带来许多晋升的机会，所以公司的高速发展本身对员工具有很好的激励作用。

4）员工福利。公司逐步完善员工福利计划，如各类保险和住房公积金的福利政策。

5）学习激励。公司根据员工的需求组织各类学习交流的活动，为员工能力的提升提供一个学习平台，也为员工的职业发展提供进步的机会。

4.3.2 营销管理

营销管理详见本计划书营销策略部分。

4.3.3 技术管理

本信息服务平台与技术相关的内容包括如下几方面：

（1）信息服务平台的开发。在前期，需要开发一个网站，谨慎规划该信息服务平台，网站开发可采取技术外包的方式，交由专业的网站开发公司来完成。

（2）技术维护。公司须配备专职的技术维护人员，负责日常的网站技术维护，必要时与专业的网站开发公司沟通，协调解决。

（3）网络安全。网站需要采取严格的安全保护措施，以防受到黑客的攻击。

（4）技术人员。网站技术人员应该是网络技术专业的专业人才，负责网站技术检测、维护、应用培训和部分网站系统的开发以及和外部技术供应商的沟通等工作。

4.3.4 财务管理

为规范公司财务管理，强化费用控制，确保公司财务正常运作和良性循环，根据公司章程和国家有关制度规章，拟制定《甘肃省大学生信息服务平台（拼拼网）财务管理制度》。将严格执行、认真遵守公司财务制度作为每一位员工的基本义务。主要包括财务管理的职能和任务、财务管理部门岗位目标责任制等内容。

4.4 其他说明

4.4.1 企业主要股东情况

股东的出资情况如附表 1－4－2 所示。

附表 1－4－2　股东出资情况

股东名称	出资额（万元）	股份比例（%）	出资形式	资金来源	联系电话
王××	1.5	10	普通股投资	创业基金及贷款	138××××××××
郑××	1.5	10	优先股投资	创业基金及贷款	139××××××××
苏××	1.5	10	可转换债权投资	创业基金及贷款	150××××××××
陈××	1.2	8	优先股投资	贷款	187××××××××
唐××	4.5	30	普通债权投资	自筹	133××××××××
冯××	1.8	12	普通债权投资	自筹	151××××××××
甘肃×××公司	3	20	可转换债权投资	××	0931×××××

4.4.2　董事会成员名单

董事会成员信息如附表 1－4－3 所示。

附表 1－4－3　董事会成员信息

序号	职务	姓名	学历或职称	联系电话
1	董事长	唐××	本科	133××××××××
2	副董事长	冯××	本科	151××××××××
3	董事	王××	本科	138××××××××
4	董事	郑××	本科	139××××××××
5	董事	苏××	本科	150××××××××

第 5 章　经营计划

5.1　业务流程介绍

“甘肃省大学生信息服务平台（拼拼网）”的业务包括“拼客”信息发布、“拼客”活动、网络广告发布、论坛等。业务流程主要分析该业务的商业流程和企业实施业务的工作流程。其中，商业流程是指该业务的相关商业主体之间信息、货物和资金的流动程序；业务的工作流程是指企业完成该业务需要进行的工作和这些工作之间的逻辑关系。

5.1.1　“拼客”活动和“拼客”信息发布的商业流程

（1）“拼客”活动业务涉及的主体包括为网站提供服务产品的供应商、本网站和在网站“拼客”的大学生，流程主要涉及信息流、物流和资金流。该业务的具体商业流程如附图 1－5－1 所示。

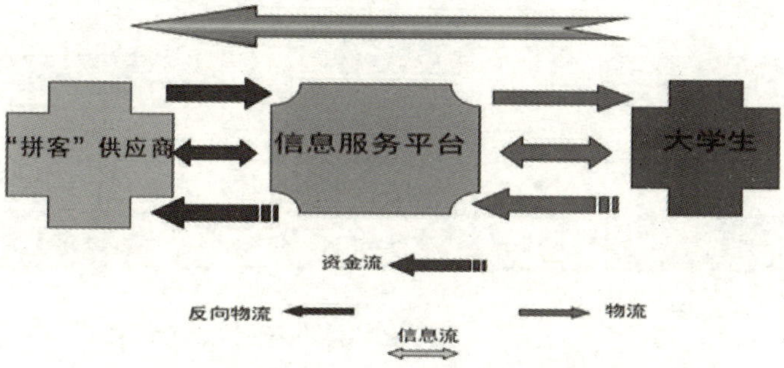

附图 1－5－1 "拼客"活动业务商业流程

（2）"拼客"信息发布业务涉及的主体包括提供信息源的媒体会员和其他信息源、本信息服务平台和浏览信息的个人会员，流程只涉及信息流和资金流。该业务的具体商业流程如附图 1－5－2 所示。

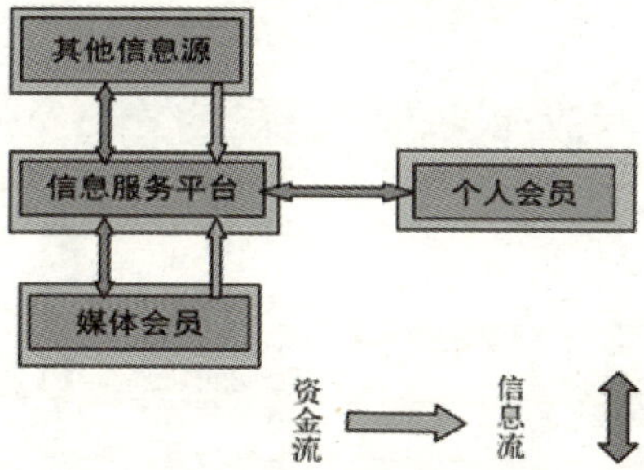

附图 1－5－2 "拼客"信息发布业务商业流程

5.1.2 "拼客"活动和"拼客"信息发布的工作流程

（1）"拼客"活动的工作流程如附图 1－5－3 所示。

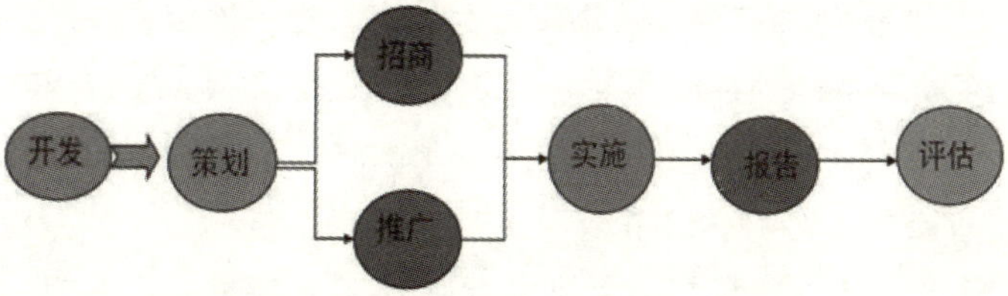

附图 1－5－3 "拼客"活动的工作流程

（2）“拼客”信息发布业务工作的流程如附图1－5－4所示。

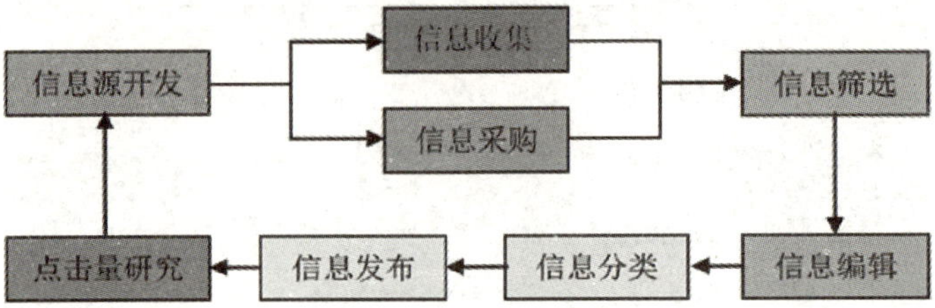

附图1－5－4　“拼客”信息发布业务工作流程

5.2　企业核心竞争力构建

5.2.1　构建企业核心竞争力的理论依据

企业核心竞争力的理论模型如附图1－5－5所示。

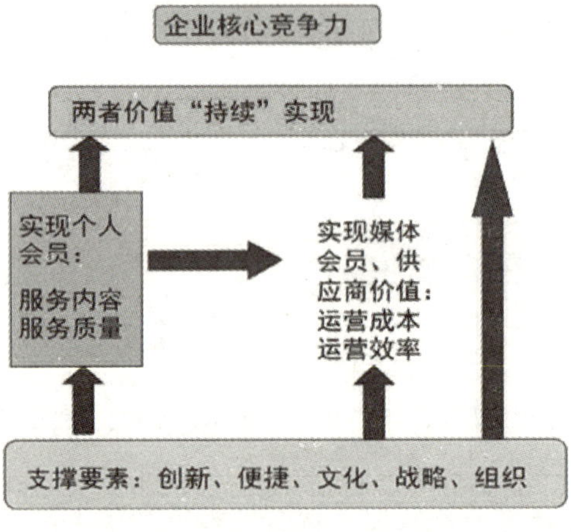

附图1－5－5　核心竞争力的理论模型

企业核心竞争能力的构建可以分成三个层次来看，依次为：

（1）外在表现层。外在表现层主要包括企业提供服务的内容和质量，这个层次的要素可以理解为是企业创造的顾客价值。从顾客角度来看，这些要素是表现在顾客面前的要素，即称为外在表现层。

（2）内部核心层。内部核心层主要包括媒体会员及供应商的运营成本、运营效率，这个层次的要素可以理解为媒体和企业实现自身价值的关键要素。这些要素都是顾客所看不到的，但它是媒体及供应商生存和发展的必要条件，所以称其为内部核心层。

(3)中间支撑层。中间支撑层主要包括本信息服务平台服务的创新性、战略、组织等，这个层次的要素构成了该平台实现顾客价值和媒体及供应商价值的支撑要素，所以称其为中间支撑层。

企业正是通过其支撑要素来创造顾客价值进而实现企业自身价值，这三个层次构成一个有机的整体，相互作用，使企业价值创造能力得以不断地提升，最终形成企业难以被竞争对手模仿的核心竞争力。

5.2.2　本企业核心竞争力构建的思路

企业刚刚进入市场，一切从零开始，企业想要在市场竞争中保持竞争优势，必须打造自己的核心竞争力，以附图1－5－5所示的企业核心竞争力理论模型为依据，从企业的现状出发打造核心竞争力，可以从以下几个方面着手：

(1) 业务创新。及时准确地把握顾客的需求，根据顾客不断增长和变化的需求开展新的业务和提供新的服务来满足顾客。

(2) 服务质量提升。不断提升现有的服务质量，在提供同类服务的企业中保持和扩大本企业的竞争优势。

(3) 营销策略创新。不断创造新的营销策略，提高企业的营销效率和效果，降低企业的营销成本。

(4) 运营成本控制。严格控制企业的运营成本，提升企业的盈利能力。

(5)建立快速响应市场的机制。不断扩大企业与客户的接触面和接触频率，及时把握和响应顾客的需求变化。

(6) 建立公司内部员工学习交流体系，构建学习型组织。不断提升员工的能力，激发员工不断的自我提升，使企业成为学习型组织。

(7) 提升企业资源整合能力。在完善企业内部管理体系的同时，提升企业的外部资源组织能力，充分利用商业合作等方式整合更多的外部资源。

(8) 提升企业创新能力。企业创新能力体现在各个方面，如服务创新、营销创新、组织创新以及制度创新等，创新能力的强弱直接决定着本企业在市场上的领先地位。

(9) 完善企业制度。企业初创时制度体系并不完善，在今后的运营过程中不断完善企业的制度体系，适应现代企业制度化管理的发展趋势。

第6章 融资说明

6.1 投资说明

6.1.1 资金需求说明

本次融资的目的在于创建“甘肃省大学生信息服务平台（拼拼网）”，资金将用于“甘肃省大学生信息服务平台（拼拼网）”的启动和运营方面。第9章对该项目的启动和运营费用作了详细预算，项目启动资金需求15万元人民币，第二年追加投资10万元人民币（不计在此期间的公司收益），预计一年后开始盈利。

鉴于上述分析，该项目的安全融资规模在15万～30万元人民币，理想融资额度为25万元人民币。

6.1.2 资金使用计划

根据项目实施计划部分的分析，资金使用情况可以分为以下四大类：

（1）固定资产投资。固定资产投资主要是办公用品，其中包括电脑、办公桌椅及其他办公室基础设施。

（2）技术升级。技术升级主要包括网站技术开发和网络升级等。

（3）员工工资开支。员工工资开支包括正式员工和兼职或代理人员等。

（4）服务平台的推广。服务平台的推广主要分为前期宣传和常规推广等。

说明：上述四类资金支出的具体支出明细将在后续内容中详细列出。

6.1.3 投资形式

投资机构投资该项目的形式有以下几种，如附表1－6－1所示。

附表1－6－1 投资形式说明

投资形式	说 明	备 注
普通股投资	投资方可获得公司完整的股权，包括收益权、表决权、资产最终所有权	不具有单方面撤资权
优先股投资	投资方可获得公司的优先分红权，其中优先分红权又分为按比例分红和按固定股息分红两种方式	投资方享有在规定期限内的单方面撤资权

续表

投资形式	说 明	备 注
可转换债券投资	投资方开始以债权的方式获取利息收益，但投资方可以在双方事先商定的时间范围内将债权按事先商定好的比例转换成企业的普通股	如果到期后投资方仍未转股，公司将按双方事先商定好的方式还本付息
普通债权投资	出资方具有完整的债券，即按双方事先商定的时间和还款方式及利率企业定期向出资方归还本金和支付利息	
混合投资	以上几种方式的搭配使用	为了规避风险，出资方可以混合使用以上几种投资方式

注：以上列示了几种主要的投资方式，如果投资方有意采用其他方式投资，可由投融资双方根据各自的情况协商确定最终的投资方式。

6.1.4 资本构成

股权构成分为以下4个模块，如附图1－6－1所示。

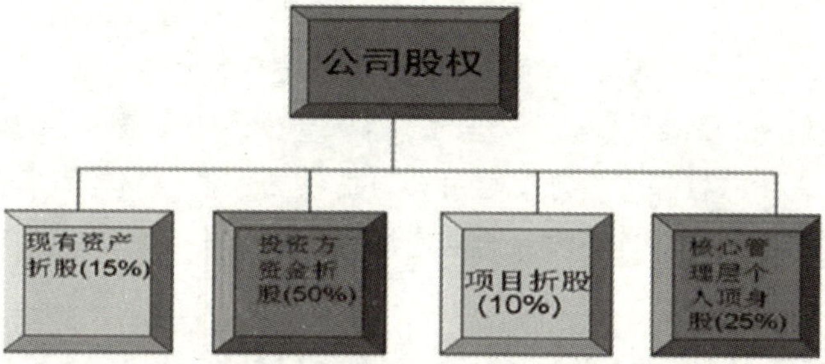

附图1－6－1 公司股权结构

说明：

（1）现有资产折股。现有资产折股包括公司现有的有形资产和无形资产。

（2）投资方资金折股。投资方资金折股是指投资方以现金股本入股。

（3）项目折股。项目折股是指项目拥有人以项目策划本身作为无形资产入股。

（4）核心管理层个人项身股①。核心管理层个人项身股即创业核心成员以个人投入公司的工作获得企业的干股②。

各种股权的具体比例由投融资双方共同协商后确定。

① 项身股即在企业的股份构成中，除出资人的银股外，还有掌柜阶层和资深职员持有的人身股。项身股实际上并不出一文资金，而是凭自己的劳动，有的地方也称其为劳力股。

② 干股是指未出资而获得的股份，但其实干股并不是指真正的股份，而应该指假设这个人拥有这么多的股份，并按照相应比例分取红利。

6.2 投资者介入公司管理的说明

6.2.1 投资方管理

在公司的日常经营活动中，投资方介入公司的管理主要表现：

第一，参与股东大会，履行股东的权利和职责。

第二， 加入董事会，履行公司重大决策的表决权。

第三，财务审核与监督，股东有权查阅公司的会计账簿等财务资料，对公司的重大投资决策和战略决策进行审核和监督。

第四，日常运营监督，针对公司的运营状况公司定期向投资方作书面或口头汇报。

除以上几方面外投资方还可以提出其他参与方式，由投融资双方协商确定，但原则上投资方的参与不影响公司正常运营和发展。

6.2.2 报告制度

公司定期（一般是季度或半年度）向投资者提交的报告包括：①资产负债表。②损益表。③现金流量表。④资金支出预算表。⑤公司半年度和年度运营计划书。

除以上报告外，投资者还可以要求公司提供其他报告，具体事宜由双方协商确定，但原则上不造成公司成本的大幅度增加。

6.3 投资报酬与退出

投资报酬与退出有以下几种方式：

第一，股权转让。投资者可以随时将所拥有的公司股权转让给其他投资者。

第二，股权回购。在公司开始稳定的盈利并有充足的现金状况下公司可以向投资者提出回购股权的申请，由双方协商确定。

第三，管理层收购。管理层可以以个人的名义向任何一个股东提出股权收购要约，由双方协商确定。

第四，股利。投资者可按公司的分红政策获得红利。

第五，股息。主要是针对优先股投资者而言，这类投资者按事先约定的利率获取股息收益。

第六，本金和利息。主要是针对债权投资者而言，这类投资者按事先约定的利息和还款方式收回本金和获取利息收益。

第七，公司上市。如果公司上市，这种方式对投资者来说是最好的回报方式，但就公司目前状况来说，公司上市至少在3年以后才有可能，所以这种回报方式对投资者来说是一种长期投资。

6.4 投资风险分析与规避

投资面临的主要风险如附图1－6－2所示。

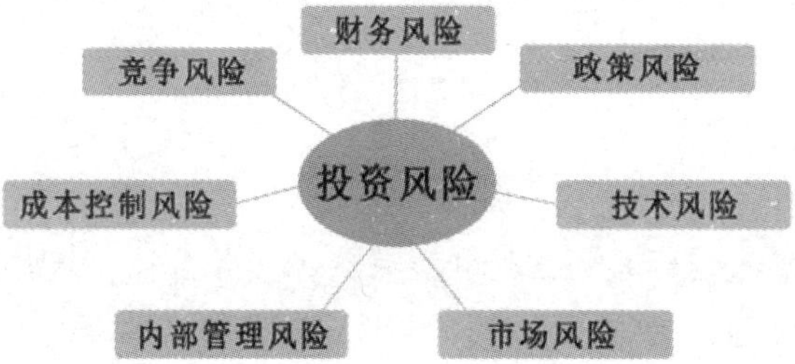

附图1－6－2 投资风险

6.4.1 政策风险

公司可能遇到的政策风险主要是指无法获得国家和甘肃省政府有关部门的优惠政策。政府有关部门的管理可能存在效率低下的问题，致使对创业项目的支持政策难以落实，如果出现这种情况，公司每年的运营成本将上升1万～2万元。因此，我们将努力争取有关部门的支持，获得这一优惠政策。

6.4.2 技术风险

公司可能遇到的技术风险和规避风险的主要方法：

（1）“甘肃省大学生信息服务平台（拼拼网）”的开发费用超支。“甘肃省大学生信息服务平台（拼拼网）”预期实现的功能比较多，可能在具体的产品或服务的开发时会出现预算超支现象。但这种可能性较小，即使这种情况出现，公司也将视超支的额度来决定是否删减部分功能模块。

（2）“甘肃省大学生信息服务平台（拼拼网）”运营出现技术问题。“甘肃省大学生信息服务平台（拼拼网）”的运营依托于网络技术，如果“甘肃省大学生信息服务平台（拼拼网）”出现程序错误，公司将在维护网络系统方面进行大量的调试，尽量避免这类问题出现。为了防患于未然，公司会配备专职的技术人员，加强“甘肃省大学生信息服务平台（拼拼网）”的监控，万一出现这种问题，也可以及时解决。

（3）网络安全风险。网站可能遭到黑客的攻击，但可能性不大，网站在建设时就会创建网络防火墙和网站自身的防火墙，再者，网站通过系统备份的方式保存系统数据，即便遭到攻击也可以很快恢复。

6.4.3 市场风险

市场风险主要指客户对网站的关注度可能达不到预期的估计，这种情况的出现可能是因为服务平台提供的服务不能适应顾客的需求或是服务平台的宣传力度不够。

为了防范这类风险，公司将采取以下措施：

（1）网站将通过对客户的注册和登录状况实时监控，随时了解市场动态。

（2）定期对目标市场进行调查，准确地把握顾客的需求和需求的变化，并根据顾客的需求推出相应的服务。

6.4.4 内部管理风险

企业内部管理存在的潜在风险和防范的措施有以下几方面：

（1）管理层的意见不统一。首先，创业核心成员为大学校友，彼此已形成很好的默契，很少出现争论不休的情况，即使偶尔出现这类问题，也能通过公司的决策制度最终协调解决，如负责人决策制度等。此外，规避这类风险的另一条途径就是引入外部专家来辅助决策。

（2）人员流失风险。公司创业初期资金有限，不能采取高薪激励的方式，所以可能出现部分人员流失的情况，公司规避这类风险的方法是完善岗位制度和培训体系，尽可能实现制度化管理，即便出现人员流失，也可以迅速招聘新成员补缺。

（3）对关键人员的依赖。企业最核心的无形资源包括服务平台和公司的核心运作模式，其中“甘肃省大学生信息服务平台（拼拼网）”属于公司所有，不会因为人员的流失而不能正常运转；公司的运作模式主要掌握在企业核心成员手中，而核心成员都是公司的股东，离开公司的可能性较小，同时企业也将通过制度的完善和协议的约束力对无形资产形成监控，因此即便核心成员离开，公司的这类无形资产也不至于流失。

6.4.5　成本控制风险

成本控制风险是指企业的费用预算可能超支，规避这类风险的方法就是加强预算能力和成本控制能力，同时公司留有足够的现金储备，即便出现这类情况，也不至于出现资金链断裂的情况。

6.4.6　竞争风险

通过上文中行业和市场的分析，公司的最大竞争风险在于潜在竞争者的加入，规避这类风险的根本方法就是打造企业的核心竞争力。

6.4.7　财务风险

财务风险主要包括以下几个方面：

（1）应收账款太多。本公司提供的服务本身决定了“甘肃省大学生信息服务平台（拼拼网）”的交易模式采取先付款后提供服务的方式，所以，应付账款积压的风险不大。

（2）坏账。同上，企业坏账的可能性很小，即便偶尔出现，比例相对较少。

（3）亏损。公司预计正常运营半年后开始盈利，不排除服务平台不能如期盈利情况的出现，公司融资规模足以支持“甘肃省大学生信息服务平台（拼拼网）”以低成本模式运营 1 ～ 2 年，因此，即便公司未能如期实现盈利，公司也有足够的时间改进。

（4）资金断流。只要投资方中途不突然撤资，企业在 1 ～ 2 年内出现资金断流的可能性不大，为防止投资方中途撤资，公司平时会加强与投资者的沟通，得到投资者的理解和信任。同时企业也开辟其他的融资渠道，如与银行、其他投资公司等金融机构经常沟通，为公司进一步扩张需要进行再度融资铺平道路。

第 7 章　财务计划

7.1　经营预测

7.1.1　“甘肃省大学生信息服务平台（拼拼网）”潜在客户数量分析

访问“甘肃省大学生信息服务平台（拼拼网）”的主体可以分为两大类——

个人会员和媒体网络，附表 1 -7 -1 分析了这两类主体的潜在数量。

附表 1 -7 -1　信息服务平台主体市场空间分析[①]

访问主体	包含群体	市场空间	备注
个人会员	本科学生	151000 人	甘肃共有 14 所本科院校
	大专学生	210500 人	甘肃共有 25 所专科院校
	小计	361500 人	
媒体网站	教育网站	*1600 家*	
	企事业网站	*3000 家*	
	小计	*4600 家*	甘肃地区估计数

注：斜体数字是粗略估计数据，正体数字是统计数据。

7.1.2　会员人数预测

从附表 1 -7 -1 中可以看出“甘肃省大学生信息服务平台（拼拼网）”在甘肃高校范围内个人会员的潜在数量在 30 万人以上，媒体网站会员的数量在 4000 个以上。网站预计通过初期推广开发 15% 的个人会员市场、10% 的媒体会员，在正常运营半年后个人会员市场开发度达到 30%、媒体会员市场开发度达到 20%，一年后在个人会员市场的占有率达到 50%、在媒体会员市场的占有率达到 40%；据此预期会员数增长状况如附图 1 -7 -1 所示。

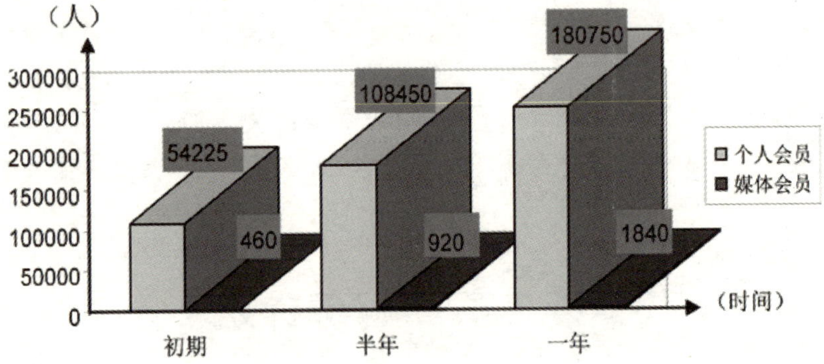

附图 1 -7 -1　会员增长预测

① 根据《中国区域经济统计年鉴》（2009）显示，甘肃省 2009 在校大学生为 36.15 万人，表中个人会员人数为 2010 年估计数。另外，互联网显示，截至 2010 年 6 月，中国的网站数量（即域名注册者在中国境内的网站数）是 279 万余个。

7.1.3 信息服务平台收益预测

（1）广告收益。广告收益有如下几方面：

1）广告位置资源分级明细见附表 1－7－2 所示。

附表 1－7－2　广告资源分级明细

资源板块	一级资源		二级资源		三级资源	
	广告位置	定价	广告位置	定价	广告位置	定价
网站	首页		—		—	
新闻	首页		信息内容页面		—	
供需市场	首页		信息内容页面		—	
“拼客”商铺	首页	200 元 / 周	产品介绍页面	100 元 / 周	—	50 元 / 周
“拼客”活动大厅	首页		活动页面		服务介绍页面	
个人会员	页面		—		—	
论坛	首页		—		—	

以上页面资源一级页面每个可开辟 2 ～ 3 个广告位，二级页面和三级页面可以开辟 1 ～ 2 个广告位。

2）广告收益状况如附表 1－7－3 所示。

附表 1－7－3　广告业务动态收益

单位：元

广告位	第一季度收益	第二季度收益	第三季度及以后	附加成本
一级广告位	13440	20160	23520	
二级广告位	1920	2880	3360	
三级广告位	240	360	420	收益 ×20%
合计	15600	23400	27300	
毛利润	12480	18720	21840	

说明：（1）收益计算以一级广告位 7×2=14 个、二级广告位 4×1=4 个、三级广告位 1×1=1 个计算。

（2）第一季度定价为初始定价，一级资源 200 元 / 周，二级资源 100 元 / 周，三级资源 50 元 / 周，以后每季度定价与会员增长比例同步增长，这一定价是依据相关网站广告价格做的保守估计。

（3）每个季度广告位的销售比例是第一季度按 40%、第二季度按 60%、第三季度及以后每季度按 70% 计算。

注：收益 = 初始定价 × 周数 × 广告位个数 × 广告位销售比例

（2）网上活动收益。网上活动收益有以下两方面：

1）目前策划成熟的活动包括“拼客”活动、网上促销和网上商铺，这些活动的收益状况大致如附表 1－7－4 所示。

附表 1－7－4　活动收益

单位：元

活动名称	活动收益（每次）	活动成本（每次）	活动频率
“拼客”活动	25000	24000	每周一次
“拼客”促销	8000	7000	每周一次
“拼客”商铺	25000	24000	每月一次

注：因我公司只提供中介服务，不涉及货物的购入，此处的活动成本指供应商的收入。

2）活动利润动态表，如附表 1－7－5 所示。

附表 1－7－5　活动利润动态表

活动名称	第一季度	第二季度	第三季度及以后	附加成本
“拼客”活动	6000	6000	8400	收益 ×20%
“拼客”促销	—	—	8400	
“拼客”商铺	6000	6000	8400	
合计	12000	12000	25200	
毛利润	9600	9600	20160	

说明：（1）预计“拼客”促销在会员开发度较低的前两个季度暂不开展，在前两个季度可能会试验性地开展几次，暂且不作预算估计。

（2）其他两种活动前两个季度的利润作 70% 保守估计，到第三个季度及以后作 70% 估计。

（3）其他收益。除以上收益方式外，信息服务平台还有以下收益途径：会员管理费用、信息有偿发布费用、搜索引擎链接收益，这些项目收益状况预估如附表 1－7－6 所示。

附表 1－7－6　其他收益预估

单位：元

活动名称	第一季度	第二季度	第三季度及以后	附加成本
会员管理费	10000	15000	30000	收益 ×20%
信息有偿发布	0	0	9000	
搜索引擎链接	0	0	6000	
合计	10000	15000	45000	
毛利润	8000	12000	36000	

说明：（1）会员管理费是指本信息平台预计发展1000名高级会员，每月收费10元会费。

（2）信息有偿发布按10元/条、10条/天算，从第三季度开始收费。

（3）搜索引擎链接是指其他的网站与本信息服务平台建立友情链接，预计从第三季度算起，每月按2000元算。

7.1.4　企业利润分析

（1）信息服务平台毛利润分析。根据本部分前面的分析可以得出以下网站动态利润（毛利），如附表1－7－7所示。

附表1－7－7　信息服务平台动态利润预估

单位：元

利润来源	第一季度	第二季度	第三季度	第四季度
广告	12480	18720	21840	21840
网上活动	9600	9600	20160	20160
其他	8000	12000	36000	36000
合计	24864	40320	78000	78000

说明：此处的毛利润是指没有计算企业正常运营费用，只计算了除正常运营费用外的相关成本，在此利润基础上扣除正常运营费用就是企业的净利润，企业正常运营费用在项目实施章节中有详细分析。

（2）公司净利润分析。根据附表1－7－7的毛利润分析，计算公司的净利润，如附表1－7－8所示。

附表1－7－8　公司净利润预测

单位：元

利润来源	第一季度	第二季度	第三季度	第四季度
毛利	24864	40320	78000	78000
运营费用	43000	43000	43000	43000
固定资产折旧	1600	1600	1600	1600
无形资产分摊	5000	5000	5000	5000
税前利润	－24736	－9280	28450	28450

说明：（1）运营费用在本文财务计划中有预估，此处取其上限43000元。

（2）拟定固定资产和无形资产的期初投入在前3年分摊。

（3）固定资产主要指办公用品，预计公司在固定资产初创期投入20000元，残值800元。

（4）无形资产分摊主要是信息服务系统升级费用的分摊，此处取其上限60000元。

7.2 投资收益分析

7.2.1 公司投资收益率

（1）第一年。第一年的投资收益率＝税前利润/项目投资总额＝（－24736－9280+28450+28450）÷150000=15.26%

（2）第二年。初始投资金额追加100000元。第二年的投资收益率＝税前利润×0.75/项目投资总额=28450×4×0.75÷250000=34.14%

（3）第三年。第二年的投资收益率＝税前利润×0.75/项目投资总额＝28450×110%×4×0.75÷250000=35.31%

由此可以看出，公司投资回收期为3年。

7.2.2 投资者现金回报率

（1）第一年。现金回报率＝税前利润×利润分红比例×投资者收益权比例/投资者投资总额＝（－24736－9280+28450+28450）×50%×50%÷150000=3.81%

（2）第二年。现金回报率＝税前利润×利润分红比例×投资者收益权比例×75%/投资者投资总额=28450×4×50%×50%×0.75÷250000=8.54%

（3）第三年。现金回报率＝税前利润×利润分红比例×投资者收益权比例×75%/投资者投资总额=28450×110%×4×50%×50%×75%÷250000=9.39%

说明：（1）融资额度第一年按150000元人民币计算，第二年追加投资100000元。

（2）企业所得税率按25%计算，第一年免税。

（3）在我国没有资本利得税。

（4）公司利润分配比例按50%计算。

（5）投资者股权比例按50%计算。

（6）以上第一年利润计算是从项目进入正常运营期开始，未计项目启动时期的成本。

（7）预计第二年的利润在第一年的基础上增加10%，第三年的利润在第二年的基础上增加10%。

7.3 财务分析

7.3.1 财务分析说明

这里的财务分析基于项目实施章节中项目启动费用和项目正常运营费用等相

关内容，预计该项目的投资额度为150000元人民币，第二年追加投资100000元，在此基础上进行财务报表的预估。

7.3.2　财务预测

（1）预估损益表。该项目正常运行后3年的损益表如附表1－7－9所示。

附表1－7－9　项目预估损益表

单位：元

项目	第一年	第二年	第三年
收入	28300	390000	429000
成本	56600	78000	85800
毛利	226400	312000	343200
营业费用:	157000	200000	200000
薪资	109500	134600	134600
管理费用	13300	13300	13300
租赁费用	9900	9900	9900
折旧及摊销	18800	18800	18800
其他	5500	5500	5500
营业利润:	69400	112000	143200
利息费用	0	0	0
税前利润	69400	112000	143200
项目启动费用	150000	0	0
所得税	0	7850	35800
本期净利润	-80600	104150	107400

注：（1）由于业务的拓展及会员的增加，预估第三年的收入会在第二年的基础上增加10%。

（2）第二、三年的时候，公司业务可能拓展，相应的薪资费用预计会增加，预估为第一年的110%。

（3）在第二年预计会购入部分固定资产，价值48000元，依次在第二、三、四年的折旧及摊销额按70000计算。

（4）第一年享受免税政策，所得税费为0，第二年税前利润先弥补第一年亏损。

（2）预估资产负债表。该项目正常运行后前两年的资产负债表如附表1－7－10所示。

（3）预估现金流量表。由于该项目固定资产较少，且无存货，其结算方式也决定了它的应收账款和应付账款较少，所以项目的现金流量表与损益表基本上相同，此处不再做详细描述。

附表 1－7－10　项目预估资产负债表

单位：元

项　目	第一年	第二年	第三年
资产			
流动资产：			
货币资金	15800	264350	349600
存货	0	0	0
流动资产合计	15800	264350	349600
固定资产：			
固定资产原值	20000	68000	68000
减：累计折旧	6400	28800	50200
固定资产净值	13600	39200	17800
无形资产：			
无形资产原值	60000	40000	20000
减：累计摊销	20000	20000	20000
无形资产净值	40000	20000	0
资产合计	69400	323550	367400
负债及权益			
流动负债：			
应付账款	0	50000	10000
短期借款	0	0	0
负债合计	0	50000	10000
所有者权益：			
实收资本	150000	250000	250000
资本公积	0	－ 80600	0
未分配利润	－ 80600	104150	107400
所有者权益总计	69400	273550	357400
负债及所有者权益总计	69400	323550	367400

7.4　总结

7.4.1　销售利润率分析

（1）第一年。销售利润率＝利润总额／销售收入净额 ×100%

=（－ 24736 － 9280+28450+28450）÷（24864+40320+78000+78000）=10.35%

（2）第二年。销售利润率＝利润总额／销售收入净额 ×100%

=24850×4÷78000×4=36.47%

（3）第三年。销售利润率 = 利润总额 / 销售收入净额 ×100%
=28450×4×110%÷78000×4=40.12%

7.4.2 总资产利润率

（1）第一年。总资产利润总额 = 利润总额 / 资产平均总额 ×100%
=（－24736－9280+28450+28450）÷［（69400+323550+367400）÷3］=9.03%
（2）第二年。总资产利润总额 = 利润总额 / 资产平均总额 ×100%
=（28450×4）÷［（69400+323550+367400）÷3］=44.90%
（3）第三年。总资产利润总额 = 利润总额 / 资产平均总额 ×100%
=(28450×4 ×110%)÷[(69400+323550+367400)÷3]=49.39%

7.4.3 偿债能力分析

该项目以股权的形式融资，在未来3年内公司不存在资金压力，且无须负债经营。

7.4.4 存货周转分析

该项目不存在存货问题。

7.4.5 总资产利润率与销售利润率对比分析

销售利润率（Rate of Return on Sale）反映企业销售收入中新创价值所占的份额；总资产利润率（Rate of Return on Total Assets）是企业利润总额与企业资产平均总额的比率，即资金利润率，它是反映企业资产综合利用效果的指标，也是衡量企业利用债权人和所有者权益总额所取得盈利的重要指标，此项比率越高，表明资产利用的效益越好，整个企业获利能力越强，经营管理水平越高，其分析结果如附图1－7－2所示。

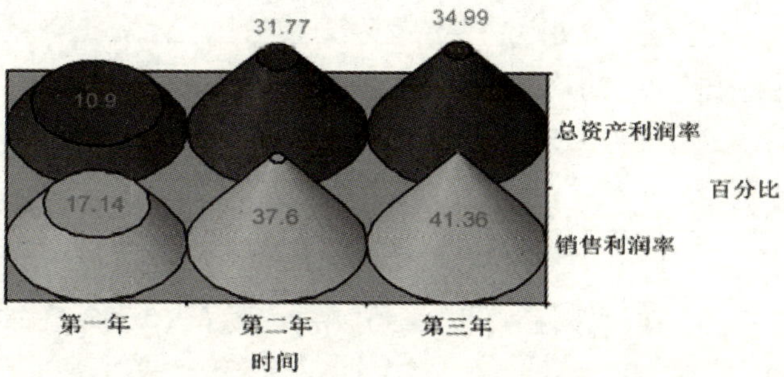

附图1－7－2　销售利润率与总资产利润率分析

综上所述，对本项目而言，第二个营运年度是最为重要的一年，第二年的经营关系到公司的生死存亡，越过第二年之后，公司的盈利能力将逐步稳定上升，呈现出良好的发展势头。通过上述投资收益分析、总资产利润率分析及销售利润率分析，不难看出“甘肃省大学生信息服务平台（拼拼网）”在前三年的盈利能力呈上升趋势，具有良好的发展前景。

第8章　风险评估与防范

8.1　发展期（1～2年）风险分析及对策

发展期风险分析及对策如附表1－8－1所示。

附表1－8－1　发展期风险分析及对策

	类型	风　险	对　策
发展期	市场	潜在竞争者及其他形式的网上交易平台进入大学生“拼客”消费这一新兴行业内，对本企业市场造成冲击，市场占有份额可能减小 企业的业务复制能力没有按预期建立起来，影响扩张速度	在大学生市场上抓住先机，在切入市场的情况下，迅速有力地树立自有品牌 同能与其他信息服务行业的公司形成战略同盟，形成整体竞争优势 在公司成立初期便开始案例库的建设和管理，将项目的显性和隐性经验进行系统总结，提升服务项目的可复制性
	技术	后续技术研发受阻会严重影响服务的质量和效率 技术保护程度不够，遭到竞争对手的模仿	每年投入足额的研发费用，不断更新客服的模式，并建立相应激励机制，鼓励自主创新，建立外部合作机制，力争技术的领先地位
	财务	企业销售能力未达到预期，公司营运资金不够 现金回收慢，现金流压力大	为保证公司资产较高的流动性，必要的时候考虑增加、加大后几年的融资额度 销售采用现金折扣等方式鼓励现金回流，缩短现金回收期

8.2　成熟期（3～5年）风险分析及对策

成熟期风险分析及对策如附表1－8－2所示。

附表1－8－2　成熟期风险分析及对策

	类型	风　险	对　策
成熟期	市场	企业在该行业已具有一定知名度和商誉，由于不确定性和非市场因素，企业形象可能受到非竞争性损害 在企业的发展过程中，客户数量迅速增多，对于每单业务的项目管理能力提出了挑战	通过渠道控制和诉诸法律等保护措施进行整体防范，在主要目标市场地区将依靠媒体宣传、公益活动等在顾客心目中树立公司形象和建立公司品牌识别系统等 在甘肃省大学生智力资源支持下，从成立之初就着手完善项目管理手册，用制度和标准化约束随意性
	技术	技术研发速度缓慢，难以为公司创造持续价值 其他企业研发新型的网上交易技术，对本公司的发展造成较大影响	建立以市场为导向的研发体制，在现有技术基础上，进行有针对性的技术研发 在自主研发的基础上，保持对信息服务新兴技术的关注 聘请专家、利用其他技术资源以及联合其他中介服务机构进行系统整合，形成整体竞争优势 对于重大的技术突破，凭借已有资源和平台基础，寻求合作，共同发展
	财务	利润分配方案及盈利能力与模式达不到投资者理想的效果	建立客户信用档案，减少坏账风险 建立公司财务风险检测和预警机制 在发展阶段，可以视公司的财务状况而采取优厚的利润分配方案

第9章　项目实施进度

9.1　项目启动工作流程及工作内容

“甘肃省大学生信息服务平台（拼拼网）”项目从策划到正常运营的时间属于项目启动期，项目启动期的工作及工作流程如附图1－9－1所示。

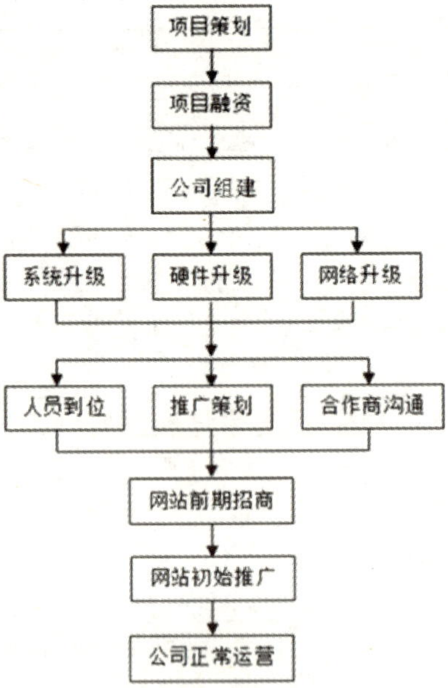

附图 1－9－1　项目启动工作流程

项目策划主要是指项目调研和商业计划书的策划。

项目融资指为了项目顺利启动和运营筹集的必要的资金。

公司组建是指公司融资后涉及股权变更和公司的正式注册等工作。

系统升级主要指新业务的技术开发和网站整体的重新规划。

硬件升级包括服务器的升级以及新增人员办公设备的购置。

网络升级是指提升网络的接入速度。

人员到位指新员工的招聘和培训，新员工包括正式员工和兼职员工。

推广策划。在网站正式发布之前完成网站推广的策划工作。

合作商沟通。在网站业务开始正常运营之前完成合作商的选择和沟通工作，合作商主要包括广告服务商、信息服务商和网站技术服务商等。

网站前期招商。在“甘肃省大学生信息服务平台（拼拼网）”正式向甘肃省广大师生推广之前，尽可能吸引企业会员预先注册，使网站向个人会员推广时已经具有必要的信息量。

网站初始推广指“甘肃省大学生信息服务平台（拼拼网）”正式运营后，面向各高校个人会员作集中式的大规模推广，以使网站迅速获得较高关注度。

正常运营是指“甘肃省大学生信息服务平台（拼拼网）”初始推广完成后进入正常运营期。

9.2　项目启动时间安排

项目启动时间安排如附图1－9－2所示。

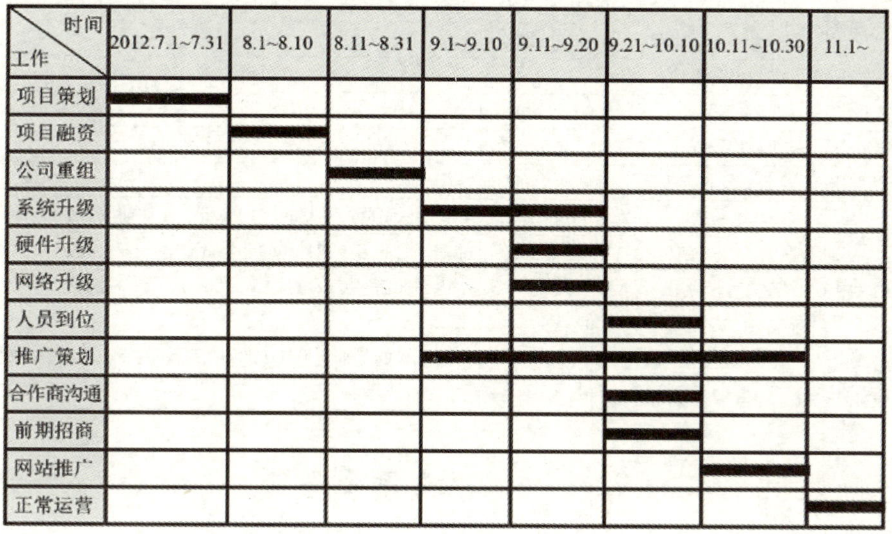

附图1－9－2　项目启动甘特图

9.3　项目启动人员安排

项目启动阶段各项工作基本上由创业团队的核心成员完成。从项目策划到人员招聘、培训其间所有工作均由6名核心成员分工完成。人员到位后，网站的推广策划、合作商沟通、前期招商、网站推广等工作在核心成员领导下完成。公司建成后，在初创原有人员的基础上新招聘员工主要是驻校代理，预计甘肃省各高校的代理约为39人（甘肃一共有39所高校，预计每所高校聘请1名代理）。

9.4　项目启动资金预算

项目启动期从公司重组（2012.8.11）算起到网站初始推广结束（2012.10.30）

为止，周期将近3个月，在项目启动期内，除融资获得的资金外，项目基本上不产生现金流入，以下在项目启动期内对资金流出进行预估，如附表1－9－1所示。

附表1－9－1　项目启动经费测算（2012.7.1～2012.11.1）

支出科目	支出明细	金额（元）	备注
公司注册	公司注册	2000～3000	
系统升级	网站系统升级	5000～15000	不同的网站开发公司开发的系统质量不同，费用相差也很大
硬件升级	办公电脑3～4台	10000～16000	包括3台台式机，如有必要购置1台笔记本电脑
	办公桌椅3～4套	1000～2000	
	其他办公用品	1000	
网络升级	网站服务器外包	5000～10000	
前期招商	招商广告制作	10000	
网站推广	广告、发布会等	10000～30000	
人员工资	核心成员	16000	4名核心成员，每人每月1000元，工作期按4个月计算
	兼职人员（驻校代理）	1000～3000	兼职工时的多少视具体的业务量而定
管理费用	各类运营费用	3000	水电、通信、差旅每月大约1000元，按3个月计算
小计	64000～109000		
安全资金	6400～10900		在总预算的基础上另加10%的资金，用于应对超资问题
启动资金	70400～119900		

9.5 项目运营费用预算

项目启动期结束后公司进入正常运营期，项目正常运营的费用预算以季度为周期进行核算，下面将以项目正常运营的第一季度（2012.12.1～2013.2.29）为例进行分析，如附表1－9－2所示。

附表1－9－2　项目季度运营费用预算

支出项目	支出金额（元）	备注
常规推广	2000～4000	包括海报、DM单、横幅、网络广告等
员工工资	16800	工资加奖金，每人每月平均1400，共4人
	13500	驻校代理，每人每月平均300，共15人，工时的多少视具体的业务量而定
管理费用	3000～3500	包括办公易耗品、水电、通信、差旅、招待费用等
租赁费用	0～3500	主要指办公室租赁费用
福利费用	3360	按工资额的20%计算
技术维护	1500～3000	
小计	40160～47660	
安全资金	4016～4766	在总预算基础上另加10%的资金，应对超资问题
运营费用	44176～52426	

说明：（1）项目费用预算的目的在于为预估企业最佳融资额度作依据。

（2）该预算属于费用预算而非成本预算，是从现金流的角度作分析。

（3）网站推广还包括非常规推广，主要是活动推广，活动一般均为营利性活动，不属于净现金支出项目，且具体经费视活动种类和频率而定，故未在表中详细列出。

（4）因为公司成立3年内享受大学生创业免税的优惠政策，因此表中未列出税金支出。

（5）租赁费用视甘肃省高新技术创业服务中心给予大学生创业的优惠政策而定，最理想的情况是甘肃省高新技术创业服务中心在第一年免费提供办公场所。

（6）在公司盈利前员工（指核心成员）工资均按1400元/月计算。

（7）该预算未对公司运营收入作预算，关于公司详细的经营预测将在财务计划中作详细分析和预测。

（8）以上预算是公司在进行大规模扩张前的费用预算，公司预计在正常运营半年到一年后开始扩张。

9.6 小 结

本章详细分析了项目启动和正常运营的资源需求状况包括人力、财力、物力、时间和项目启动的周期和工作分解及其流程等内容，得出如下结论：

第一，项目启动资金需求15万元人民币。

第二，项目启动全职人员为4名，各高校驻校代理为外聘兼职人员。

第三，项目启动周期为4个月。

第四，项目正常运营费用每季度4万～5万元。

第五，正常运营全职人员为4名。

第六，正常运营期（是指从公司创立到“甘肃省大学生信息服务平台（拼拼网）”成熟后进行大规模扩张之前这一段时期）为半年到一年时间。

第七，在企业盈利之前将尽量采取低成本运营模式，具体表现在以下几个方面：①避免购置不必要的固定资产，如交通工具等。②公司策划尽量由公司初创人员完成，公司初创人员均为大学本科毕业，完全具备这一能力。③可以采取兼职、代理完成的工作尽量不招聘正式人员完成，甘肃各高校有丰富的高素质低成本的兼职人力资源。④“甘肃省大学生信息服务平台（拼拼网）”推广尽量采取营利性活动的方式开展。⑤尽量争取国家和甘肃省对大学生创业的优惠政策，如税收优惠政策和创业基金等。⑥尽量采取商业合作的方式来完成相关工作，以降低成本和风险，加强安全保障，如技术外包、广告设计等。

附 件

兰州拼客网

1. 简介

网站域名：www.0931pk.com

网站标题：5562 元（不含域名价值）

简介：兰州拼客网是兰州地区最大的拼客群体俱乐部，在兰州拼客网上，你可以查询到拼房（合租）、拼饭（拼餐）、拼玩、拼卡、拼生日、拼车（顺风车）、拼游（拼团或自助游）、拼购（团购）等各种有意义的“拼客”活动！兰州拼客网为您提供分摊成本、共享优惠、享受快乐、交友识友的网络平台！爱拼才会“盈”！

2. 常见拼客方式

（1）拼车。拼车有个人和车主两种拼车方式。

个人。上班族上下班拼车、学生上学放学拼车、小学生拼车接送，出行拼个旅途伙伴，旅途不再寂寞，寂寞无聊时，拼个朋友一起逛逛街、散散步，快乐无穷，三五成群出游拼车，安全、舒适、经济、实惠。

车主。马路空车太多，随机性找到乘客比较困难，油价上涨，空跑浪费，守株待兔希望更是渺小，空车时，找到固定的客源，每个月稳定增加 600～2000 元不等，何乐而不为？

（2）拼房。一个人租房费用太高，合拼租房“AA 制”，大家都很快乐、舒适、经济、实惠。

公司办公类：面积太大寻求拼房使用者。

（3）拼卡。各商场购物卡、美容卡、健身卡、游泳卡，如果消费不完，或者想要单次消费享受会员价格，来兰州拼客网发布个消息，拼拼凑凑自己得到实惠不浪费，又方便拼友！

（4）拼购。又称团购，与拼卡不同的是，拼卡是把大家卡里的金额消费掉，而拼购最实惠地体现在商场的折扣上。

随着网站的不断完善，将会把各商场的最新打折信息发布在兰州拼客网站上，足不出户就可以知道哪个商场有怎样的优惠信息！

拿服装等商品作例，一方面大家拼在一起购物，可以相互提意见；另一方面众人力量大，发挥人多优势可以拿到较低的价格。通常都有这样的经验，多买多优惠，在大商场，一般都表现为，买300送100，或者买500送200 ，买1000送500，消费总金额越大，得到的实惠越多。

对于一些大型商品，通过我们网站的中间服务，将大家的购买意见进行汇总，以大数量大金额的优势，向商家申请低价，此类活动比较成功！或者某商家通过我们兰州拼客网发布一些优惠信息，会员进行报名后，统一进行低价购买！

目前建材、家装材料、家庭消耗品等团购表现比较突出！

（5）拼餐。嘴馋了，一个人又吃不到很多样好东西，怎么办？到兰州拼客网发个消息，志同道合的人们拼在一张饭桌上享受美食佳肴，谈笑风生，认识更多的朋友，不亦乐乎！

（6）拼玩。拼玩又称结伴出游。运动项目当然要提前做好计划，提前发帖，须注明出游时间、地点、行程安排，如果对人数有要求，还要特别注明，以便拼友跟贴！

喜欢运动的“拼客”，一个人玩是没有乐趣的，可以到兰州拼客网发个拼玩信息，网站也会定期组织一些户外活动，如篮球、足球、乒乓球、羽毛球等，生命在于运动，参与到运动中，生命充满活力！也可以拼团自助游。一个人寂寞无聊时，拼个朋友一起出来逛逛街、散散步，快乐无穷，拼看各类表演如明星演唱会、杂技表演、展览等。

（7）拼其他。拼其他包括拼家教、拼卡、拼杂志、拼书、拼影碟、拼保姆等。

3. 拼客的好处

（1）经济实惠。您可以通过“拼客”，进行“AA制”消费、团购等，得到打折最实惠的价格。

（2）交友共享。您可以参加“拼客”活动，大家一起创造快乐，分享快乐。结识更多的异性朋友或知心朋友。

（3）快乐时尚。“拼客”是一种新兴的群体，在世界范围内开始迅速流行开来，是一种非常时尚快乐的生活方式，好处多多，快乐多多。

4. 活动原则

第一条 兰州拼客网的网友所发起的活动，具有以下特性：“拼客”不是“俱乐部”，不是旅行社，不盈利，不搞收费会员制，不搞野外生存，不提供野外活动及商业服务。

第二条 参加活动者为身体健康，年满18周岁的中国公民，男女均可，受地域开放限制，兰州市以外周边城市人士视情况加入；未满18周岁或行为不便者，须由法定监护人陪同或由法定监护人指定陪同人。

第三条 活动费用基本上“AA制”，活动中的收支明细应公开、透明，活动参与者需互相友好监督。

第四条 活动无固定发起者，凡有责任心、有能力、有兴趣者均可发起。

第五条 兰州拼客网作为信息交流平台，活动计划的发布、报名、确认可在此公开发布进行，参加者需自行留意。

第六条 活动的发起者和参加者本着自由结合、自愿参加、风险自担、责任自负的原则参加。

第七条 郑重提醒：因为自发组织“拼客”活动，有些活动具有一定的风险性，在参加时请注意自身安全和财物安全，并对由此产生的后果、责任和义务有充分考虑。

5. 发起活动原则

第一条 “拼客”网友发起的活动计划和户外活动属个人行为，兰州拼客网起着信息交流的作用。

第二条 发起者本人应身体健康，有一定户外活动经验和高度的责任心。

第三条 活动前，活动发起者应制订活动计划，予以公布，采取公开报名的原则。

第四条 活动发起者所制订的活动计划应尽量包括以下内容：活动概述、行程安排、所需装备、费用预算、注意事项、报名方法、责任声明等。

第五条 活动中，发起者负责组织、协调、带队、联络等工作。

第六条 发起者所承担的组织带队工作完全是自愿和义务的，不从参加者那里收取任何组织费、劳务费以及各种名目的费用，但也不是给参加队员提供野外活动商业服务的。

第七条 发起者要结合活动强度、危险程度等实际情况，根据报名人员的体力、经验、意志力等各方面因素进行考虑，不适合者予以劝退。

第八条 活动中发起者有义务对全队活动进行组织协调，但活动性质属于自由结合、自愿参加、风险自担、责任自负，原则上发起者不会对任何个人承担法律责任。这点大家都应该保持清醒的认识和共识。

6. 参加活动原则

第一条　活动参加者应本着自由结合、自愿参加、风险自担、责任自负的原则参加。

第二条　参加者本人应身体健康、有团队精神及顽强的意志力。

第三条　活动中的全部费用实行“AA制”原则，参加者需承担各自的活动费用，所有公共费用一律平摊。半途加入或退出者也需自觉承担相应部分的费用。

第四条　活动参加者应尊重发起者的组织、安排，遇到困难或意见不统一可与发起者商量，但没人强迫你服从。

第五条　参加者应协助发起者做好公共工作，互相协助，注意安全，避免危险事故的发生。

第六条　遵守时间，不迟到。如果由于个人原因迟到，只好自己解决交通问题或表明你放弃参加活动。

附录二 简易ERP沙盘实训工具

财务中心

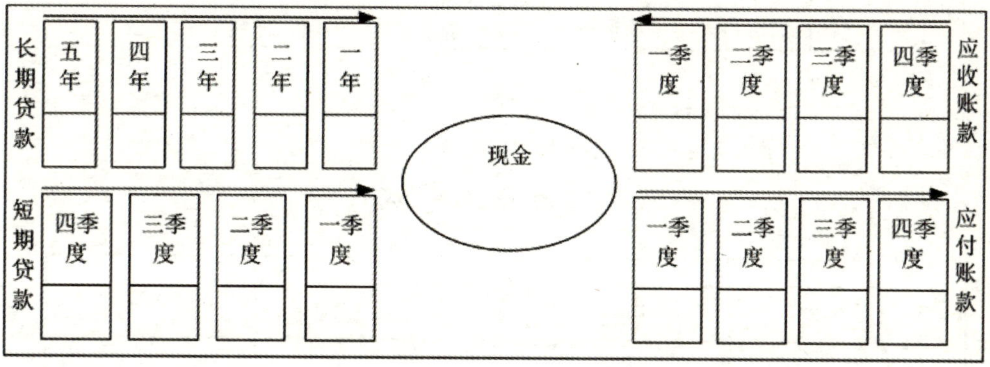

☆相关规则

贷款类型	贷款时间	贷款额度	年息	还款方式
长期贷款	每年年末	权益的2倍	10%	年底付息，到期还本
短期贷款	每季度初	权益的2倍	5%	到期一次性还本、付息
资金贴息	任何时间	根据应收账款大小	1：6	变现时贴息

综合费用中心

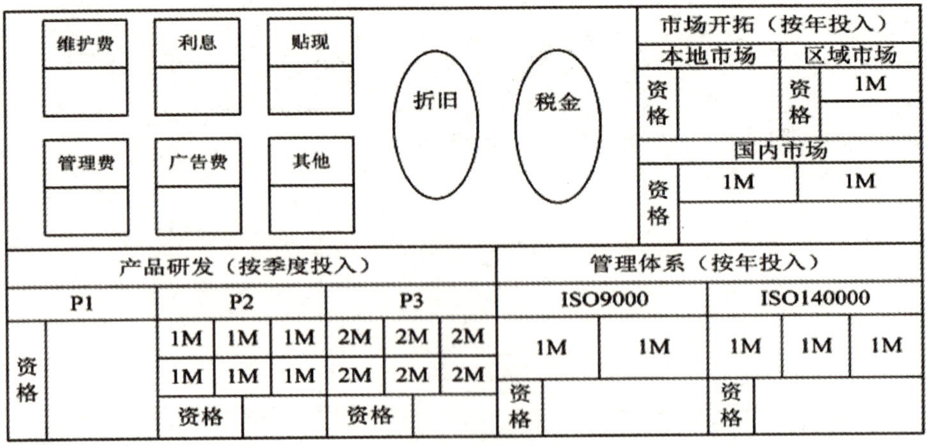

仓储与物流中心

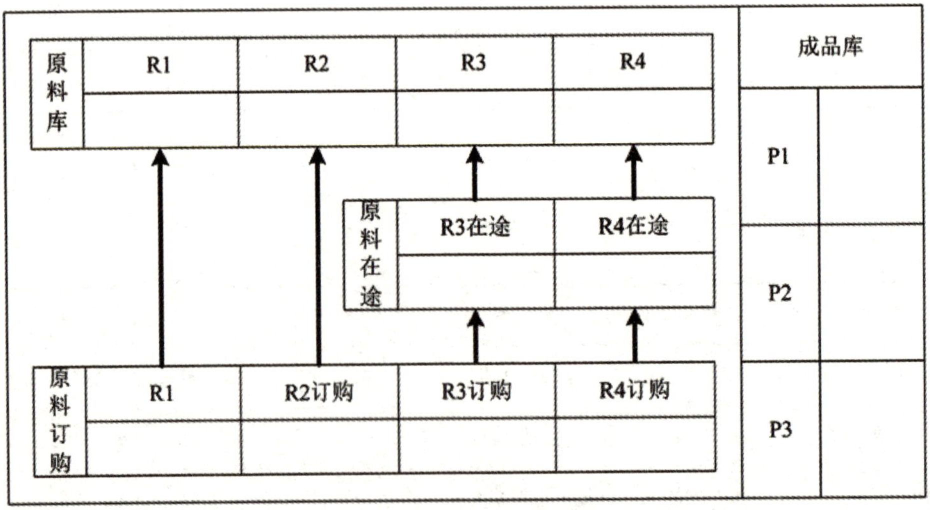

生产中心

生产线1			
手工线			
5M			
生产周期	1	2	3
转产	2M	2M	
半自动线			
4M	4M		
生产周期	1期	2期	
转产	1M		
全自动线			
4M	4M	4M	4M
生产周期	1期		
转产	2M	2M	
产品类型			
设备价值			

生产线2			
手工线			
5M			
生产周期	1	2	3
转产	2M	2M	
半自动线			
4M	4M		
生产周期	1期	2期	
转产	1M		
全自动线			
4M	4M	4M	4M
生产周期	1期		
转产	2M	2M	
产品类型			
设备价值			

生产线3			
手工线			
5M			
生产周期	1	2	3
转产	2M	2M	
半自动线			
4M	4M		
生产周期	1期	2期	
转产	1M		
全自动线			
4M	4M	4M	4M
生产周期	1期		
转产	2M	2M	
产品类型			
设备价值			

生产线4			
手工线			
5M			
生产周期	1	2	3
转产	2M	2M	
半自动线			
4M	4M		
生产周期	1期	2期	
转产	1M		
全自动线			
4M	4M	4M	4M
生产周期	1期		
转产	2M	2M	
产品类型			
设备价值			

生产线5			
手工线			
5M			
生产周期	1	2	3
转产	2M	2M	
半自动线			
4M	4M		
生产周期	1期	2期	
转产	1M		
全自动线			
4M	4M	4M	4M
生产周期	1期		
转产	2M	2M	
产品类型			
设备价值			

生产线6			
手工线			
5M			
生产周期	1	2	3
转产	2M	2M	
半自动线			
4M	4M		
生产周期	1期	2期	
转产	1M		
全自动线			
4M	4M	4M	4M
生产周期	1期		
转产	2M	2M	
产品类型			
设备价值			

价值
购买
租赁

大厂房

生产线7			
手工线			
5M			
生产周期	1	2	3
转产	2M	2M	
半自动线			
4M	4M		
生产周期	1期	2期	
转产	1M		
全自动线			
4M	4M	4M	4M
生产周期	1期		
转产	2M	2M	
产品类型			
设备价值			

生产线8			
手工线			
5M			
生产周期	1	2	3
转产	2M	2M	
半自动线			
4M	4M		
生产周期	1期	2期	
转产	1M		
全自动线			
4M	4M	4M	4M
生产周期	1期		
转产	2M	2M	
产品类型			
设备价值			

生产线9			
手工线			
5M			
生产周期	1	2	3
转产	2M	2M	
半自动线			
4M	4M		
生产周期	1期	2期	
转产	1M		
全自动线			
4M	4M	4M	4M
生产周期	1期		
转产	2M	2M	
产品类型			
设备价值			

生产线10			
手工线			
5M			
生产周期	1	2	3
转产	2M	2M	
半自动线			
4M	4M		
生产周期	1期	2期	
转产	1M		
全自动线			
4M	4M	4M	4M
生产周期	1期		
转产	2M	2M	
产品类型			
设备价值			

价值
购买
租赁

小厂房

☆ **相关规则：**①生产线每年需交维护费用1M。②在建生产线不用交维护费用。③出售生产线时，如果净值小于残值，将净值转为现金；如果大于残值，将残值转为现金，多余部分计为其他费用。④每年按生产线净值的1/3向下取整提折旧；当年建成的生产线不提折旧；当净值小于3M时，每年提1M。⑤手工线残值1M；半自动线残值2M；自动线残值4M。

广告投放表

起始年本地				第一年本地				第二年本地				第三年本地			
产品	广告	9K	14K	产品	广告	9K	14K	产品	广告	9K	14K	产品	广告	9K	14K
P1				P1				P1				P1			
P2				P2				P2				P2			
P3				P3				P3				P3			
P4				P4				P4				P4			

起始年区域				第一年区域				第二年区域				第三年区域			
产品	广告	9K	14K	产品	广告	9K	14K	产品	广告	9K	14K	产品	广告	9K	14K
P1				P1				P1				P1			
P2				P2				P2				P2			
P3				P3				P3				P3			
P4				P4				P4				P4			

起始年国内				第一年国内				第二年国内				第三年国内			
产品	广告	9K	14K	产品	广告	9K	14K	产品	广告	9K	14K	产品	广告	9K	14K
P1				P1				P1				P1			
P2				P2				P2				P2			
P3				P3				P3				P3			
P4				P4				P4				P4			

市场预期

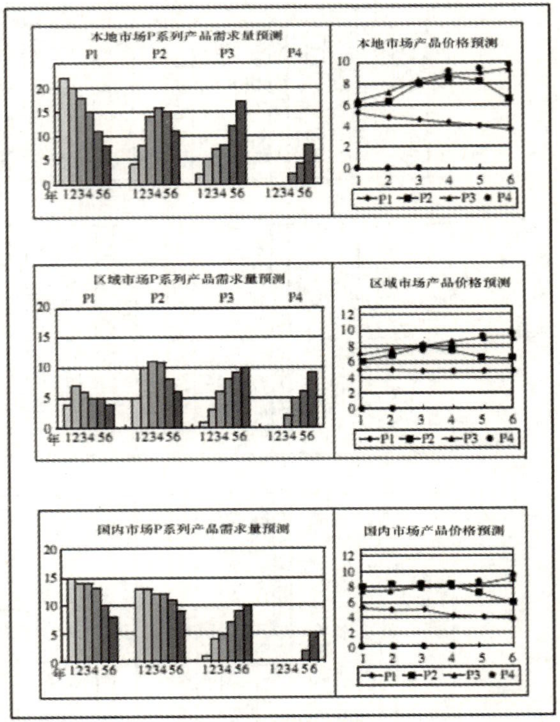

运营注意事项

☆ **起始年提示**

（1）期初状态中，除了按照资产负债表上的价值分布定位后，还有两个 R1 原材料订单。

（2）应收账款为三期 15M。

（3）长期贷款为：4 年期 20M、5 年期 20M，共计 40 M。

（4）起始年运行时，①年初支付 1M 广告费。②不作任何贷款。③每季度下 1 个 R1 原料订单；不做任何投资与开发。④不做任何投资（包括产品开发和市场开发）。

（5）长期贷款年利率为 10%，短期为 5%。

☆ **主要规则参数**

（1）生产中心参数

产品	原材料	原料价值	产品原料总价值	加工费	直接生产成本
P1	R1	均为 1M	1M	均为 1M	2M
P2	R1、R2		2M		3M
P3	2R2、R3		3M		4M
P4	R2、R3、2R4		4M		5M

厂房	买价	租金	售价	容量
大厂房	40M	5M/年	40M（4Q）	6条生产线
小厂房	30M	3M/年	30M（4Q）	4条生产线

生产线	购买价格	安装周期	生产周期	转产周期	转产费用	维护费用	出售残值
手工线	5M	无	3Q	无	无	1M/年	1M
半自动	8M	2Q	2Q	1Q	1M	1M/年	2M
全自动	16M	4Q	1Q	1Q	4M	1M/年	4M
柔性线	24M	4Q	1Q	无	无	1M/年	6M

（2）综合费用中心参数

产品	P2	P3	P4
研发时间	6Q	6Q	6Q
研发投资	6M	12M	18M

管理体系	ISO9000	ISO14000
建立时间	>=2 年	>=3 年
所需投资	1M/年	1M/年

市　场	区　域	国　内	亚　洲	国　际
完成时间	>=1 年	>=2 年	>=3 年	>=4 年
投资规则	1M/年	1M/年	1M/年	1M/年

（3）财务中心参数

贷款类型	贷款时间	贷款额度	年息	还款方式
长期贷款	每年年末	权益的 2 倍	10%	年底付息，到期还本
短期贷款	每季度初	权益的 2 倍	5%	到期一次还本、付息
高利贷	任何时间		20%	到期一次还本、付息
资金贴现	任何时间	视应收款额	1:6	变现时贴息

(1) **综合费用**。行政管理费（每季度1M）、市场开拓费用、产品研发费用、ISO认证费用、广告费、生产线转产费用、设备维护费用、厂房租金等计入综合费用。

(2) **折旧**。设备折旧按余额递减法计算，每年按生产线净值的1/3取整计算折旧。当年建成的生产线不提折旧，当年生产线净值小于3M时，每年提1M折旧。

(3) **税金**。每年所得税计入应付税金，在下一年初缴纳。

(4) **利息**。利息、贴现等在计算利润表中单列为财务支出，不计入综合费用。

附录三　各种表格

一、企业经营过程记录表

附表3－1－1　起始年

企业经营流程 请按顺序执行下列各项操作	每执行完一项操作，CEO 请在相应的方格内打勾 财务总监（助理）在方格中填写现金收支情况			
新年度规划会议				
参加订货会/登记销售订单				
制订新年度计划				
支付应付税				
季初现金盘点（请填余额）				
更新短期贷款/还本付息/申请短期贷款（高利贷）				
更新应付款/归还应付款				
原材料入库/更新原料订单				
下原料订单				
更新生产/完工入库				
投资新生产线/变卖生产线/生产线转产				
向其他企业购买原材料/出售原材料				
开始下一批生产				
更新应收款/应收款收现				
出售厂房				
向其他企业购买成品/出售成品				
按订单交货				
产品研发投资				
支付行政管理费				
其他现金收支情况登记				
支付利息/更新长期贷款/申请长期贷款				
支付设备维护费				
支付租金/购买厂房				
计提折旧				（　）
新市场开拓/ISO 资格认证投资				
结账				
现金收入合计				
现金支出合计				
期末现金对账（请填余额）				

附表 3－1－2　订单登记表

订单号								合计
市　场								
产　品								
数　量								
账　期								
销售额								
成　本								
毛　利								
未　售								

附表 3－1－3　产品核算统计表

产　品	P1	P2	P3	P4	合计
数　量					
销售额					
成　本					
毛　利					

附表 3－1－4　综合管理费用明细表

单位：百万

项　目	金额	备注
管理费		
广告费		
保养费		
租　金		
转产费		
市场准入开拓		□区域　□国内　□亚洲　□国际
ISO 资格认证		□ ISO9000　□ ISO14000
产品研发		P2（　）　P3（　）　P4（　）
其　他		
合　计		

附表 3－1－5　利润表

项　目	上年数	本年数
销售收入	35	
直接成本	12	
毛　利	23	
综合费用	11	
折旧前利润	12	
折　旧	4	
支付利息前利润	8	
财务收入 / 支出	4	
其他收入 / 支出		
税前利润	4	
所得税	1	
净利润	3	

附表 3－1－6　资产负债表

资　产	期初数	期末数	负债和所有者权益	期初数	期末数
流动资产：			负债：		
现金	20		长期负债	40	
应收款	15		短期负债		
在制品	8		应付账款		
成品	6		应交税金	1	
原料	3		一年内到期的长期负债		
流动资产合计	52		负债合计	41	
固定资产：			所有者权益：		
土地和建筑	40		股东资本	50	
机器与设备	13		利润留存	11	
在建工程			年度净利	3	
固定资产合计	53		所有者权益合计	64	
资产总计	105		负债和所有者权益合计	105	

附表 3－1－7　第一年

企业经营流程 请按顺序执行下列各项操作	每执行完一项操作，CEO 请在相应的方格内打勾 财务总监（助理）在方格中填写现金收支情况			
新年度规划会议				
参加订货会 / 登记销售订单				
制订新年度计划				
支付应付税				
季初现金盘点（请填余额）				
更新短期贷款 / 还本付息 / 申请短期贷款（高利贷）				
更新应付款 / 归还应付款				
原材料入库 / 更新原料订单				
下原料订单				
更新生产 / 完工入库				
投资新生产线 / 变卖生产线 / 生产线转产				
向其他企业购买原材料 / 出售原材料				
开始下一批生产				
更新应收款 / 应收款收现				
出售厂房				
向其他企业购买成品 / 出售成品				
按订单交货				
产品研发投资				
支付行政管理费				
其他现金收支情况登记				
支付利息 / 更新长期贷款 / 申请长期贷款				
支付设备维护费				
支付租金 / 购买厂房				
计提折旧				（　）
新市场开拓 /ISO 资格认证投资				
结账				
现金收入合计				
现金支出合计				
期末现金对账（请填余额）				

附表 3－1－8　现金预算表

时间（季度）	1	2	3	4
期初库存现金				
支付上年应交税				
市场广告投入				
贴现费用				
利息（短期贷款）				
支付到期短期贷款				
原料采购支付现金				
转产费用				
生产线投资				
工人工资				
产品研发投资				
收到现金前的所有支出				
应收款到期				
支付管理费用				
利息（长期贷款）				
支付到期长期贷款				
设备维护费用				
租金				
购买新建筑				
市场开拓投资				
ISO 认证投资				
其他				
库存现金余额				

要点记录

第一季度：________________

第二季度：________________

第三季度：________________

第四季度：________________

年底小结：________________

____

附表 3－1－9　订单登记表

订单号								合计
市　场								
产　品								
数　量								
账　期								
销售额								
成　本								
毛　利								
未　售								

附表 3－1－10　产品核算统计表

产　品	P1	P2	P3	P4	合计
数　量					
销售额					
成　本					
毛　利					

附表 3－1－11　综合管理费用明细表

单位：百万

项　目	金额	备注
管理费		
广告费		
保养费		
租　金		
转产费		
市场准入开拓		□区域　□国内　□亚洲　□国际
ISO 资格认证		□ ISO9000　□ ISO14000
产品研发		P2（　）　P3（　）　P4（　）
其　他		
合　计		

附表 3－1－12　利润表

项　目	上年数	本年数
销售收入		
直接成本		
毛　利		
综合费用		
折旧前利润		
折　旧		
支付利息前利润		
财务收入 / 支出		
其他收入 / 支出		
税前利润		
所得税		
净利润		

附表 3－1－13　资产负债表

资　产	期初数	期末数	负债和所有者权益	期初数	期末数
流动资产：			负债：		
现金			长期负债		
应收款			短期负债		
在制品			应付账款		
成品			应交税金		
原料			一年内到期的长期负债		
流动资产合计			负债合计		
固定资产：			所有者权益：		
土地和建筑			股东资本		
机器与设备			利润留存		
在建工程			年度净利		
固定资产合计			所有者权益合计		
资产总计			负债和所有者权益合计		

二、生产计划及采购计划

附表 3－2－1　生产计划及采购计划编制举例

生产线		第一年				第二年				第三年			
		一季度	二季度	三季度	四季度	一季度	二季度	三季度	四季度	一季度	二季度	三季度	四季度
1 手工	产品			P1			P1					P2	P2
	材料		R1										
2 手工	产品		P1			P1							
	材料	R1			R1								
3 手工	产品	P1			P1								
	材料												
4 半自动	产品		P1		P1								
	材料	R1											
5	产品												
	材料												
……	产品												
	材料												
合计	产品	1P1	2P1	1P1	2P1								
	材料	2R1	1R1		1R1								

附表 3－2－2　生产计划及采购计划编制（1～3年）

生产线		第一年 一季度	第一年 二季度	第一年 三季度	第一年 四季度	第二年 一季度	第二年 二季度	第二年 三季度	第二年 四季度	第三年 一季度	第三年 二季度	第三年 三季度	第三年 四季度
1	产品												
	材料												
2	产品												
	材料												
3	产品												
	材料												
4	产品												
	材料												
5	产品												
	材料												
6	产品												
	材料												
7	产品												
	材料												
8	产品												
	材料												
合计	产品												
	材料												

附表 3－2－3　生产计划及采购计划编制（4～6 年）

生产线		第四年				第五年				第六年			
		一季度	二季度	三季度	四季度	一季度	二季度	三季度	四季度	一季度	二季度	三季度	四季度
1	产品												
	材料												
2	产品												
	材料												
3	产品												
	材料												
4	产品												
	材料												
5	产品												
	材料												
6	产品												
	材料												
7	产品												
	材料												
8	产品												
	材料												
合计	产品												
	材料												

三、开工计划

产品	第一年				第二年				第三年			
	一季度	二季度	三季度	四季度	一季度	二季度	三季度	四季度	一季度	二季度	三季度	四季度
P1												
P2												
P3												
P4												
人工付款												

产品	第四年				第五年				第六年			
	一季度	二季度	三季度	四季度	一季度	二季度	三季度	四季度	一季度	二季度	三季度	四季度
P1												
P2												
P3												
P4												
人工付款												

产品	第七年				第八年				第九年			
	一季度	二季度	三季度	四季度	一季度	二季度	三季度	四季度	一季度	二季度	三季度	四季度
P1												
P2												
P3												
P4												
人工付款												

四、采购及材料付款计划

产品	第一年				第二年				第三年			
	一季度	二季度	三季度	四季度	一季度	二季度	三季度	四季度	一季度	二季度	三季度	四季度
R1												
R2												
R3												
R4												
材料付款												

产品	第四年				第五年				第六年			
	一季度	二季度	三季度	四季度	一季度	二季度	三季度	四季度	一季度	二季度	三季度	四季度
R1												
R2												
R3												
R4												
材料付款												

产品	第七年				第八年				第九年			
	一季度	二季度	三季度	四季度	一季度	二季度	三季度	四季度	一季度	二季度	三季度	四季度
R1												
R2												
R3												
R4												
材料付款												

参考文献

[1]［日］山田真哉．卖竹竿的小贩为什么不会倒？[M]．赵博译．北京：中国广播电视出版社，2007.

[2]［日］山根节．看不懂财报，做不好管理 [M]．陶旭瑾译．北京：中信出版社，2009.

[3] 翔鸿，甘世兴．数字背后的秘密——轻松看透财务报表 [M]．北京：企业管理出版社，2010.

[4] 张俊民．财务分析 [M]．上海：复旦大学出版社，2006.

[5] 张平．ERP 理论、应用与实训教程 [M]．北京：经济管理出版社，2011.